Faszination BIBEL

I.
Die Bibel entdecken
Gerald Hughes · Stephen Travis

II.
Die Welt der ersten Christen
Edwin Yamauchi

R. BROCKHAUS

Titel der englischen Originalausgabe
„Introducing the Bible" und
„The World of the First Christians"
erschienen bei Lion Publishing, Oxford, England

© 1981 Lion Publishing
© 2000 dieser deutschen Ausgabe: R. Brockhaus Verlag Wuppertal

Unveränderte Neuauflage der Bücher:
„Die Bibel entdecken" und „Die Welt der ersten Christen"

Satz: Breklumer Druckerei Manfred Siegel KG
Umschlag: Dietmar Reichert, Dormagen
Druck und Bindung: Singapore
ISBN 3-417-24690-3

Teil I

Die Bibel entdecken

Gerald Hughes · Stephen Travis

R. BROCKHAUS

Redaktion und Zusatzmaterial:
Jean Morgan, Derek Williams

Illustrationen:
Evelyn Bartlett (S. 9, 16, 17)
Vic Mitchell (S. 67, 100, 104, 105)
David Reddick (S. 21, 43, 79)
Edward Ripley (S. 68, 69, 94, 95, 96, 110, 121, 122, 124)
Ray Wright (S. 88, 89)

Karten:
Roy Lawrance, Lesley Passey

Übersetzung:
Dagmar Völker

Die Fotos sind mit freundlicher Genehmigung folgender Personen bzw. Organisationen abgedruckt:
J.C. Allen (61, 106, 117)
Britisches Museum (10, 11, 14, 25 unten, 26, 50, 51)
Camera Press (3, 74, 96)
Elisabeth Photo Library (22 rechts, 118)
Sonia Halliday Photographs (F.H.C. Birch: 28, 58, 86, 120; Sonia Halliday: 2, 4, 7, 19, 25 oben, 27, 30, 32, 33, 39 links, 42, 47, 65, 71, 73, 80, 83, 84, 102, 119, 127; Jane Taylor: 8, 20, 39 rechts, 54, 107, 108, 111, 112, 114)
Lion Publishing, David Alexander (1, 48, 56)
Mansell Collection (94, 95, 123)
Ann u. Bury Peerless (13)
Claire Schwob (63)
Ronald Sheridan (15, 77, 93)
Stephen Travis (22 links, 35, 53, 72, 75, 91, 97, 101, 103, 110)

Inhalt

Vorwort

Die Bibel ist wahrscheinlich das bekannteste Buch der Welt, sicherlich das verbreitetste. Einige ihrer Hauptcharaktere – Mose und Jesus zum Beispiel – sind erst in jüngster Zeit von Bühne und Leinwand »entdeckt« worden. Die eindrucksvolle Geschichte vom »Barmherzigen Samariter« und die von Jesus formulierte »Goldene Regel«, andere so zu behandeln, wie wir von ihnen behandelt werden wollen, haben einen tiefen Einfluß auf die Vorstellung von rechtem, ethischem Handeln gehabt.

Vor allem aber gründen Christen in aller Welt ihren Glauben und ihr Verhalten auf die Lehren der Bibel, und die Juden lesen und verehren nach wie vor zwei Drittel davon, das Alte Testament, als Heilige Schrift.

Trotz ihrer Popularität bleibt die Bibel jedoch für viele Menschen ein Buch mit sieben Siegeln. Der Grund dafür ist nicht schwer zu finden, denn die Bibel ist keine fortlaufende Erzählung mit einer Handvoll Hauptpersonen und einer einfachen Handlung. Sie ist eine Sammlung von 66 verschiedenen Büchern, jedes mit einem eigenen Thema und literarischen Stil. Da gibt es poetische Bücher und theologische Abhandlungen. Ferner Geschichtsbücher mit Berichten über Kriege und die Heldentaten von Königen. Darüber hinaus stößt man in der Bibel auf Visionen, Erzählungen und ethische Anweisungen. Die Menschen, deren Namen und Taten auf ihren Seiten niedergeschrieben sind, unterscheiden sich kaum von den Menschen anderer Zeitalter. Doch die Welt, in der sie lebten, war anders. Die Kulisse, vor der die Ereignisse abrollten – Sitten und Gebräuche, Kultur –, erscheint dem heutigen Leser völlig fremd.

Es ist der Zweck dieses Buches, diesen Hintergrund aufzuzeigen. Es setzt die biblischen Berichte in ihren historischen, kulturellen und geografischen Zusammenhang. Auf diese Weise wird dann auch die Botschaft der Bibel und ihre Bedeutung für heute deutlich. Das Besondere an der Bibel ist nämlich ihr zeitloses Thema von Gottes Handeln mit dem Menschen, und dieses Thema kommt besser, nicht schlechter, heraus, wenn der Hintergrund enthüllt wird.

Manche halten die Bibel lediglich für ein Dokument aus einem früheren Zeitalter, zwar interessant, aber ohne Beziehung zum heutigen Leben. Andere behandeln sie als eine Sammlung von Lieblingsversen, die beliebig aus dem Zusammenhang gerissen werden. Dieses Buch möchte beide Extreme vermeiden. Je besser wir nämlich mit der Mentalität und Lebensweise der damaligen Zeit vertraut sind, desto besser werden wir das Anliegen und die Aussage der biblischen Autoren verstehen.

DIE GEBURT EINER NATION

Seit Beginn der Geschichte zeigen die Schicksale einzelner Nationen ein Auf und Ab wie Ebbe und Flut. Einige haben auf der Höhe ihrer Macht der Welt ihren Stempel aufgedrückt und sind dann ins Dunkel verschwunden, wenn nicht untergegangen.

Das Alte Testament zeigt fast 2000 bewegte Jahre in der Geschichte eines kleinen, aber wichtigen Volkes des Nahen Ostens – Israels. Im Laufe dieser Zeit wurde es aus einem wandernden Stamm zu einer Nation. Es wurde von vielen herrschenden Mächten angegriffen und unterjocht, aber die jüdische Kultur und Religion überlebte dies alles bis heute.

Es geht in dieser Geschichte jedoch nicht in erster Linie um das Überleben eines Volkes. Gezeigt wird vor allem, wie durch Krisen, Niederlagen und gelegentlichen Wohlstand hindurch die ersten Juden etwas von Gottes Wesen und seinen Absichten erkannten.

Der Beginn der Geschichte

Das erste Buch der Bibel wird »1. Mose« oder »Genesis« (= »Entstehung«) genannt. Seine großartigen Eingangskapitel entfalten die Schöpfungsgeschichte und vor allem die Geschichte der Erschaffung des Menschen und seines Verhältnisses zum Schöpfer.

Die Bibel setzt Gottes Realität voraus und macht keinen Versuch, seine Existenz zu erklären oder zu beweisen. Er ist der Gott von Licht und Finsternis, Himmel und Erde, Sommer und Winter. Alles verdankt seinen Ursprung dem Schöpfer; und alles, was er gemacht hat, ist gut.

Die Erschaffung des Menschen wird als höchster Schöpfungsakt Gottes dargestellt. Entsprechend ist das Verhältnis zwischen Gott und Mensch das Hauptthema der Genesis und überhaupt der ganzen Bibel.

Die Unterscheidung des Menschen

1.Mose 2,7

Die beiden Anfangskapitel der Genesis zeigen ein Bild der Welt, wie Gott sie gemacht hat. Die Menschen, sagt der Verfasser, sind aus irdischem Material geschaffen. Gottes lebendiger Atem oder »Geist« wirkt auf die leblose Materie ein und belebt sie: Nach hebräischem Denken ist nämlich alles Leben Eigen-

Im Schöpfungsbericht setzt Gott den Menschen als Herrn über das Tierreich ein. Hier hält ein türkischer Hirte auf Zypern den Widder von der Herde fern.

Andere Schöpfungs- berichte	GENESIS	ATRACHASIS (Eine frühe babylonische Geschichte)	BABYLONISCHE SCHÖPFUNGS- GESCHICHTE
Die Genesis enthält nicht den einzigen Schöpfungsbericht der alten Welt. Viele Zivilisationen versuchten, den Ursprung von Welt und Mensch zu erklären; aber nur die Genesis spricht von einem einzigen Gott, der den Menschen als Haushalter seiner guten Schöpfung erschafft.	Nur Gott allein existiert. Zuerst war alles wüst und ungeordnet. Gott schafft das Licht, den Himmel, trockenes Land mit Pflanzen.	Die Götter und die Welt existieren bereits. Untergötter arbeiten, um das Land zu bewässern.	Es existieren zwei Gottheiten: Tiamat und Apsu. Daneben gibt es noch andere Götter, ihre Kinder. Tiamat ist ärgerlich über das laute Benehmen ihrer Kinder. Apsu, der beschließt, seine lärmenden Abkömmlinge zu vernichten, wird selbst von Ea, dem Gott des Wassers und der Weisheit, getötet.
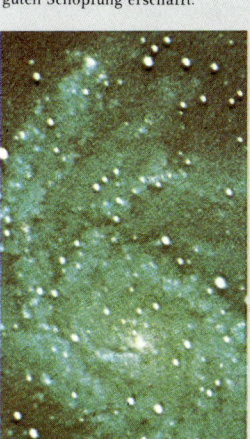	Sonne, Mond und Sterne werden sichtbar. Gott schafft Fische, die im Wasser leben, und Vögel, die am Himmel fliegen. Er schafft Tiere, die das trockene Land bevölkerten.	Die harte Arbeit verärgert die Götter, und sie rebellieren.	Tiamat beschließt, Apsus Tod zu rächen, und gebiert eine Horde Monster, die sie unter der Führung von Kingu losschickt, um sich an den Göttern zu rächen. Marduk, der Sohn Eas, bietet an, für die Götter zu kämpfen, wenn sie ihn zu ihrem König machen. Marduk tötet Tiamat und schneidet ihren Körper in zwei Teile. Aus dem einen Teil macht er die Erde und aus dem anderen den Himmel. Alle Götter, auch die Rebellen, akzeptieren Marduks Autorität. Kingu wird gefangengenommen und getötet.
	Gott schafft den Menschen aus demselben Stoff wie die Tiere, jedoch mit einem anderen Wesen; er schafft ihn nach seinem Bild. Gott ruht.	Der Mensch wird aus dem mit Lehm vermischten Blut und Fleisch des Rebellenführers geschaffen. Der Mensch übernimmt die harte Arbeit der Götter. Die Götter ruhen aus.	Aus Kingus Blut wird der Mensch geschaffen. Der Mensch soll auf der Erde für die Götter Nahrung herstellen. Die Götter ruhen, und Marduk erhält Babylon als Stadt.

tum Gottes. Geist und Materie verschwinden nicht, sondern durch ihr Zusammenkommen ist etwas Neues geworden. Diese belebte Materie wird »Lebewesen« oder »lebendige Seele« genannt. Der Mensch ist eine Einheit von Körper und Geist.

Trotz dieser Betonung betrachten manche den Menschen als ein »geistliches Wesen«, dessen Körper und Geist weniger wichtig sind als die Seele. Dahinter stehen allerdings nicht biblische Vorstellungen, sondern griechisches Denken. Dem hebräischen Wort für »Seele« entspricht in etwa unser Wort »Persönlichkeit«.

1.Mose 1,20.24.30   Tatsächlich gebraucht die Bibel den Ausdruck »Lebewesen« bzw. »Seele« sowohl für Menschen als auch für Tiere. Das Wort »Seele« dient also nicht zur Unterscheidung von Mensch und Tier. Doch trotz der Ähnlichkeiten besteht die Genesis auf der Besonderheit des Menschen.

1.Mose 1,26.27   Gott, so sagt sie, machte den Menschen nach seinem Bild. Stellte sich der Verfasser Gott mit einer körperlichen Gestalt vor, der der Mensch gleicht? Nein, das hebräische Wort »Bild« wird an anderen Stellen des Alten Testamentes für Gegenstände gebraucht, die einen Gott *repräsentieren.* Die Menschen sind Gottes Repräsentanten (Standbilder) in der Welt, und ihre Aufgabe ist, Gottes Sorge für den Menschen und seine übrige Schöpfung sichtbar zu machen.

Der Mensch löst sich von Gott

1.Mose 3   Um diese Aufgabe zu erfüllen, muß der Mensch in enger Verbindung mit Gott bleiben. Die Genesis zeigt jedoch, daß er sich entscheidet, die Verbindung zu zerstören und ein Leben ohne Beziehung zu Gott zu leben. Dies wird in der Geschichte vom Sündenfall erzählt, in der Adam und Eva die verbotene Frucht essen. Der Mensch will lieber selbst Gott sein, als Gott zu gehorchen.

Die Folge dieser Rebellion war die Vertreibung des Men-

Andere Berichte über die Flut

Die größeren Kulturen des Nahen Ostens hatten ihre eigenen Berichte über die Flut. In allen ruft das Verhalten des Menschen die göttliche Strafe hervor. In der Genesis ist der Mensch böse, in den anderen Berichten ist er zu laut.

GENESIS

Der Mensch rebelliert gegen Gott und wird aus dem Paradies vertrieben.

Die Menschheit wächst, doch ihr Verhalten mißfällt Gott, und um ihre Sünden zu strafen, will Gott eine Flut schicken, um sie zu vernichten. Doch er warnt den treuen Noah, der eine große Arche baut, in die er seine Familie und Repräsentanten der Tierwelt mitnimmt, damit sie gerettet werden.

Nach Absinken des Wassers landet Noahs Schiff auf einem Berg.

Nach vierzig Tagen schickt Noah einen Raben aus, der aber zur Arche zurückkehrt, da er keinen trockenen Platz findet. Nach weiteren sieben Tagen schickt Noah eine Taube, und dies wiederholt er noch zweimal, bis der Vogel nicht mehr zurückkehrt.

Dann verläßt Noah die Arche und bringt Gott ein Brandopfer dar. Gott verspricht, die Welt nicht wieder durch eine Flut zu vernichten und setzt als Zeichen für dies Versprechen einen Regenbogen an den Himmel.

ATRACHASIS (babylonisch)

Kein Bericht über eine Rebellion der Menschen gegen die Götter.

Die Menschheit wächst, und ihr Lärm stört die Götter, die Seuchen, Hunger und Trockenheit schicken, damit die Menschen weniger Lärm machen. Auf einer Versammlung der Götter wird beschlossen, die Menschheit völlig zu vernichten.

Enki, der Schöpfer, erzählt seinem Günstling Atrachasis von dem Beschluß, die Menschheit durch eine Flut zu vernichten. Atrachasis entkommt mit seiner Familie und einigen Tieren auf einem Schiff.

Nach dem Ende der Flut bringt Atrachasis ein Opfer dar, und die Götter versammeln sich rund um dieses Opfer.

Die meisten versprechen, niemals wieder eine solche Zerstörung zu veranlassen. Der Gott, der sich in seinem Schlaf gestört fühlte, ist jedoch noch nicht ganz besänftigt.

GILGAMESCH-EPOS (assyrisch)

Die Menschheit ist gewachsen und stört mit ihrem Lärm die Götter. Enlil, der Gott der Kraft, und Ischtar, die Fruchtbarkeitsgöttin, regen die anderen Götter an, die Menschen zu vernichten.

Ea, der Gott des Wassers und der Weisheit, warnt seinen Günstling Utnapischtim, sich ein Schiff zu bauen und seine Familie und die Tiere vor der Flut zu retten.

Die Götter, von der Flut erschreckt, fliehen in den höchsten Himmel.

Nach sieben Tagen läßt das Unwetter nach, und das Schiff läuft auf einen Berg auf. Utnapischtim schickt nach weiteren sieben Tagen eine Taube und später eine Schwalbe aus, die zurückkehren. Ein Rabe, den er schickt, kehrt nicht zurück.

Auf dem Gipfel opfert Utnapischtim den Göttern, die versprechen, niemals wieder die Erde zu zerstören. Utnapischtim und seine Frau werden unsterblich.

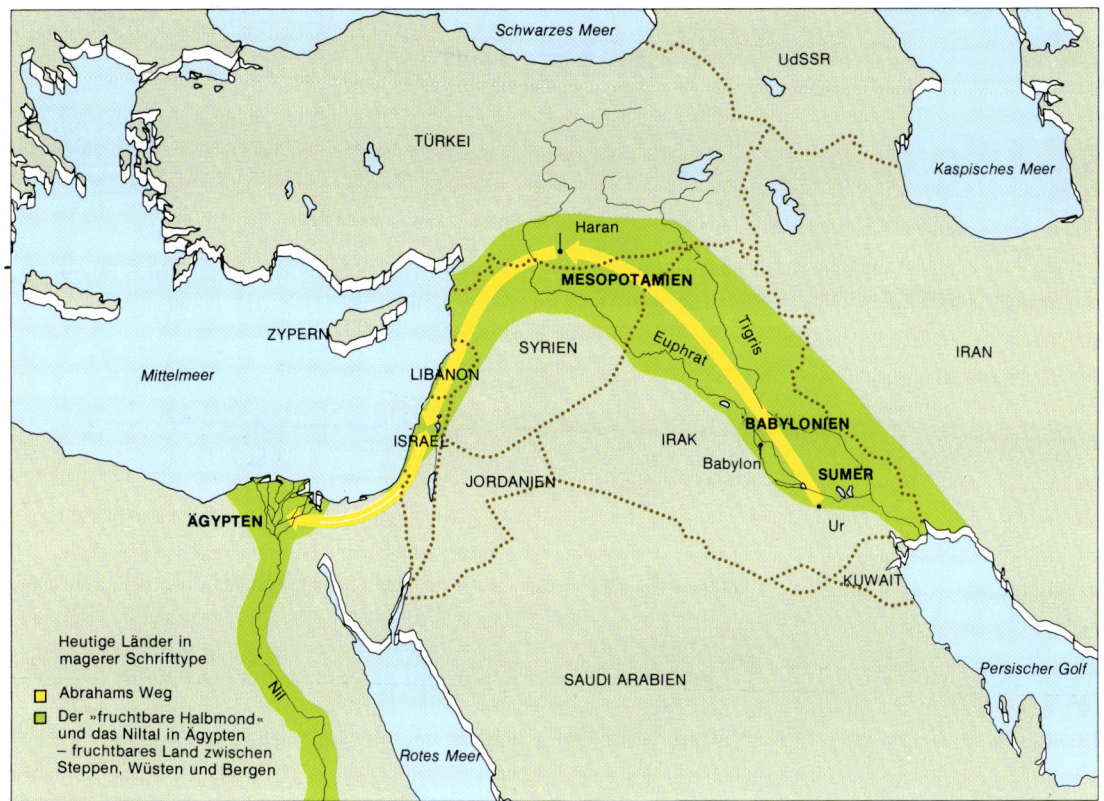

Abrams Reisen

1.Mose 6–9;
1.Mose 11,1–9

schen aus dem Paradies, wo er enge Gemeinschaft mit Gott hatte. Aber im weiteren Verlauf der Geschichte wird sogleich die Gnade Gottes betont: Gott vertreibt die Menschen zwar aus dem Paradies, aber er tötet sie nicht.

Dieses Thema wird fortgesetzt in den Erzählungen von der Sintflut und dem Turmbau zu Babel. Der Mensch hatte sich von Gott abgewandt, und Gott hatte ihn aus seiner vollkommenen Umgebung vertrieben. Aber der Mensch rebellierte weiter. Immer wieder mußte Gott ihn strafen, doch immer ließ er ihm Raum zur Hoffnung: Die Sintflut vernichtete nicht alles Leben; Noah, seine Familie und Vertreter der Tierwelt wurden gerettet. Später wurde die Menschheit von Babel aus zerstreut, aber nicht ausgelöscht. Es blieb Hoffnung für die Zukunft.

Die ersten elf Kapitel der Genesis liefern einen Einstieg in die dramatische Botschaft der Bibel, einen Prolog. Die ganze Welt ist Gottes Schöpfung, in der der Mensch Gottes Repräsentant sein soll. Aber die Rebellion des Menschen hat schlimme Folgen; und trotz aller Strafen Gottes bleibt das Problem der menschlichen Sündhaftigkeit bestehen. So endet das elfte Kapitel der Genesis mit der Frage: Was wird Gott mit seiner rebellischen Schöpfung machen? Wie Gott dieses Problem angeht, genau dies ist dann das Hauptthema der Bibel.

Von Hirten zu Sklaven

Die alttestamentliche Geschichte der jüdischen Nation beginnt mit dem Wanderhirten Abram. Er lebte in Ur, einer reichen Stadt nahe der Euphrat-Mündung. Nach dem Tode seines Bruders verließ er die Stadt mit seinem Vater Terah, seiner Frau Sarai und seinem Neffen Lot. Sie wollten nach Westen, nach Kanaan am Mittelmeer, siedelten aber eine Zeitlang in Haran, im nördlichen Mesopotamien. Wie in Ur wurde auch dort der Mondgott Sin verehrt.

1.Mose 11,31

Abrams Familie war nicht die einzige, die um 1900 v.Chr. durch dieses reiche Land, bekannt als der »Fruchtbare Halbmond«, zog. Viele Stämme verließen ihre Gebiete und suchten neue Siedlungsterritorien. Abram hatte Tierherden bei sich und wohnte wahrscheinlich in Zelten, wie sie heute noch die Beduinen benutzen. Obwohl das Kamel bereits damals benutzt wurde, gewann es erst 1000 Jahre später, etwa zur Zeit Salomos, seine eigentliche Bedeutung als wichtiges Transportmittel.

Abrams Reisen

Etwa um 4500 v.Chr. begannen Menschen in Städten zu wohnen, und zwar in Mesopotamien, dem Land zwischen Euphrat und Tigris, dem heutigen Irak. Diese »Städte« waren zumeist Gebiete mit eigener Verwaltung (Stadtstaaten) und nicht Städte im heutigen Sinne. Die wichtigsten Völker waren die Sumerer und die Semiten. Der Ursprung der Sumerer ist ungewiß; die Semiten tragen den Namen Sems, eines von Noahs Söhnen. Sie sind Vorfahren einiger Völkergruppen, darunter der Juden.

Die Stadtstaaten Mesopotamiens blieben bis ca. 2400 v.Chr. unabhängig. Dann regierten die Semiten unter König Sargon I. das gesamte Gebiet. Nach dem Tode Sargons (2316 v.Chr.) begann für Mesopotamien eine Zeit der Unruhe, die mehr als hundert Jahre andauerte. Schließlich errangen die Sumerer wieder die Herrschaft und führten Mesopotamien trotz zahlreicher Angriffe der Nachbarvölker zu Frieden und Reichtum. Um 2000 v.Chr. jedoch brach das Sumerische Reich zusammen, und das Land wurde wieder von den Semiten regiert.

In der semitischen Kultur dieser Zeit galt es als besonders wichtig, Kinder zu bekommen, die den Namen der Familie fortführten. Für Abram und Sarai war es deshalb sehr bitter und enttäuschend, keine Kinder und Erben zu haben. In dieser Lage konnten sie entweder einen Knecht als Erben adoptieren;

Abram und seine Familie lebten in Zelten, die denen der heutigen Beduinenstämme ähnelten.

oder Sarai konnte Abram eine ihrer Mägde als Nebenfrau geben. Jedes ihrer Kinder konnte die Erblinie fortsetzen. Abram hätte dann zwar nach außen hin zwei Frauen; aber nur Sarai genösse alle gesetzlichen Rechte als Ehefrau.

In Nuzi, im nord-östlichen Mesopotamien, gefundene Briefe und Inschriften zeigen, daß dies damals im »Fruchtbaren Halbmond« übliche Bräuche waren. Diese Funde zeigen außerdem, daß die Geschichten von Abram, Isaak und Jakob ins Mittlere Bronzezeitalter, 2000–1550 v.Chr., gehören.

Die Bibel sagt wenig über andere Stämme zur Zeit Abrams aus. Der Genesis kommt es in erster Linie auf Abrams Verhältnis zu Gott an.

Wie Abram zum Glauben an Gott kam, wissen wir nicht. Doch zeigt die Genesis, wie sein Glaube sein Leben änderte.

1.Mose 12,1–4   Auf Gottes Anweisung verließ Abram Haran und zog nach Kanaan, wo Gott ihm Land und viele Nachkommen versprach. Abram bewies seinen Glauben durch seinen Gehorsam. Obwohl er bei seiner Reise durch Kanaan merkte, daß feste Ansiedlungen Sicherheit für die Menschen bedeutete, wohnte er weiter in Zelten und vertraute allein auf Gott, was seine Sicherheit anging.

Glaubensprobleme

Vor der Verheißung, daß er der Stammvater einer großen Nation sein werde, hatte Abram seinen Knecht Elieser adoptiert.

1.Mose 15,1–2   Gottes Versprechen besagte jedoch, daß er einen eigenen Sohn haben würde; Elieser würde nicht der Erbe sein.

Nach diesem Versprechen vergingen fünfzehn Jahre, ohne daß Gott direkt zu Abram sprach. Abram und Sarai waren in-

Abraham glaubte an einen Gott, dessen Wesen so fest und unerschütterlich ist wie diese Berge bei Jericho.

Ganz rechts: Ur in Chaldäa war zur Zeit Abrams eine reiche und gut befestigte Stadt. Die Häuser hatten zwei Stockwerke und nur winzige Fensterspalten. Dieser Querschnitt zeigt die wichtigsten Räume und die offene Dachfläche. Im Vordergrund befindet sich eine »Kapelle«, in der den Göttern Nahrungsmittel gebracht wurden.

zwischen alt, ohne einen Sohn zu haben. So schlug Sarai vor, Abram sollte der damaligen Sitte folgen und Hagar, ihre Magd, zur Nebenfrau nehmen, um einen Erben zu bekommen.

1.Mose 16,16–17,1

Hagar bekam einen Sohn, der Ismael genannt wurde. Abram muß sich in dieser Zeit sehr hilflos gefühlt haben. Er hatte alles versucht, um Gottes Verheißung zu verwirklichen, und hoffte immer noch, Sarai würde selbst einen Sohn bekommen.

Was dann geschah, zeigt zwei wichtige Aspekte der frühen israelitischen Religion. Zunächst hatte Abram eine neue Er-

1.Mose 17,1

scheinung Gottes, der sich »El-Schaddai«, Allmächtiger Gott, nannte. Dieser Name bedeutet eigentlich »Gott der Berge« und soll zeigen, daß Gott vertrauenswürdig ist, unwandelbar wie ein Berg. Das Vertrauen auf einen Gott, der selbst hoffnungslose Situationen ändern konnte, wurde zu einem Kennzeichen des Glaubens Israels.

1.Mose 17,5.15

Als zweites wurde der Name Abram in Abraham und der Name Sarai in Sara abgeändert. In der Bibel bedeutet ein neuer Name oftmals einen veränderten Charakter; Gott verändert zuweilen Situationen, indem er die betroffenen Menschen ändert und nicht die Umstände.

Abrahams Vertrauen zu Gott wuchs jedenfalls immer mehr. Als Folge wurde die Verheißung wahr, daß er der Stammvater einer großen Nation sein solle. Sara bekam einen Sohn, Isaak.

1.Mose 24

Isaaks Frau Rebekka kam aus Haran, wo Abraham nach dem Auszug aus Ur gewohnt hatte. Sie hatten zwei Söhne, Jakob und Esau, und die Linie der Verheißung wurde durch Jakob fortgeführt. Er hatte zwölf Söhne, und der bekannteste von

1.Mose 37,2

ihnen ist wohl Josef, sein Lieblingssohn.

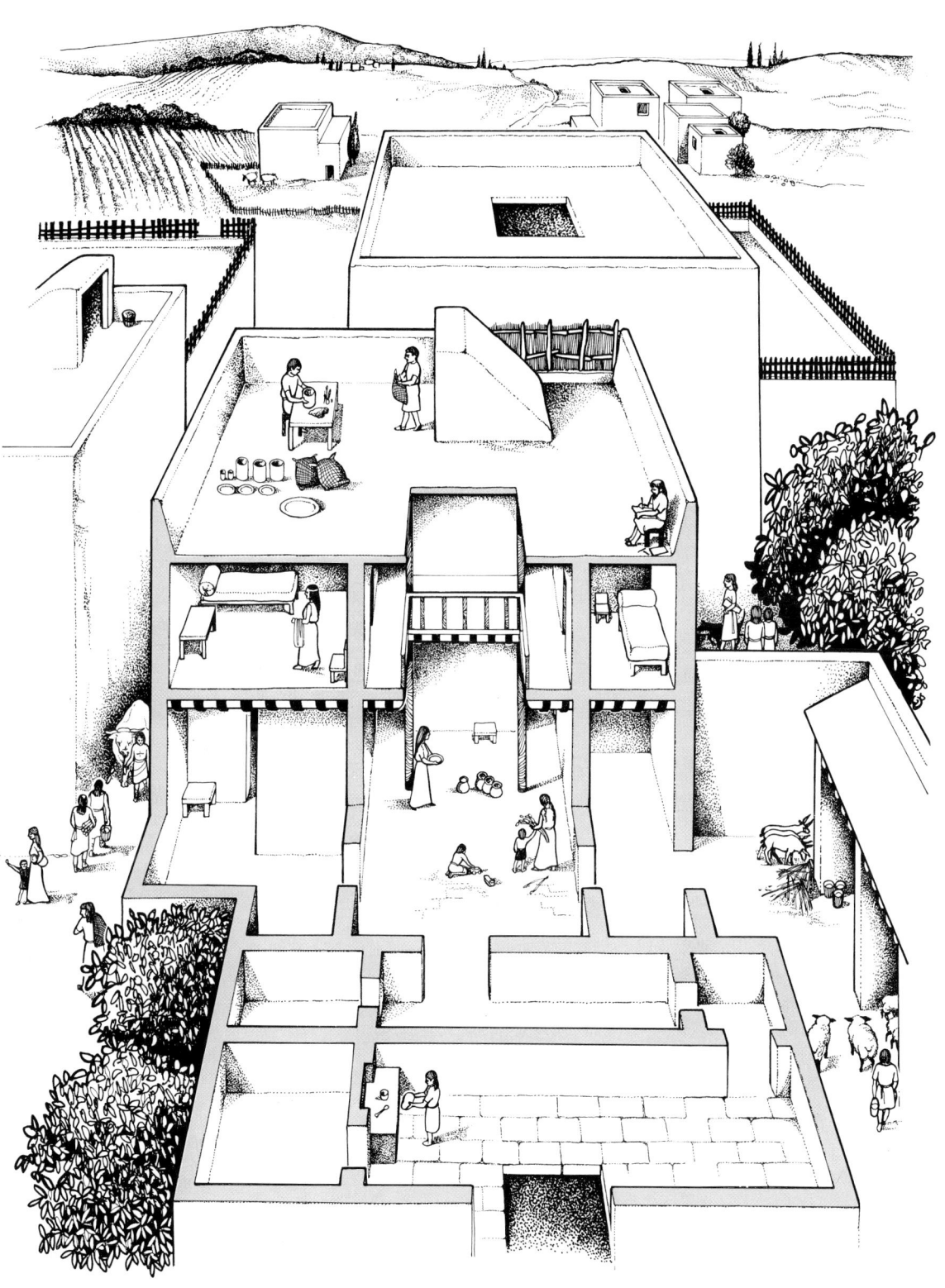

Sumer, die Wiege der Zivilisation

Die Sumerer waren ein tatkräftiges und erfindungsreiches Volk mit großem Einfluß auf die Kultur des Nahen Ostens. Sie bewohnten etwa um 4000 v.Chr. Mesopotamien (dieser Name bedeutet soviel wie »Zweistromland«). Ihr ursprünglicher Wohnsitz ist unbekannt. Jedes Jahr schwemmten die Flüsse Euphrat und Tigris bei Hochwasser Schlamm an und

der Handwerker, Bauleute, Priester und Schreiber und die sumerischen Städte wurden die ersten Zentren einer zivilisierten Gesellschaft.

Nahrungsmittel und Bekleidung stellten die Sumerer selbst her; andere Güter importierten sie. In Ur gefundene Schätze sind aus Rohstoffen hergestellt, die es dort nicht gab. Gold, Kupfer, Elfen-

Unten: Eine sumerische Kampfszene auf der Mosaiktäfelung der »Standarte von Ur«

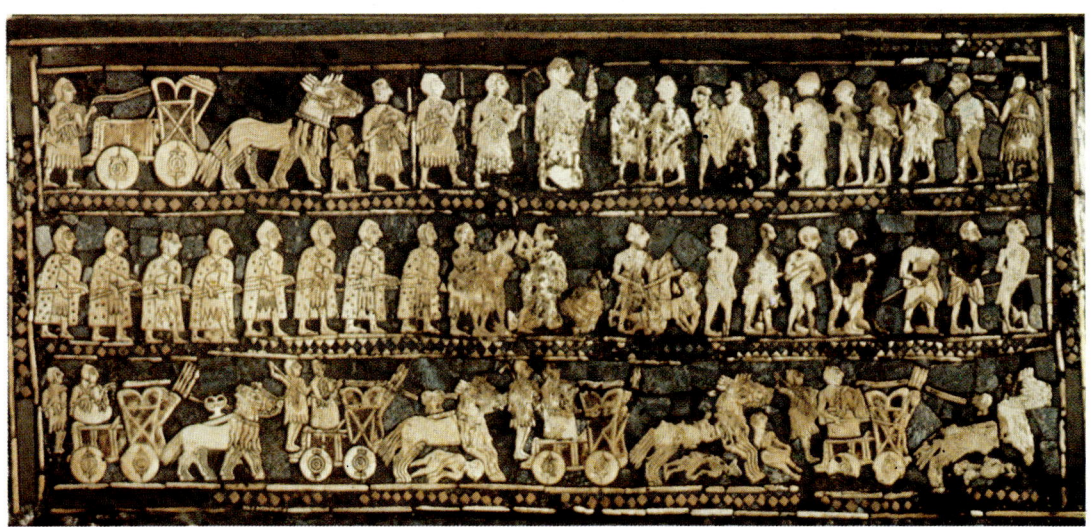

Die sumerischen Handwerker waren sehr geschickt. Die goldenen Gefäße (rechts) und der feine Schmuck (unten) sind Beispiele für ihre Arbeit.

schufen so einen fruchtbaren grünen Streifen im Wüstengebiet. Die Sumerer bauten Kanäle und Dämme, um ihre Wasservorräte zu regulieren, und ihr hervorragendes Bewässerungssystem war die Hauptquelle ihres Reichtums. Die Bauern produzierten einen Nahrungsmittelüberschuß, so daß auch Leute versorgt werden konnten, die nicht mit Getreideanbau oder Viehzucht beschäftigt waren. So bildete sich eine neue Klasse

bein, wertvolles Holz und Edelsteine wurden eingeführt und von sumerischen Handwerkern zu Haushaltsgeräten und Schmuck verarbeitet.

Als der Handel immer wichtiger wurde, erfanden die Sumerer ein Buchhaltungssystem, indem sie Käufe und Verkäufe durch Zeichnen der Gegenstände auf Tontafeln schriftlich registrierten. Die einfachen Bildzeichen entwickelten sich zu Zeichen, die für ganze Wörter oder Silben standen. Dies war die erste Schrift im heutigen Sinne, die »Keilschrift«.

Die Sumerer waren ferner ausgezeichnete Mathematiker, die im Zehner- und Sechzigersystem rechneten. Ihr System hat sich in der Einteilung des Kreises in 360 Grad und der Stunde in 60 Minuten bis heute erhalten.

Die Sumerer hatten Schulen, wo sie Schreiben, Mathematik und Astronomie lehrten. Die Schüler wurden später Architekten oder Ärzte; die Medizin war ein Gemisch aus Chirurgie, Heilkräuterkunde und Zauberei! Jede Stadt hatte ihren eigenen Schutzgott. So verehrte Ur den Mondgott Nan-

nar (der semitische Name war Sin). Die Religion lebte in Furcht vor den Göttern, die durch Opfer besänftigt werden mußten. Staat und Religion bildeten eine Einheit, bei der der König auch Hoherpriester war.

Sumer war nie eine vereinte Nation, sondern bestand aus

Stadtstaaten. König Hammurabi, der 1792 v.Chr. Babylon regierte, überwältigte die gegeneinander kämpfenden Stadtstaaten auf seinem Weg zum Persischen Golf.

Die Babylonier übernahmen viele Errungenschaften der Sumerer, so daß ihr Einfluß trotz des Unterganges der Nation anhielt.

Josef, der Träumer

1.Mose 37

Josef war Jakobs Lieblingssohn, und das weckte die Eifersucht seiner Brüder. Er erzählte ihnen einen Traum, in dem sie sich vor seiner Macht beugten. Dies verärgerte sie so, daß sie beschlossen, ihn zu töten. Im letzten Augenblick aber verkauften sie ihn als Sklaven an einige reisende Kaufleute, die ihn nach Ägypten brachten. Dem Vater erzählten sie, wilde Tiere hätten Josef getötet.

1.Mose 39,1-6

Potiphar, ein Offizier des Pharao, kaufte Josef und machte ihn wegen seiner ausgezeichneten Arbeit zum Verwalter seines Haushaltes. Das Leben eines Sklaven in Ägypten war nicht unbedingt schlimm, besonders nicht, wenn man in einem Haushalt arbeitete. Aber Josefs Glück dauerte nicht lange, denn Potiphars Frau versuchte, ihn zu verführen, und als er nicht darauf reagierte, behauptete sie, Josef habe sie angegriffen. Potiphar, der glaubte, Josef habe sein Vertrauen mißbraucht, warf ihn ins Gefängnis. Dort erlangte Josef bei den Gefangenen, unter denen sich der Bäcker und der Mundschenk des Pharao befanden, einen Ruf als Traumdeuter. Als der Mundschenk zwei

1.Mose 39,7-23

1.Mose 40,41

Josef organisierte das Sammeln und Austeilen von Nahrungsmitteln in dem vom Hunger geplagten Ägypten. Diese ägyptische Grabzeichnung aus dem Jahr 1400 v. Chr. zeigt Beamte beim Besteuern der Getreideernte.

Jahre später wieder am Hof in Gunst stand, hatte der Pharao einen Traum, der ihn beunruhigte. Der Mundschenk erinnerte sich an Josef, der den Traum so deutete, daß eine lange und schwere Hungersnot bevorstände. Die einzige Lösung sei die Speicherung und Rationierung des Korns.

Sein kluger Rat verschaffte ihm den Posten eines Ministers und obersten Ratgebers in wirtschaftlichen Dingen. Es war nicht ungewöhnlich, daß Sklaven solch hohe Positionen erhielten und als Ausländer in Regierungsangelegenheiten mitarbeiteten. Josef selbst glaubte, daß Gott ihn durch alle Schwierigkeiten geführt habe, um Ägypten und seine Familie vor dem Verhungern zu retten.

1.Mose 42–45 Die hereinbrechende Hungersnot ergriff auch Kanaan, wo Josefs Familie lebte. Seine Brüder, die gehört hatten, daß es in Ägypten Korn gab, zogen dorthin, um einzukaufen. Zuerst erkannten sie Josef nicht, der sie erst testete, um sich zu überzeugen, daß sie klüger und freundlicher geworden waren. Dann

1.Mose 46,1–7 lud er seinen Vater und die Familien seiner Brüder mit Billigung des Pharaos ein, nach Ägypten zu ziehen. Dies fand möglicherweise in der Zeit statt, als Eindringlinge aus Palästina, die Hyksos, Ägypten regierten. Vielleicht gab es zwischen den Hyksos und den wandernden Nachkommen Abrahams eine Verbindung. Bilder aus dieser Zeit zeigen, wie Semiten, die in der gleichen Zeit wie Josef lebten, in Ägypten ankommen.

Die frühen Vorfahren des jüdischen Volkes lebten jetzt in Ägypten, und damit begann der nächste wichtige Akt in ihrer Geschichte.

Die Hirtenkönige von Ägypten

Von Palästina wanderte das Volk der Hyksos nach Ägypten ein und siedelte im östlichen Nildelta. Sie waren bekannt als »Hirtenkönige«, aber ihr Name bedeutet eigentlich »fremde Führer«. Allmählich weiteten sie ihren Einfluß nach Süden bis Memphis und auf Teile des Niltals aus. Um 1720 v.Chr. hatten die Hyksos fast ganz Ägypten erobert und beherrschten das Land fast das ganze 17. Jahrhundert v.Chr. Die Hyksos respektierten die ägyptische Zivilisation, übernahmen ägyptische Titel und Sitten und benutzten Hyroglyphen zum Schreiben. Sie behielten die Bestattungsbräuche bei und verehrten den ägyptischen Gott Seth, den sie mit ihrem Gott Baal identifizierten.

Sie brachten jedoch auch neue Ideen und Techniken mit. So fertigten sie ihre Geräte aus Bronze an, statt aus Kupfer. Außerdem führten sie das Buckelrind ein und vielleicht auch das Pferd, den Webstuhl, die Leier und die Laute. Groß war ihr Einfluß auf die ägyptische Kriegsführung und Eroberungspraxis. Durch den Gebrauch leichter, zweirädriger Pferdestreitwagen, die den Truppen große Geschwindigkeit und Beweglichkeit verliehen, wurde der ägyptische Kampfstil total verändert. Seit der Zeit der Hyksos hatte Ägypten ein stehendes Heer von Berufssoldaten und verwandte seine militärische Stärke, um ein Reich aufzubauen.

Um 1650 v.Chr. kam eine neue Linie in Ägypten geborener Herrscher in Theben an die Macht. Sie zahlten zwar Abgaben an die Hyksos, waren aber unabhängig. Es waren diese Herrscher, die 1570 v.Chr. die Hyksos unterwarfen, sie aus Ägypten vertrieben und unter Ahmos I. ein neues Königreich gründeten.

Die Flucht in die Freiheit

Als Sklaven in Ägypten

Jakobs Nachkommen lebten über vier Jahrhunderte in Ägypten und wuchsen zu einem großen Volk. Aber als Mose geboren wurde, etwa 1350 v.Chr., waren die Hebräer nicht mehr Gäste des Pharao, sondern Sklaven. Für Ägypten begann ein neues glorreiches Kapitel, als nach Vertreibung der Hyksos Ahmos 1570 v.Chr. Pharao wurde. 400 Jahre lang blühte das Land. Prächtige Gebäude wurden errichtet, das Heer wurde neu organisiert und ausgebildet. Die Bauprojekte für die Städte Pithom und Ramses benötigten Arbeiter, und die Hebräer wurden gezwungen, Ziegel zu brennen. Bereits unter Ahmos I. (1570–1546 v.Chr.) gab es hebräische Sklaven, aber die schlimmste Zeit kam unter Sethos I. (1317–1290 v.Chr.) und Ramses II. (1290–1224 v.Chr.). Sie arbeiteten unter harten Bedingungen. Die ägyptischen Vorarbeiter waren brutal und verweigerten ihnen das dringend benötigte Stroh. Ägyptische Berichte bestätigen dies. Aber trotz der harten Behandlung wuchs das hebräische Volk weiter. Um das Wachstum einzudämmen, brachten die Ägypter ein Gesetz heraus, wonach alle hebräischen Jungen bei der Geburt getötet werden sollten.

2.Mose 5

2.Mose 1,15–22

Der Nil dient Ägypten zur Bewässerung und als Transportweg. Hier ein traditionelles Flußboot, die Felukka.

Die Geburt eines Führers

2.Mose 2,1–10

In dieser Zeit wurde Mose als Sohn von Amram und Jochebed aus dem Stamm Levi geboren. Kurz nach seiner Geburt setzte seine Mutter ihn in einem Korb aus Papyrus im Schilf am Nil aus. Eine ägyptische Prinzessin fand ihn, adoptierte ihn und zog ihn am Hof wie einen Ägypter groß. Unwissentlich stellte sie sogar seine Mutter als Amme ein.

Das Leben im alten Ägypten war für Reiche bequem und luxuriös. Diese Grabmalerei aus dem 15. Jahrhundert v. Chr. zeigt Gäste bei einem Festessen.

Mose wurde wahrscheinlich von den Priestern von Heliopolis oder von einem Privatlehrer, einem Hofbeamten, unterrichtet. Er dürfte lesen und schreiben gelernt haben und wurde wohl für den ägyptischen Beamtendienst ausgebildet. Das Erlernen der Schreibkunst und der Verwaltungsverfahren hatte seinen Platz neben körperlichem Training und Bogenschießen. Wie ägyptische Dokumente beweisen, war es nicht einmalig, was mit Mose geschah. Viele Ausländer wurden an den Palästen für öffentliche Ämter ausgebildet.

2.Mose 2,15

2.Mose 2,21

Mose erkannte bald die Leiden seines hebräischen Volkes. Nachdem er einen Ägypter, der einen Sklaven schlug, getötet hatte, mußte er nach Midian fliehen. Hier traf er Reguel (Jethro), einen Priester, und heiratete dessen Tochter Zippora, die ihm einen Sohn, Gerschom, schenkte. Mose lebte in Midian und sammelte Erfahrungen über das Leben in der Wüste, was sich später als wertvoll erwies. Er vergaß nie die Leiden der Hebräer in Ägypten.

Seine Erfahrungen am Hofe und in der Wüste machten Mose zum idealen Führer für die Hebräer. Aber er selbst hielt sich aus fünf Gründen für ungeeignet. Er fühlte sich zu unbedeu-

2.Mose 3,11.14; 4,1.10.13

tend; seine Bindung zu Gott war nicht eng genug; er fürchtete, die Hebräer würden ihn nicht als Führer akzeptieren; er war kein guter Redner; und er fühlte sich dieser Aufgabe nicht gewachsen. Doch als er betete, erfuhr er: Gott würde ihm helfen. Wie Abraham, hatte auch er eine Gotteserscheinung. Er erfuhr

2.Mose 3,13–15

Gottes Namen: Jahwe. Der Gott Abrahams, Isaaks und Jakobs war auch der Gott Moses und der Hebräer.

So ging Mose schließlich mit seinem Bruder Aaron zum Pharao (Ramses II.?), um die Freilassung der Hebräer durchzusetzen. Dies schlug jedoch fehl, und die Arbeitsbedingungen wurden noch härter.

Kolossalstatuen Ramses' II. vor dem Luxortempel, den ein früherer Herrscher erbaut hatte

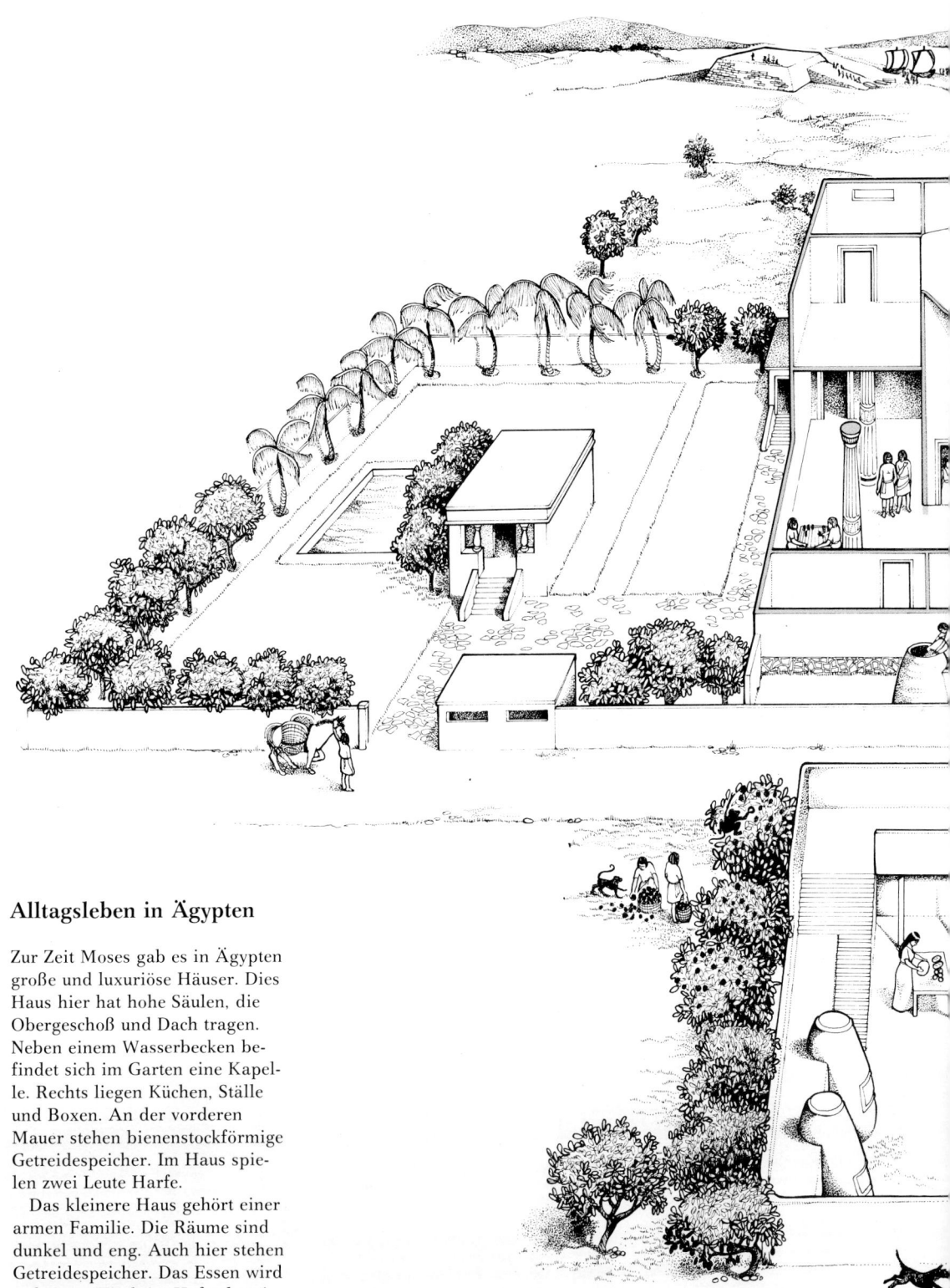

Alltagsleben in Ägypten

Zur Zeit Moses gab es in Ägypten
große und luxuriöse Häuser. Dies
Haus hier hat hohe Säulen, die
Obergeschoß und Dach tragen.
Neben einem Wasserbecken befindet sich im Garten eine Kapelle. Rechts liegen Küchen, Ställe
und Boxen. An der vorderen
Mauer stehen bienenstockförmige
Getreidespeicher. Im Haus spielen zwei Leute Harfe.

Das kleinere Haus gehört einer
armen Familie. Die Räume sind
dunkel und eng. Auch hier stehen
Getreidespeicher. Das Essen wird
auf einem Tisch im Hof zuberei-

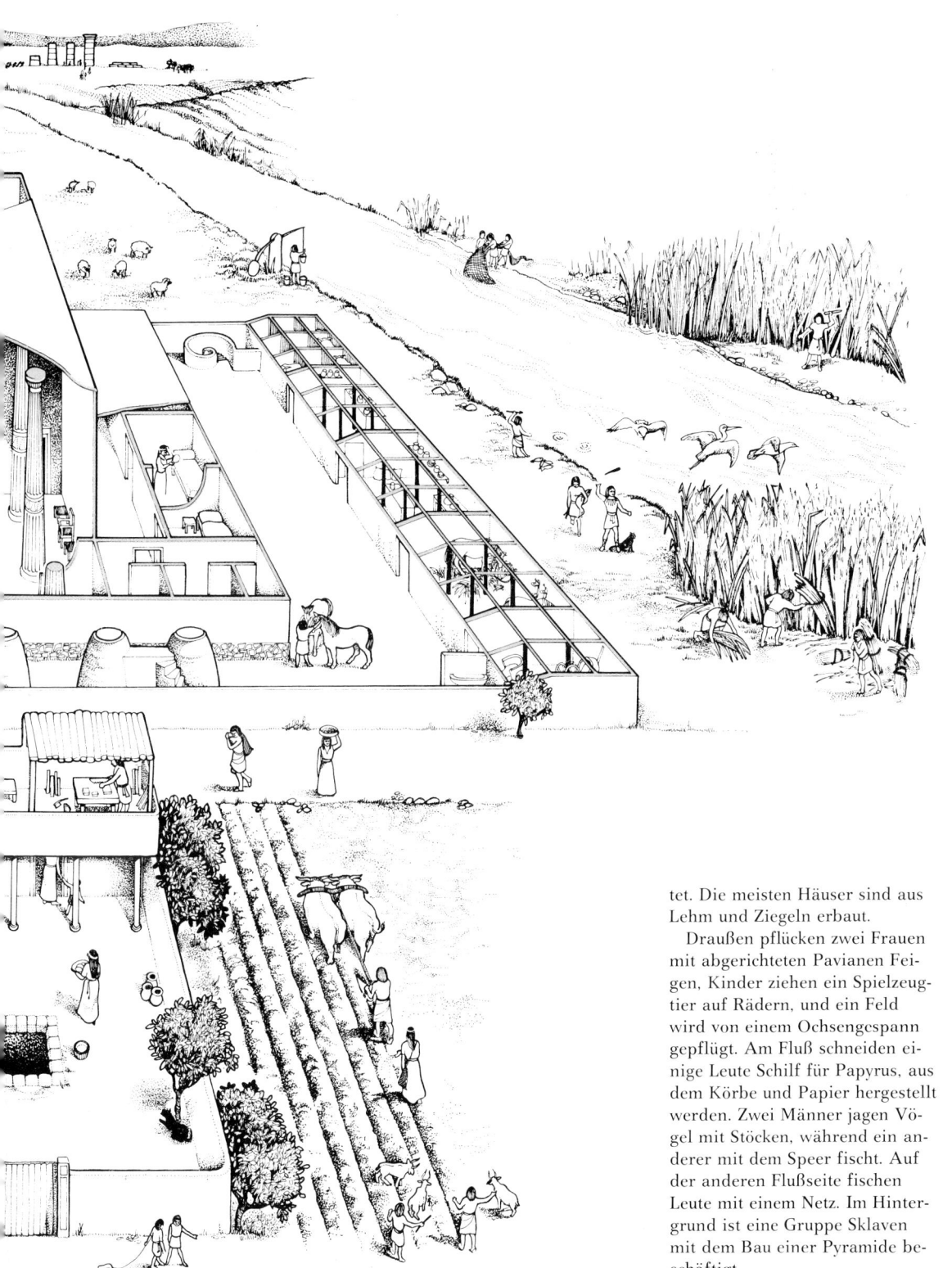

tet. Die meisten Häuser sind aus
Lehm und Ziegeln erbaut.

Draußen pflücken zwei Frauen
mit abgerichteten Pavianen Feigen, Kinder ziehen ein Spielzeug-
tier auf Rädern, und ein Feld
wird von einem Ochsengespann
gepflügt. Am Fluß schneiden einige Leute Schilf für Papyrus, aus
dem Körbe und Papier hergestellt
werden. Zwei Männer jagen Vögel mit Stöcken, während ein anderer mit dem Speer fischt. Auf
der anderen Flußseite fischen
Leute mit einem Netz. Im Hintergrund ist eine Gruppe Sklaven
mit dem Bau einer Pyramide beschäftigt.

Der Auszug

Der Auszug (Exodus)

2.Mose 12

Schließlich, nach einer Serie von zehn Plagen, entkamen die Hebräer aus Ägypten. Die Plagen waren eine Herausforderung an die ägyptischen Götter und zeigten, wie hilflos sie gegenüber dem Gott der Hebräer waren. Eilig bereiteten sich die Sklaven auf die Flucht vor. Als alle erstgeborenen Söhne der Ägypter bei der letzten Plage starben, brachen die Israeliten auf, von den Ägyptern mit Gold, Silber und Kleidung versehen. In der Nacht vor dem Aufbruch aßen sie das erste »Passa-Mahl«, um zu feiern, daß Gott an ihnen vorübergegangen und ihre Söhne verschont hatte. Das Fest wird jedes Jahr von den Juden als Erinnerung an dieses große Ereignis in ihrer Geschichte gefeiert.

Die Hebräer verließen Ägypten wahrscheinlich um 1280 v.Chr. Nachdem sie ihre Verfolger abgeschüttelt hatten, indem sie das »Schilfmeer« durchquerten, zogen sie durch die Wüste in Richtung auf Kanaan, das »Gelobte Land«. Sie waren schlecht ausgerüstet, aber sie glaubten, daß Gott sie befreit hatte und sie führen würde. Dieser Glaube fiel leicht, solange der Auszug frisch in Erinnerung war, aber bei dem späteren harten Leben in der Wüste war es oft schwer, am Glauben festzuhalten.

Die Hebräer konnten nicht den Küstenweg nach Kanaan benutzen, da er von den Ägyptern bewacht wurde. So mußten sie durch die Wüste ziehen, wo es kaum Nahrung und Schutz vor der Sonne gab. Die Erinnerung an das blühende Ägypten wurde in der Wüste zur Qual. Das Salzwasser des Golfs im Westen war nicht trinkbar und ließ sie ihren Durst nur noch stärker spüren. Für all ihr Elend machten sie Mose verantwortlich. Dieser aber glaubte, daß Gott dem Volk helfen würde – und bald lösten sich einige Probleme.

2.Mose 16,4–12   Zunächst fanden sie das nahrhafte »Manna«, eine süßliche Substanz, etwa erbsengroß, möglicherweise die Ausscheidung eines Wüsteninsekts. In der Sonnenhitze wurde es fest und eßbar. 2.Mose 16,13   Dann landete ein Zug Wachteln in der Wüste. Vom langen Flug waren sie erschöpft und konnten so leicht gefangen und zum Essen zubereitet werden.

Der Wassermangel war das größte und dringlichste Problem. 2.Mose 17,1–6   Aber nach einem Gebet in Rephidim schlug Mose auf einen der vielen porösen Felsen, die im Sinai oftmals Wasser enthalten. Tatsächlich floß Wasser heraus, und zwar genug für alle. So vertiefte sich das Vertrauen des Volkes zu Gott allmählich.

In der Nähe der Wüstenheimat des Priesters Reguel stieg 2.Mose 19,20   Mose auf den Berg Sinai. Dort begegnete Gott ihm und gab ihm Anweisungen für das zukünftige Leben des hebräischen Volkes. Darunter waren die »Zehn Gebote«, ausführliche Anweisungen für das soziale Miteinander des Volkes und Baupläne für die Stiftshütte, die das Zentrum ihres Gottesdienstes werden sollte. Während Mose sich auf dem Berg befand, lagerten die Stämme am Fuß des Berges an einer Oase.

Das Ende der Wanderung

Als die Hebräer die Sinaiwüste betraten, waren sie ein Haufen Vertriebener; als sie sie verließen, hatten sie ein neues Lebensziel und einen klaren Glauben. Sie waren das Volk des Gottes, der sie aus Ägypten befreit und in ein neues Land geführt hatte.

Von den Bergen in Moab konnte Mose bis ins Land Kanaan sehen. Dieser Blick, vom Westufer des Toten Meeres, zeigt die Berge von Moab im heutigen Jordanien.

4.Mose 13; 14

Der Sinai war nur eine Etappe auf ihrem Weg. Als das Volk in Kadesch ankam, schickte Mose zwölf Kundschafter nach Kanaan. Obwohl zwei von ihnen, Josua und Kaleb, Mut machten, stimmte die Mehrheit gegen den Einmarsch in das Land. Sie hielten diese Aufgabe für zu schwierig, weil die Kanaaniter zu stark und ihre Städte zu gut befestigt waren. So führte Mose das Volk für weitere achtunddreißig Jahre zurück in die Wüste.

Von den Bergen in Moab aus konnte Mose in das »Gelobte Land« schauen. Er hatte erfahren, daß El-Schaddai, der Gott Abrahams, gleichzeitig Jahwe war, der Gott, der immer bei seinem Volk gegenwärtig war, um ihm zu helfen. Er war Herr über Natur und Geschichte und brachte Macht und Freude. Doch Moses Zeit war abgelaufen, und nachdem bereits sein Bruder Aaron und seine Schwester Miriam gestorben waren, ging auch sein Leben zu Ende.

Um 1240 v.Chr. konnte das Volk nicht länger in der Wüste bleiben. Man mußte Kanaan erobern. So übergab Mose die Führung an Josua, der sich ganz der Aufgabe stellte, für das Volk eine neue Heimat zu erkämpfen.

Der Bund

Zweitausend Jahre vor Christus waren Bundesschlüsse und Verträge normale Bestandteile des sozialen Lebens. Zwei Parteien banden sich an bestimmte Abmachungen, die durch Eide oder Austausch von Geschenken besiegelt wurden.

Die Bibel berichtet von mehreren Bundesschlüssen zwischen Gott und den Hebräern. Den ersten Bund schloß Gott mit Noah nach der Sintflut und versprach, nie wieder die

Anders als in menschlichen Verträgen, wo beide Seiten über die Bedingungen verhandeln, setzte Gott im Bund mit Mose seine unwandelbaren Gebote fest.

Erde durch eine Flut zu zerstören. Im nächsten Bund, dem mit Abraham, versprach Gott, daß er der Vater eines großen Volkes werden sollte. Jesus sprach vor seiner Kreuzigung von dem »neuen Bund in meinem Blut«. Das Neue Testament erklärt diese Worte mit der wiederhergestellten Beziehung zwischen Gott und Mensch durch den Tod Jesu. All diese Bundesschlüsse können jedoch nicht mit menschlichen Verträgen verglichen werden, weil die Partner nicht gleichwertig sind und Gott selbst die Bedingungen festlegt.

Der Bund mit Mose enthält zwei Kernsätze: »Ich bin euer Gott« und »Ihr sollt mein Volk sein«. Darauf ist die Zukunft der Hebräer aufgebaut. Durch diesen Bund bekamen die Hebräer ein neues Verständnis von Gott als einem Gott, der Geschichte macht. Nicht sie hatten sich Gott ausgesucht, sondern Gott hatte sie erwählt. Sie waren abhängig von Gott, nicht er von ihnen. In anderen Völkern waren Götter nur für gute Ernten zuständig. War ein Volk im Kampf geschlagen, dann auch sein Gott. Anders war es mit dem Gott der Hebräer, der nie geschlagen war.

Der Bund am Sinai war kein Vertrag zwischen gleichwertigen Parteien. Gott liebte ein hilfloses Volk und wollte von ihm geliebt werden. Die Zehn Gebote beginnen: »Ich bin der Herr, euer Gott, der euch aus der Sklaverei in Ägypten geführt hat.« Gott, der das Volk in die Freiheit geführt hatte, verlangte jetzt Gehorsam.

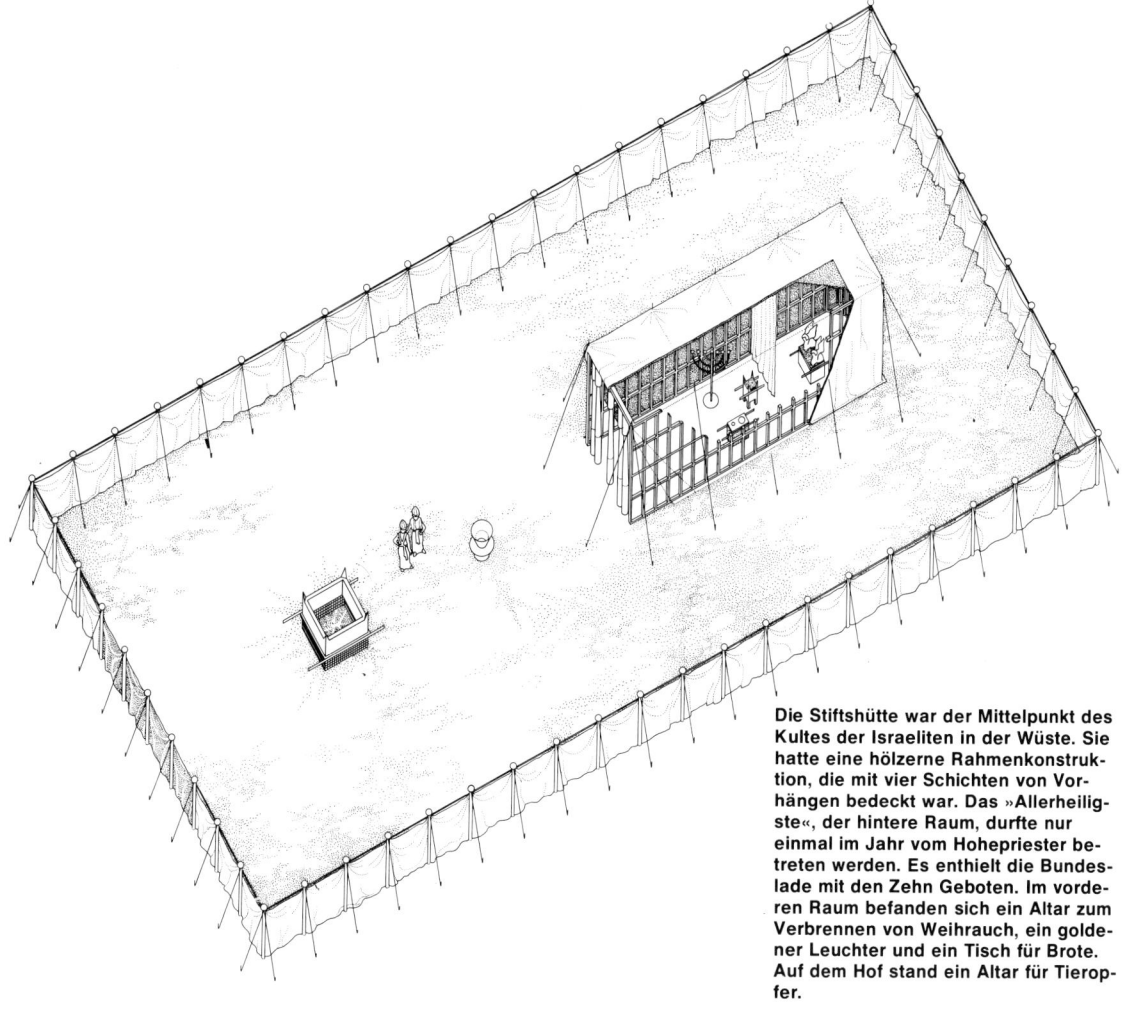

Die Stiftshütte war der Mittelpunkt des Kultes der Israeliten in der Wüste. Sie hatte eine hölzerne Rahmenkonstruktion, die mit vier Schichten von Vorhängen bedeckt war. Das »Allerheiligste«, der hintere Raum, durfte nur einmal im Jahr vom Hohepriester betreten werden. Es enthielt die Bundeslade mit den Zehn Geboten. Im vorderen Raum befanden sich ein Altar zum Verbrennen von Weihrauch, ein goldener Leuchter und ein Tisch für Brote. Auf dem Hof stand ein Altar für Tieropfer.

Landnahme in Kanaan

Mose war tot, und Josua hatte die große Aufgabe, Kanaan zu erobern und zu besetzen. Die Hebräer, gewohnt an das Nomadenleben, kannten das Leben in Städten nicht und wußten wenig über Landwirtschaft. So mußten sie unter Josua regelrecht lernen, ein seßhaftes Leben zu führen. Dazu kam, daß sie nun auf Menschen trafen, deren Lebensstil total verschieden von ihrem eigenen war.

Ein neuer Führer

Josua war angesichts dieser Schwierigkeiten froh über die Ausbildung, die er von Mose erhalten hatte. Mose wußte, wie schwer es war, Führer zu sein und für alle Mißstände angegriffen zu werden. Doch sein Glaube an Gott hatte ihm Mut und Kraft gegeben. Als Josua nun seine Aufgabe übernahm, bekam er die Verheißung: »Wie ich mit Mose gewesen bin, so will ich auch mit dir sein. Ich will dich nicht verlassen noch von dir weichen.«

Josua 1,5

Das erste Problem war die Überquerung des Jordans, um nach Kanaan zu gelangen. Der Fluß war breit, und es gab keine Brücken; doch er versiegte plötzlich vorübergehend, und so wurde die Überquerung möglich. Vielleicht hatte es durch einen Erdrutsch flußaufwärts einen Stau gegeben (so etwas geschah auch 1906 und 1927), die Hebräer sahen jedenfalls darin ein Werk Gottes. Aus Steinen errichteten sie an dieser Stelle ein Denkmal.

Josua 3,14–17

In der Nähe der Übergangsstelle befand sich die Stadt Jericho. Die Bewohner hatten bereits erfahren, daß die Israeliten, wie das Volk jetzt genannt wurde, sich näherten, und hatten

Unten: Dieser Verteidigungsturm bei Jericho ist vermutlich das älteste Gebäude der Welt.

Unten rechts: Bei Ausgrabungen im alten Jericho wurden verschiedene Siedlungsstufen entdeckt, die bis 8000 v. Chr. zurückreichen. Die heutige Stadt liegt im Hintergrund.

Mittelmeer

NAPHTHALI

✗ Hazor

✗ Merom

See Kinnereth

SEBULON

ASSER

MANASSE

Megiddo

ISASCHAR

MANASSE

Sichem

Jordan

GAD

EPHRAIM

Silo

DAN

Bethel
✗ Ai
✗ Gilgal
Jericho

Geser

BENJAMIN

Ekron

Asdod

Jebus
(Jerusalem)

PHILISTÄA

Beth-Schemesch

✗ Libna

Askalon

Gath

✗ Lachisch

RUBEN

✗ Hebron

Gaza

✗ Eglon

✗ Debir

JUDA

Totes Meer

Arnon

Beerseba

SIMEON

⋯ Stammesgrenzen (annäh.)
— Josuas Feldzüge in Kanaan
✗ Wichtige Schlachten und Siege
● Philisterstädte

Die Eroberung Kanaans

1.Mose 32,28–29 Angst. »Israel« war der Name, den Gott Jakob gegeben hatte. Nach dem Auszug wurde dieser Name für die zwölf Stämme benutzt, die sich unter dem Gottesbund zu einem Volk zusammengeschlossen hatten.

Seit 8000 v.Chr. hatte es an der Stelle, wo jetzt Jericho stand, eine Stadt gegeben. Zur Zeit Josuas hatte sie eine Stadtmauer und war gut befestigt. Trotzdem fühlten sich die Einwohner nicht sicher vor den Eindringlingen. Sie hatten von dem mächtigen Gott gehört, der mit Israel war. Doch Josua nahm an, daß die Stadt den Israeliten nicht ohne weiteres die Tore öffnen und sie einlassen würde. Daher hatte er vor der Überquerung des Jordans Kundschafter geschickt, die die Stadt und ihre Umgebung erforschen sollten. Die Männer wurden fast gefangen, entkamen aber mit Hilfe einer Frau aus Jericho, Rahab. Sie berichteten, daß die Stadt zwar stark befestigt sei, aber trotzdem erobert werden könne.

Josua 2,1–24

Die Eroberung Jericho fiel, und die Israeliten überzogen mit Blitzangriffen das Land. Zunächst zogen sie durch die Mitte und den Osten des Landes, breiteten sich aber später nach Norden und Süden aus. Sie legten einige kanaanitische Stadtstaaten lahm und gewannen so Zeit, in den eroberten Gebieten Ruhe und Ordnung wiederherzustellen.

Aber es war leichter, eine Anzahl kleiner Könige mit ihren Heeren zu besiegen, als sich in dem eroberten Land anzusiedeln, es mit Beschlag zu belegen und zu bewirtschaften, Vieh zu züchten oder auch neue Städte zu bauen. Nach den ersten Siegen mußte das Land auch befriedet werden. Josua begann diese Aufgabe mit dem Volk, aber es blieb »noch sehr viel vom Land einzunehmen«.

Josua 13,1–6

Archäologen haben festgestellt, daß viele Städte, etwa Hazor, Debir und Lachisch, zwischen 1240 und 1200 v.Chr. zerstört wurden. Dies dürfte wohl auf die Israeliten zurückgehen. Doch war die Landnahme noch lange nicht abgeschlossen, und Städte wie Jerusalem, Megiddo, Gezer und Beth-Schemesch blieben noch einige Jahre uneingenommen. Jerusalem (damals noch Jebus) fiel erst in der Regierungszeit König Davids, etwa 200 Jahre später.

Es erschien als ein gewagtes Unternehmen, sich in Kanaan niederzulassen. Würde Gott, der sie durch die Wüste geführt hatte, ihnen auch in der neuen Umgebung helfen können? Oder sollten sie sich Baal, dem Gott der Kanaaniter, zuwenden, der Gott über Land- und Stadtleben war? Sollten sie die Verehrung Baals mit der Jahwes kombinieren? Josua, dem klar war, daß das Volk die Versprechen, die es Gott in der Wüste gemacht hatte, vergessen konnte, rief die Stämme nach Sichem zusammen. Er war inzwischen alt und hatte viele Kämpfe bestanden. Nun erinnerte er das Volk an seine Geschichte und rief es auf, den Bund mit Gott zu erneuern. Die Religionen der Kanaaniter und der Israeliten durften nicht vermischt werden.

Josua 24,2–15

Die Israeliten, gewöhnt an das harte Nomadenleben, mußten sich nun auf ein seßhaftes landwirtschaftliches Leben einstellen.

Josua hatte eine große, schwere Aufgabe erfüllt. Die Israeliten waren in der neuen Heimat, aber die Stämme waren über das ganze Land verstreut und brauchten eine starke Organisation. Die Stiftshütte und die Bundeslade, Symbole der Einheit Israels und Zentrum der Religion, wurden in Sichem und später in Silo aufgestellt. Aber würde das Volk seine Stellung halten? Die Stämme hatten wegen der rauhen Landschaft kaum Kontakt untereinander. Sie lebten unter Nationen mit anderem Glauben und anderer Kultur. Konnten sie Kanaan besiegen, oder würde Kanaan sie besiegen?

Bevor diese Frage beantwortet war, starb Josua; und fast 200 Jahre lang suchten die Israeliten vergeblich einen neuen starken Führer.

Eindringlinge vom Meer

Philistinischer Soldat, der Federkopfschmuck mit Kinnriemen trägt.

Die Philister bedeuteten lange eine ernste Gefahr für die Sicherheit Israels. Im 12. Jahrhundert v.Chr. waren die Philister, ein Seevolk aus dem ägäischen Gebiet, das stärkste Volk unter den Einwanderern in den Nahen Osten. Sie griffen die Mittelmeerküsten an und wurden nur durch eine Seeschlacht am Einmarsch nach Ägypten gehindert. Nach dieser Niederlage wurden einige der Soldaten Söldner des Pharao, andere siedelten in der Küstenebene Palästinas. Möglicherweise lebten bereits Gruppen von Phili-

stern im Süden Kanaans, bevor die Israeliten das Land besetzten.

Während der Eroberung Kanaans trafen die Israeliten nicht auf die Philister, doch als Josua alt war, umschloß Philistäa die Städte Asdod, Askalon, Ekron, Gath und Gaza im Südwesten des Landes, sowie den Küstenstreifen südlich des Karmel, der sich im Osten bis nach Juda erstreckte.

Die Philister stießen ständig ins Inland vor, um ihre Herrschaft über das Gebiet auszuweiten. Simson, einer der letzten israelitischen Richter, warf sich ihnen mutig entgegen, aber trotz tollkühner Angriffe gelang es ihm nicht, sein Volk von der Macht der Philister zu befreien.

Angesichts dieses ständigen Druckes schien es nötig, einen König als starken, militärischen Führer zu fordern, der die Philister ein für allemal schlagen sollte. Doch während der wechselhaften Regierung von König Saul, dem ersten König von Israel, blieben die Philister eine Bedrohung. Erst König David vertrieb sie aus dem Bergland, griff sie sogar in Philistäa an und sorgte so dafür, daß die Philister nicht länger eine Gefahr darstellten.

Über den Lebensstil der Philister ist nicht viel bekannt. Wahrscheinlich übernahmen sie die kanaanitische Religion und Kultur, dazu die semitischen Sprachen der Völker, die sie unterworfen hatten. Ihre Götter haben in der Bibel semitische Namen: Dagon, dessen Tempel in Gaza und Asdod standen; Baal-Sebub, der in Ekron verehrt wurde; und Asthoreth (Astarte). Ihre fünf Hauptstädte hat man bisher noch nicht sicher lokalisieren können. Auch ist nicht klar, ob irgendwelche der ausgegrabenen Tempel philistinischen Ursprungs sind. Sicher ist, daß sie Tieropfer brachten und in Kriegen Amulette trugen.

Ägyptische Reliefs zeigen philistinische Soldaten mit Kopfbedeckungen aus Federn. Sie sind mit Lanzen, Rundschilden, langen Breitschwertern und dreieckigen Dolchen bewaffnet. Ihr Vorteil war die Kenntnis der Eisenverarbeitung; die Bronzewaffen der Israeliten waren ihren Waffen nicht gleichwertig.

Die philistinische Töpferei ähnelte der von Griechenland, Kreta und Zypern und läßt auf eine Verbindung zwischen den Philistern und dem ägäischen Raum schließen. Außer diesen Dingen hat man nichts typisch Philistinisches gefunden. Doch obwohl nur wenig von der philistinischen Kultur erhalten geblieben ist, haben sie dem ganzen Gebiet westlich des Jordans ihren Namen aufgedrückt – Palästina.

Töpfereiwaren (etwa 1300 v. Chr.), die an der Stelle der alten Stadt Hazor gefunden wurden

Eine Stadt in Kanaan

Hazor war eine der größten und am besten befestigten Städte, auf die Josuas Heer traf. Sie war ein wichtiges Handels- und Verwaltungszentrum mit etwa 40 000 Einwohnern und einer Fläche von über 70 Hektar.

Im 19. Jh. v.Chr. wurde sie bereits in ägyptischen Berichten und im 18. Jh. v.Chr. in den Briefen von Mari erwähnt, wo auch ihre Wichtigkeit im Zinnhandel aufgeführt ist. Die Briefe von Amarna aus dem 14. Jh. v.Chr. bezeichnen ihren Herrscher als König, obwohl Hazor sich unter der Autorität des Pharao befand.

Josua soll den König, Jabin, getötet und die Stadt niedergebrannt haben. Tatsächlich ist Hazor mehrmals von einmarschierenden Heeren zerstört worden.

Hazor war zur Zeit Josuas eine prächtige und gut befestigte Stadt. Hier Ruinen von Lagerhäusern aus dem neunten Jahrhundert v. Chr.

Wie Ausgrabungen zeigen, fand ein solcher Vorfall auch im 13. Jh. v.Chr. statt, um die Zeit, in der die Israeliten unter Josuas Führung in dieses Gebiet kamen.

Die Lage von Hazor (Tell-el-Quedah) wurde 1928 entdeckt, und Dr. Yigael Yadin führte 1955–1958 und 1968–1970 umfangreiche Ausgrabungen durch. Dabei wurden verschiedene Entwicklungsstufen entdeckt. Es wur-

den kanaanitische Häuser gefunden sowie Töpferwaren aus dem 13. Jahrhundert. Die Stadt besaß mehrere Tempel und scheint reich gewesen zu sein. Eine weitere Entwicklung fand unter König Salomo statt, der die Städte Hazor, Jerusalem und Megiddo befestigen ließ. Schließlich wurde die Stadt bei einem assyrischen Angriff im 8 Jh. v.Chr. zerstört.

Speise- und Opfergesetze

Die Zehn Gebote sind eine Zusammenfassung der Gesetze, nach denen die Israeliten Gottes Willen entsprechend leben sollten. Darüber hinaus gab es aber auch genaue Anweisungen über religiöse Zeremonien, Reinheitsvorschriften und Leitlinien für den Besitz. Sie alle befinden sich im 3. Buch Mose, Levitikus, das seinen Namen von den Leviten, den Priestern aus dem Stamm Levi erhalten hat, die für die Einhaltung der Gesetze verantwortlich waren. Das Buch behandelt ferner die Heiligkeit Gottes und wie das Volk seine Beziehung zu dem

»Heiligen Israels« gestalten soll.

Religiöse Opfer gab es überall im alten Orient. Obwohl die Opfer der Israeliten denen der benachbarten Völker ähnelten, gab es doch bezeichnende Unterschiede. Die Israeliten praktizierten weder Fruchtbarkeitsriten noch Orgien oder Menschenopfer. Schwarze Magie war verboten, und die Opfer wurden dem Gott Israels, Jahwe, dargebracht, nicht mehreren verschiedenen Göttern.

Das Opfersystem sollte den Israeliten wichtige Wahrheiten vermitteln. Weil Gott heilig und rein war, wurde durch jede »Sünde« die Gemeinschaft mit Gott zerbrochen. Wer also ein Gesetz Gottes übertreten hatte oder an anderen Menschen schuldig geworden war, mußte ein Sühneopfer für die begangene Sünde bringen.

Es gab genaue Anweisungen, welche Art von Opfer im Einzelfall gebracht werden mußte, ob Tier, Vogel, Getreide oder Öl. Immer mußte es das Beste sein, was der Opfernde zu geben hatte, denn ein Opfer, das Mängel aufwies, war für Gott nicht gut genug.

Das 3. Buch Mose enthält ferner Speisegesetze. Auch heute noch folgen orthodoxe Juden diesen Anweisungen und essen nur »koschere« Nahrung, die auf ganz bestimmte Weise zubereitet ist.

Die Gesetze unterteilen Nahrungsmittel in »rein« und »unrein«. Interessant ist, einige der verbotenen Speisen im Licht der heutigen Kenntnisse über Diät, Gesundheit und Hygiene zu betrachten. Verboten ist der Genuß fleischfressender Tiere, die in einem Klima, wo Fleisch schnell verdirbt, Infektionen übertragen. Ebenso gefährlich ist im heißen Klima Schweinefleisch, da Schweine Parasitenträger sind. Raubvögel und Ungeziefer fressende Vögel sind als Seuchenüberträger verboten, und Schalentiere verursachen sogar noch heute zuweilen Lebensmittelvergiftungen.

Die Israeliten bekamen Anweisung, Nahrungsmittel und Wasser rein zu erhalten. Diese Prinzipien beherrschen bis heute das Gesundheitswesen. Außerdem gab es strenge Regeln für die sexuelle Hygiene zum Schutz der Gesundheit. Die Priester fungierten bei den Israeliten gleichzeitig als

Ärzte und waren dafür verantwortlich, gefährliche Krankheiten zu erkennen. Die Gesetze, die die Absonderung von Menschen fordern, die an ansteckenden Krankheiten leiden, sind praktisch die ersten Quarantänebestimmungen des Nahen Ostens.

Das Volk Israel sollte außerdem Arme und Benachteiligte unterstützen und sich durch Aufrichtigkeit, Gerechtigkeit und faires Verhalten auszeichnen. So sollte es das Wesen seines Gottes widerspiegeln. Wer durch die Umstände gezwungen war, sein Land zu verkaufen, hatte das Recht, es nach einiger Zeit wieder zurückzukaufen. Verarmten und hilflosen Volksgenossen sollten zinslose Darlehen gewährt werden. Im Jobeljahr (50. Jahr) erhielten Leute, die ihren Besitz oder sogar sich selbst als Sklaven verkauft hatten, ihre Freiheit und ihre Gü-

ter zurück. Alle sieben Jahre blieben die Äcker unbebaut, damit sogar das Land sich erholen konnte.

Viele dieser Gesetze erscheinen zunächst fremd, entsprechen aber, wie wir heute wissen, Gesetzmäßigkeiten in der Natur. Alle diese Rituale und Gesetze sollten die Israeliten erinnern, daß Gott heilig war und daß er auch von seinem Volk Heiligkeit forderte.

Nur sehr wenige christliche Gruppen betrachten die ausführlichen Speisebestimmungen des Alten Testamentes noch als verbindlich. Und alle Christen sehen im Tod und der Auferstehung Jesu Christi das letztgültige Opfer für menschliche Verfehlungen, das alle anderen Opfer abgelöst hat. Die jüdischen Opfer hörten etwa vierzig Jahre nach Jesu Tod auf, als der Jerusalemer Tempel von den Römern zerstört wurde.

Das Gesetz der Israeliten verbot den Genuß von Schweinefleisch.

Die Frage der Einheit

Als Josua starb, hatten die Israeliten einen großen Teil des Hügellands von Kanaan erobert. Auch hatten sie fast das ganze Jordantal und große Teile der transjordanischen Hochebene besetzt. Doch in den Küstenebenen lagen die Dinge anders, denn die Menschen dort kämpften mit Streitwagen und waren geübte Reiter.

Richter 1,31–31

Da die Israeliten Fußkämpfer waren, wagten sie sich nicht in die Küstenebenen oder die Ebene von Esdraelon. Die sich so weit vorwagten, wurden entweder geschlagen oder vermischten sich mit den Kanaanitern, die dort lebten. So lösten sich die Stämme Isaschar, Sebulon und Naphtali vom restlichen Israel. Auch in den Bergen gab es starke Gruppen, die Israel nicht besiegen konnte.

Die Landschaft Kanaans führte zwangsläufig zu einem Auseinanderfallen der Stämme. Die Stämme in der Ebene von Esdraelon wurden durch die Kanaaniter isoliert, während das Jordantal die östlichen Stämme von den westlichen trennte. Dazu erschwerte das Hügelland mit seinen tiefen Tälern den Kontakt zwischen den Stämmen. So nahmen die Stämme bald ihre eigenen örtlichen Belange wichtiger als die Interessen des ganzen Volkes. Das einzige, was sie zusammenhielt, war der Glaube an Gott und die Anbetung im Heiligtum von Silo.

Außer diesem gemeinsamen Ort der Anbetung gab es keinen Ausdruck der Einheit Israels. Es gab weder eine Hauptstadt noch einen König. Die meisten anderen Nationen hatten einen König, doch in Israel hatte jeder Stamm seinen Führer. Da es keine überragenden Gestalten wie Mose oder Josua gab, übernahmen die »Richter« als jeweilige Anführer der Stämme in Zeiten der Gefahr die Leitung.

Das Buch der Richter berichtet von den Heldentaten von zwölf Männern und einer Frau, die sich als Führer hervortaten. Obwohl ganz verschieden, hatten alle eins gemeinsam: Sie und das Volk glaubten, daß Gott die Richter erwählt und mit seinem Geist erfüllt hatte, um die übermenschliche Aufgabe zu übernehmen, das Volk von seinen Feinden zu retten. Da es kein stehendes Heer gab, mußte jeder Richter im Verteidigungs- oder Kriegsfall wehrfähige Männer einberufen. Von jedem gesunden Mann wurde erwartet, daß er kämpfte, aber viele Leute

Richter 5

folgten den Aufrufen nur halbherzig. Das Siegeslied Deboras, der einzigen Richterin, erzählt von einem Kampf, der gewonnen wurde, obwohl einige Stämme ihre Unterstützung verweigerten.

Doch die Kämpfe mit den fremden Völkern waren nur ein Problem. Zur Zeit der Richter begann noch ein anderer Kampf, der viele Jahre andauern sollte: der Kampf zwischen Jahwe, dem Gott Israels, und dem kanaanitischen Gott Baal. Nicht, daß die Israeliten ihren Gott vergessen hätten. Aber sie standen in der Gefahr, Jahwe, den Schöpfer, auf eine Stufe mit den von Menschen geschaffenen Göttern der Kanaaniter zu stellen. Die Richter warnten als religiöse und militärische Führer ständig vor dieser Religionsvermischung.

Richter 6,25–32   Die Geschichte Gideons zeigt, wie weit diese Entwicklung schon fortgeschritten war. Als sein Vater für Baal einen Altar baute und Gideon ihn niederriß, führte das fast zu einem Volksaufstand. So wurde die Verehrung Jahwes als des einen Gottes durch das Verhalten vieler Leute ernsthaft bedroht.

Trotz dieser Schwierigkeiten stieg der Lebensstandard in Israel ständig. Bis zum elften Jahrhundert hatten sich die Israeliten die Fähigkeiten im Hausbau und in der Landwirtschaft angeeignet, die sie bei ihrem Zug durch die Wüste nicht benötigt hatten. Sie holzten Wälder ab, um mehr Ackerland zu erhalten.

Der ständige militärische Druck und der religiöse Verfall machten es notwendig, daß Israel sich um eine bessere politische Organisation der verstreut lebenden Stämme bemühte, um als Volk zu überleben. Mehr Zusammenarbeit und vor allen Dingen größere Treue Jahwe gegenüber waren nötig. Die Angriffe anderer Völker hatten gezeigt, daß Ungehorsam und die Übernahme heidnischer Götter Unheil brachten. Aber sooft eine Gefahr vorüber war, wandten die Stämme sich wieder eigenen Interessen zu und vergaßen Gott. Israel brauchte einen neuen Führer, der Gott ganz gehorchte und so eine neue Gesellschaft aufbauen konnte, die sich auf den Bund mit Gott und nicht nur menschliche Ideale gründete.

Die Berge von Gilead jenseits des Jordantals waren ursprünglich das Gebiet des Stammes Gad. Durch geographische Trennung fehlte oft die Einigkeit und der Zusammenhalt zwischen den Stämmen.

Wer waren die Richter?

Das Buch der Richter weist ein bestimmtes Handlungsschema auf. In einer Zeit des Friedens wandten sich die Israeliten den kanaanitischen Göttern zu. Sie wurden durch Niederlagen gegen ihre Feinde gestraft. Als sie in diesen Situationen Gott um Hilfe anriefen, traten Führer hervor, die Richter, die sie wieder zu Siegen führten und ihre Glaubensgrundlage erneuerten. Dies wiederholte sich viele Male, und die Bibel erwähnt die Namen von zwölf Richtern.

Othniel
Richter 3,9–11
Er war der jüngere Bruder Kalebs und wehrte den Einmarsch der Hethiter aus Mesopotamien ab. Diesem Sieg folgten vierzig Jahre Frieden.

Ehud
Richter 3,15–30
Als die Moabiter, mit den Ammonitern und Amalekitern verbündet, Israel unterdrückten, tötete Ehud ihren König und führte einen siegreichen Krieg gegen Moab, dem 80 Jahre Frieden folgten.

Schamgar
Richter 3,31
Er wird nicht als Richter beschrieben und war möglicherweise ein Kanaaniter. Er war erfolgreich gegen die Philister, von denen er 600 tötete.

Debora
Richter 4,4–5,31
Sie ist die einzige Richterin und in erster Linie eine zivile Führerin, die aber Einfluß auf den militärischen Führer Barak hatte, der das Heer von Hazor schlug.

Gideon
Richter 6,11–8,32
Die Midianiter waren in Israel eingefallen. 1170 v.Chr. erkämpfte Gideon einen entscheidenden Sieg mit einem Heer von nur 300 Mann. Er lehnte es ab, König über Israel zu werden. Seinem Sieg folgten vierzig Jahre des Friedens.

Tola, Jair
Richter 10,1–5
Zwei unbedeutendere Richter, die in einer Zeit des Friedens Ordnung schafften nach der chaotischen Herrschaft von Abimelech, der sich selbst zum König gemacht hatte.

Jephthah
Richter 11,1–12,7
Israel wurde im Osten von den Ammonitern und im Westen von den Philistern angegriffen. Jephthah befreite den Westen, konnte aber die Philister nicht schlagen.

Ibzan, Elon, Abdon
Richter 12,8–15
Drei Richter in Friedenszeiten.

Simson
Richter 13,21–16,31
Er war 20 Jahre lang Richter und ist für seine Stärke bekannt. Obwohl er einige spektakuläre Siege über die Philister verzeichnete, konnte er sie nie endgültig schlagen. Statt ein Heer aufzustellen, brannte er Felder ab und erschlug Soldaten mit dem Kieferknochen eines Esels. Er herrschte weise und gerecht über örtliche Belange.

Das Buch Ruth

Die Richter herrschten in einer unruhigen Zeit, aber das Leben in Israel bestand nicht nur aus Kriegen. Die meisten Leute arbeiteten friedlich für den Lebensunterhalt ihrer Familien. Das Buch Ruth gibt einen Einblick in die damalige Gesellschaft.

In Israel herrschte eine Hungersnot. So zog Elimelech mit seiner Frau Naemi und seinen beiden Söhnen Machlon und Kiljon von Bethlehem nach Moab, wo es noch mehr Nahrungsmittel gab. Die beiden jungen Israeliten heirateten die Moabiterinnen Ruth und Orpa. Doch dann wurde die Familie hart getroffen: Elimelech und seine Söhne starben und ließen drei Witwen zurück, unversorgt und ohne jede Hoffnung für die Zukunft.

Naemi entschloß sich, nach Bethlehem zurückzukehren, wo Verwandte während ihrer Abwesenheit Haus und Felder versorgt haben dürften. Als Familienoberhaupt hatte Naemi das Recht auf die Dienste ihrer Schwiegertöchter, aber auch die Pflicht, für sie neue Ehemänner zu finden. Da sie möglichen Bewerbern aber keine Mitgift zu bieten hatte, gab sie den beiden die Freiheit. Orpa entschloß sich, bei ihrer Familie in Moab zu bleiben; aber Ruth entschied sich, mit Naemi nach Israel zu ziehen. Sie hatte sich wohl von dem moabitischen Fruchtbarkeitsgott Chemosch gelöst und wollte dem Gott Israels dienen, den sie durch ihren Mann kennengelernt hatte.

Naemi und Ruth kamen im April, zur Zeit der Getreideernte, in Bethlehem an. Für Witwen war es schwer, sich den Lebensunterhalt zu verdienen, aber Ruth machte sich das altjüdische Gesetz zunutze, wonach es armen Leuten erlaubt war, am Rande des Feldes die Ähren aufzulesen, die von den Schnittern zurückgelassen worden waren. Das Feld, auf dem Ruth sammelte, gehörte Boas, einem reichen Verwandten Elimelechs.

War die Getreideernte erst vorüber, konnten Ruth und ihre Schwiegermutter noch schlechter ihren Lebensunterhalt bestreiten. So fühlte Naemi sich verpflichtet, Ruth zu einer Wiederverheiratung zu verhelfen. Sie wußte, daß Boas nachts draußen schlief (vielleicht um die Ernte zu bewachen), und so wies sie Ruth an, sich, bevor er aufwachte, zu seinen Füßen zu legen. (Wahrscheinlich war dies

ein alter Brauch.) Als Boas aufwachte, bat Ruth ihn, seinen Mantel über sie zu breiten, eine symbolische Bitte, sie zu heiraten, damit sie ihm einen Sohn als den rechtmäßigen Nachkommen Elimelechs schenken konnte.

Die jüdischen Verwandtschaftsgesetze schrieben vor, daß Verwandte einander helfen mußten. Boas akzeptierte Ruths Bitte, doch zunächst mußte er die Besitzangelegenheiten der Familie regeln.

Naemi besaß ein kleines Stück Land, das sie an den nächsten Verwandten verkaufen wollte. Es war das Recht und die Pflicht des nächsten Verwandten, Familienbesitz zu kaufen, der von bedürftigen Angehörigen angeboten wurde. In diesem Fall kam zu dem Kauf noch die Heirat Ruths. Da der nächste Verwandte dazu nicht bereit war, bekam Boas das

Recht, das Feld zu kaufen und Ruth zur Frau zu nehmen. Solche Rechtsangelegenheiten und solche Geschäfte wurden auf dem freien Platz an den Stadttoren mit den Ältesten Bethlehems als Zeugen abgewickelt.

Ruth und Boas heirateten; ihr Sohn Obed war der Großvater König Davids und ein Vorfahre von Jesus, der Hunderte von Jahren später ebenfalls in Bethlehem geboren wurde. Das Buch Ruth sagt wenig über die Religion Israels zu jener Zeit aus, sondern zeigt mehr die gesellschaftlichen Gebräuche in Israel mit seinen engen Familienbindungen, die typisch für das jüdische Leben sind. Ruth steht als Beispiel für einen schlichten, aber festen Glauben. Außerdem erinnerte diese Geschichte die Juden an die Pflicht, Fremde freundlich aufzunehmen.

Durch das Auflesen der übriggebliebenen Ähren konnte Ruth sich und ihre Schwiegermutter Naemi versorgen.

DAS WACHSTUM DES KÖNIGREICHS

Für das harmonische Leben eines Volkes ist eine stabile und von allen anerkannte Regierung nötig. Im Lauf der Geschichte haben sich verschiedene Systeme entwickelt: Monarchie, Föderation, Diktatur usw. Israel mußte sich immer wieder mit der Frage der richtigen Führung auseinandersetzen.

In der Frühzeit war Israels Ideal die Theokratie: Gott allein war der König. Die Richter führten das Volk durch manche Krise, aber Israel wünschte sich eine permanente menschliche Führung. Es bekam die Könige, nach denen es verlangt hatte, und mit ihnen eine weitere Gruppe von Leitern, die Propheten. Ihre Rolle als politische Ratgeber verband sich mit der Aufgabe, das religiöse Leben des Volkes zu bewahren. Der Konflikt zwischen Heiligem und Profanem, religiöser Treue und politischer Notwendigkeit, hatte begonnen.

Die Errichtung
des Königreichs

1.Samuel 4

Die Lage in Israel war verworren. Die Philister stellten für das Land eine ständige Bedrohung dar und griffen schließlich Israel an. Im verzweifelten Bemühen, sich zu verteidigen, holten die Israeliten die Bundeslade, das Symbol der Gegenwart Gottes, von Silo in ihr Lager auf dem Schlachtfeld bei Eben-Ezer. Sie glaubten, Gott würde sie nun vor ihren Feinden retten; doch die nächste Schlacht ging noch schlimmer aus, und die Lade wurde geraubt.

1.Samuel 5

1.Samuel 6

Die Philister behielten sie jedoch nicht sehr lange. Als eine Seuche ausbrach, und als die Statue ihres Gottes Dagon vor der Lade umstürzte, glaubten sie, Gott strafe sie für den Raub der Bundeslade. So brachten sie sie zurück nach Israel, und sie blieb viele Jahre in der Stadt Kirjath-Jearim. Alle Hoffnungen der Israeliten waren zerstört, und sie fühlten sich ganz von

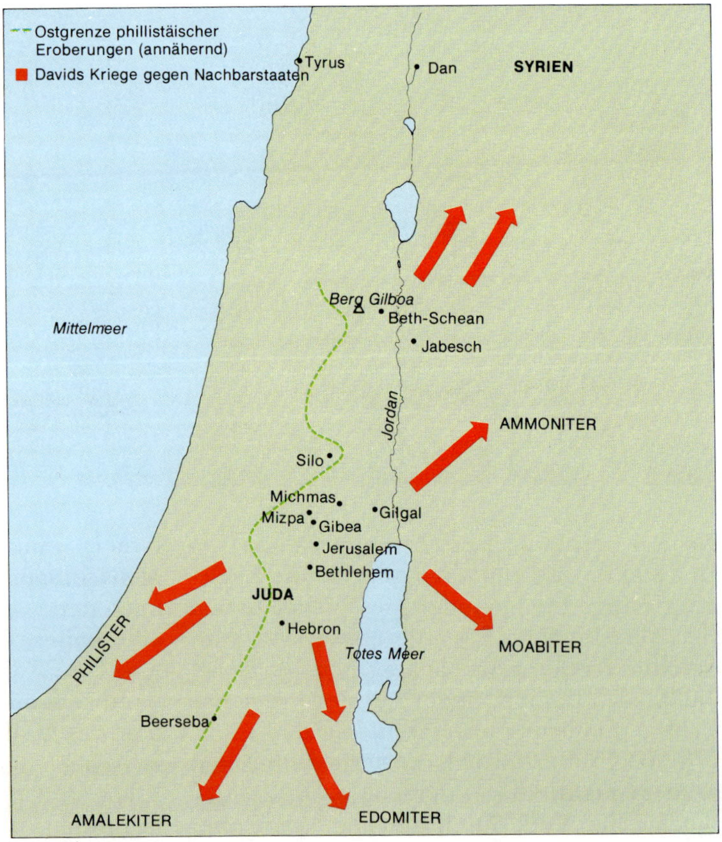

Israel zur Zeit Sauls und Davids

Die Israeliten waren oft versucht, die Götzen und Praktiken ihrer kanaanitischen Nachbarn zu übernehmen, doch Samuel rief sie zu ganzherziger Treue dem einen wahren Gott gegenüber auf. Dieser kanaanitische Altar bei Megiddo wurde viel früher benutzt, etwa 2500–1500 v. Chr.

Gott verlassen. Aber dann wurde – und das ist nicht das einzige Mal in der biblischen Geschichte – unter außergewöhnlichen Umständen ein Kind geboren, das zu einem herausragenden Führer seines Volkes heranwuchs.

Der Prophet Samuel

Jedes Jahr zog Elkana vom Stamm Ephraim mit seinen beiden Frauen Hanna und Peninna nach Silo, um am Heiligtum anzubeten. Diese Besuche waren für Hanna eine Qual, denn im Gegensatz zu Peninna hatte sie keine Kinder, und Peninna quälte sie damit. In einem Jahr (um 1080 v.Chr.) betete Hanna wieder einmal am Heiligtum und versprach Gott, wenn sie einen Sohn bekommen sollte, werde sie ihn ganz dem Dienste Gottes weihen. Im folgenden Jahr gebar sie Samuel, und als er drei Jahre alt war, schickte sie ihn nach Silo, wo er dem Priester Eli dienen und als Priester ausgebildet werden sollte.

1.Samuel 1,9–28

Samuel unterschied sich sehr von den vorherigen Priestern, Hophni und Pinhas, die dem Priestertum einen schlechten Ruf eingetragen hatten. Auch Eli, ihr Vater, war nicht schuldlos daran, denn er hatte nie mit seinen Söhnen über ihr übles Verhalten gesprochen. Samuel hingegen war gewissenhaft und ehrlich.

1.Samuel 3,2–18

Als er etwa vierzehn Jahre alt war, hörte er eines Nachts eine Stimme, die seinen Namen rief. Zunächst glaubte er, Eli habe ihn gerufen, doch der nahm an, Gott habe mit dem Jungen gesprochen, und befahl ihm, weiter zu horchen. Die Stimme sagte Samuel, daß Eli und seine Söhne für ihr Ungehorsam bestraft werden sollten. Dies war eine harte Botschaft für den Priester, doch Eli nahm sie als Gottes Wort an und war überzeugt, daß Samuel ein Bote Gottes war. Kurze Zeit darauf starben Eli und seine Söhne.

Im Laufe der Jahre wuchs Samuels Autorität, und man fragte ihn bei allen möglichen Religions- und Rechtsproblemen um Rat. Er wurde ein anerkannter Führer, der in Rama für das Volk opferte und betete und regelmäßig in Silo, Bethel und Gilgal Gericht hielt.

Samuel war Richter, Priester und Prophet. Er wußte, daß die Israeliten die Philister nur besiegen und in Frieden leben konnten, wenn ihr Verhältnis zu Gott in Ordnung war. Er befahl ihnen, ihre kanaanitischen Götzen zu vernichten, und berief eine Volksversammlung nach Mizpa ein. Als er dort zu Gott betete und ihm opferte, versammelten sich die Philister zum Angriff auf das feiernde Volk. Da endlich geschah das langersehnte Wunder, und die Philister wurden bei Eben-Ezer in die Flucht geschlagen.

1.Samuel 7,5–14

Doch Samuels Freude über die erneuerte Treue zu Jahwe war nur kurz. Wie Eli litt auch er darunter, daß seine Söhne ihm und seiner Gesinnung den Rücken kehrten. Es war offensichtlich, daß sie, wenn er starb, nicht seine Nachfolge als Richter Israels antreten konnten. Zudem ließ das Volk sich immer mehr von den Staatsordnungen der umliegenden Völker anziehen. Es verlangte nach einem König, wie ihn die anderen hatten. Seine Macht sollte nicht auf ein bestimmtes Gebiet und auf eine Zeitspanne beschränkt sein wie die der Richter. Das Volk wollte einen Führer im Frieden wie im Krieg.

1.Samuel 8,4–22

Samuel war zuerst nicht begeistert. Hinter diesem Wunsch sah er die Ablehnung der Königsherrschaft Gottes. Er warnte Israel vor den hohen Forderungen, die ein König an das Volk stellen würde. Er warnte es vor der Wehrpflicht, vor Zwangsarbeit auf den königlichen Ländereien und am Hof und vor Steuern, die jedem auferlegt würden. Aber das Volk hatte seinen Entschluß gefaßt. Samuel sollte ihm einen König beschaffen.

Und wieder einmal stieg ein Mann von unbedeutender Herkunft und aus kleinen Verhältnissen zu einer überragenden Stellung empor.

Israels erster König

Saul, ein junger Mann vom Stamm Benjamin, befand sich auf der Suche nach einigen Eseln seines Vaters. Mehrere Tage hielt er mit einem Kameraden vergeblich nach ihnen Ausschau. Schließlich gingen sie zum Haus des Propheten Samuels, in der Hoffnung, er könnte ihnen sagen, wo die Tiere seien. Tatsächlich wußte Samuel, wo sie die Esel finden konnten; aber er hatte eine viel größere Überraschung für Saul bereit.

Er lud ihn zum Abendessen ein; und da er überzeugt war, daß Gott ihn zum ersten König Israels erwählt hatte, salbte er ihm den Kopf mit Öl als Zeichen, daß er König sein sollte.

Diese Handlung hatte eine tiefe Bedeutung. Im »Fruchtbaren Halbmond« war die Salbung eines Königs eigentlich unbekannt. Die Pharaonen wurden nie gesalbt, doch wenn ein Pharao einen Stellvertreter auswählte, der ihn in einem Landesteil repräsentieren sollte, dann wurde dieser Unterkönig gesalbt als Zeichen, daß er der Herrschaft des Pharao unterstand. Wurden also alle Könige in Israel gesalbt, zeigte dies, daß sie unter der Oberherrschaft Gottes standen, der der wahre König Israels war.

1.Samuel 10,24   Kurz nach der Salbung rief Samuel Saul nach Mizpa, wo ihn das Volk mit dem Ruf »Es lebe der König« als Herrscher anerkannte. Schon bald bewies Saul, daß er den Titel zu Recht trug.

1.Samuel 11   Als die Stadt Jabesch-Gilead von den Ammonitern unter König Nahasch belagert wurde, sammelte Saul die Stämme, zog gegen den Feind und besiegte ihn. Dieser Sieg bewies, daß Gott selbst Saul erwählt hatte, und so bestätigte das Volk im Rahmen einer religiösen Zeremonie in Gilgal Saul als König.

Der Konflikt mit den Philistern, der schon zur Zeit der Richter begonnen hatte, flammte immer wieder auf. Mit seines 1.Samuel 14   Sohnes Jonathans Hilfe gewann Saul eine wichtige Schlacht bei Michmas. Doch obwohl die Philister Hals über Kopf flohen, blieben sie eine ständige Bedrohung für Israel. Sie waren allerdings wenigstens aus dem Inneren des Landes ins Küstengebiet vertrieben, denn zum ersten Mal, seit Josua das Land unter den Stämmen verteilt hatte, stand Israel dem Feind als vereinte Nation gegenüber.

Saul fiel als König ganz aus dem damaligen Rahmen. Er hatte keinen Palast und keinen gutorganisierten Beamtenapparat und lebte ganz schlicht in seiner Heimat Gibea. Es gab ein kleines stehendes Heer, denn Saul wäre seinen Feinden nie gewachsen gewesen, wenn er bei jedem Angriff die Soldaten aus den verschiedenen Stämmen hätte rekrutieren müssen. Obwohl er nie mit ganz Israel in den Krieg zog, kam er diesem Ziel doch näher als jeder vor ihm. Er war beliebt, und seine Regierungszeit begann gut. Alles deutete auf eine glückliche Zukunft hin.

Sauls Fall   Saul erwies sich als ein tapferer und großmütiger Mann; aber er hatte auch einen dunkleren Charakterzug. Sein hitziges Temperament und seine labile Persönlichkeit führten schließlich zu seinem Fall. Mit wachsender Verantwortung für sein Königreich schwankte er zwischen klarer Führung und Zornausbrüchen und Depressionen. Sogar seine Familie kam nicht mehr mit ihm zurecht.

Zweierlei verschlimmerte seine Situation. Er war nicht in der Lage, die Philister entscheidend zu schlagen und so den Frieden in Israel zu sichern. Dazu erschwerte die Unabhängigkeit der einzelnen Stämme ihre Beherrschung und die Bewahrung der Einheit des Volkes.

1.Samuel 13,8–15   Das schlimmste aber war sein Streit mit Samuel, der sich zuspitzte, als Saul vor einer wichtigen Schlacht Samuels Aufgaben als Priester übernehmen wollte. Samuel verkündete Saul, daß Gott ihm wegen seines Ungehorsams die Königsherrschaft nehmen werde. Saul, der seine Macht schwinden fühlte, verfiel in Depressionen. Oft schlug er wild um sich, wenn sich ihm jemand näherte. Nur Musik konnte ihn beruhigen, und so wurde David, der sein Nachfolger werden sollte, als Spielmann an den Hof Sauls gebracht, damit er durch seine Lieder den aufgebrachten König besänftigte.

Saul und David

1.Samuel 16,13

Von diesem Punkt an konzentriert sich die biblische Erzählung auf David, den jüngsten Sohn des Isai aus Bethlehem, der dem Stamm Juda angehörte. Er war Schafhirte, als Samuel ihn zum König an Sauls Statt salbte, obwohl Saul noch lebte und Israel regierte. Erst später wurde David als Spielmann an den Hof gerufen. War Saul in seiner düsteren Stimmung, bemerkte er vermutlich kaum, wer für ihn die Harfe spielte.

1.Samuel 19,8—17

David war am Hof beliebt; und Jonathan, Sauls Sohn, wurde sein bester Freund. Diese Freundschaft sollte ein Leben lang halten. Doch Saul wurde immer argwöhnischer gegenüber David. Er spürte, daß die Menschen sahen, wie Gott Davids Wirken bestätigte, und er fürchtete, das Volk würde den jungen Mann als König vorziehen. Sauls Eifersucht wurde so groß, daß David im Untergrund untertauchen mußte, um der Rachsucht und den Anschlägen des Königs auf sein Leben zu entgehen.

1.Samuel 31

Vier Jahre lang zwang Saul David, das Leben eines Ausgestoßenen und Gejagten zu führen. Dann endete sein Leben tragisch. Er wurde von seinen alten Feinden, den Philistern, am Fuße des Berges Gilboa geschlagen. Der verzweifelte Versuch, seine Autorität wieder geltend zu machen, scheiterte, und Saul kam mit Jonathan und zwei weiteren Söhnen auf dem Schlachtfeld ums Leben.

2.Samuel 2,8

Wie lange Saul regierte, ist unsicher. Die Bibel gibt keine genauen Hinweise; doch er muß eine beträchtliche Zeit regiert haben, denn er war noch jung, als er König wurde, und als sein jüngster Sohn Isch-Boscheth nach seinem Tode König wurde, war der schon vierzig Jahre alt. Saul regierte also wahrscheinlich zwanzig bis dreißig Jahre lang.

Nach dem Tod Sauls war Israel erneut den Philistern ausgeliefert, die ihr ganzes früheres Territorium zurückeroberten. Israels Situation erschien wieder einmal hoffnungslos, doch innerhalb weniger Jahre wurde Israel zu einer der führenden Nationen in Palästina und Syrien, was in erster Linie auf seinen berühmtesten König zurückzuführen ist, David.

Held und Gejagter

David war der Jüngste einer großen Familie. Sein Vater Isai war in der kleinen Stadt Bethlehem zwar ein wichtiger, aber kein reicher Mann. Innerhalb des Stammes Juda, dem er angehörte, hatte er keine prominente Stellung.

David hatte eine harte Kindheit. Er war Hirte im Bergland von Judäa, wo sein Leben oft durch wilde Tiere oder durch Räuber, die die Schafherden angriffen, bedroht war. Dieser Junge war nun zur Überraschung der Familie auserwählt, König und Nachfolger Sauls zu werden.

1.Samuel 17,31–49

David, der als Spielmann an Sauls Hof kam, wurde weithin bekannt, als er Goliath besiegte. Der riesenhafte Philister hatte das Heer Israels das Fürchten gelehrt, aber David tötete ihn mit einer Steinschleuder. In der Folgezeit erwies sich David als tapferer Soldat und erlebte einen kometenhaften Aufstieg. Er

1.Samuel 18,20–29

schloß Freundschaft mit Sauls Sohn Jonathan, heiratete Sauls Tochter Michal und war bald einer der bekanntesten Männer in Israel. Doch Saul versuchte in seiner Eifersucht mehrmals, David zu töten. Versuche, die beiden Männer zu versöhnen, schlugen fehl. David wurde Anführer einer Gruppe Ausgestoßener, immer auf der Flucht vor dem rachsüchtigen Saul, der ihnen von Zeit zu Zeit nachjagte.

Oben: Oft hüten Kinder im Nahen Osten die Schafe. Durch das Hüten der Herde seines Vaters lernte David, sich in jeder Situation zu helfen.

Unten rechts: David verbarg sich oft in den Höhlen der Berge Judäas vor Saul. Diese Frischwasserquelle bei Engedi am Toten Meer heißt »Davids Quelle«.

Während dieser Zeit als Gejagter schloß David Freundschaft mit den Führern des Stammes Juda. Er ahnte, daß er ihre Unterstützung noch brauchen würde. Nach dem Tode Sauls waren es tatsächlich diese Männer, die ihn zum König wählten; und er wählte Hebron in Juda als seinen Regierungssitz. David baute sicher auch bei den nördlichen Stämmen auf seine Popularität, doch General Abner, ein Vetter Sauls, machte Isch-Boscheth, den letzten Sohn Sauls, zum König der Stämme im Norden. Dies dürfte den Philistern gefallen haben, denn ein geteiltes Israel war schwächer und konnte ihren Angriffen weniger Widerstand entgegensetzen.

Zwischen den beiden Königreichen kam es zu Grenzscharmützeln, doch ein Streit zwischen Abner und Isch-Boscheth

2.Samuel 3;4

veränderte die Lage. Abner lief zu David über, und Isch-Boscheth wurde von zwei Hauptleuten seines eigenen Heeres getötet, die dadurch Davids Gunst zu gewinnen suchten. Doch statt eine Belohnung zu erhalten, wurden sie von David für ihre Untreue hingerichtet. Nach diesen Ereignissen ordneten sich auch die nördlichen Stämme der Herrschaft Davids unter. Das Volk Israel war wieder vereint.

Das vereinte Königreich

Nach der Übernahme der Herrschaft über ganz Israel mußte David zunächst einen philistinischen Angriff zurückschlagen, der das Königreich bedrohte. Dann machte er sich daran, die jebusitische Festung Jerusalem einzunehmen. Joab, Davids Vetter und Kriegsheld, gelangte mit einer Gruppe Soldaten durch einen unterirdischen Wasserschacht in die stark befestigte Stadt. Die Jebusiter hatten nie damit gerechnet, daß jemand auf diesem Weg in die Stadt eindringen würde, und nachdem Joab und seine Soldaten sich innerhalb der Mauern befanden, waren die Befestigungsanlagen wertlos. So gelangte auch Jerusalem in die Hand Israels.

Von nun an hieß sie die »Stadt Davids« und wurde die Hauptstadt des israelitischen Königreichs. David baute sich einen Palast und brachte die Bundeslade in die Stadt. Dadurch wurde die Stadt zum politischen und religiösen Zentrum.

2.Samuel 8

David gab sich nicht damit zufrieden, die zwölf Stämme zu einer Nation zusammenzuschweißen. Seine dreiunddreißig Königsjahre verbrachte er weitgehend damit, das Reich zu vergrößern und zu sichern. Als er starb, war Israel mit Phönizien, einem Nachbarland an der Mittelmeerküste, durch Freundschafts- und Handelsverträge verbunden. Sein Herrschaftsbereich erstreckte sich vom Euphrat im Osten bis zu den Grenzen von Philistäa und bis zum Sinai im Süden – ein großes Gebiet für damalige Verhältnisse.

Regierung und Religion unter König David

David baute als Regent das Regierungs- und Verwaltungssystem weit besser aus, als es unter Saul gewesen war. Er ernannte Joab zum Oberkommandierenden des Heeres, und die Priester Zadok und Abjathar waren für religiöse Belange zuständig.

Steuern erlegte David wahrscheinlich den eroberten Gebieten auf. Außerdem hielt er eine Volkszählung ab, wohl als Basis für Steuererhebungen und um die Kampfstärke des Volkes zu ermitteln. Dies traf jedoch auf das Mißfallen seiner Berater.

David scheint sich wenig um das Rechtswesen gekümmert zu haben. Strittige Rechtsfragen wurden auf Stammesebene geregelt, allerdings erschien eine übergreifende Gerichtsbarkeit immer notwendiger.

An der Religion Israels nahm David dagegen beträchtlichen Anteil. Er baute Jerusalem zum nationalen religiösen Zentrum aus. Hier hoffte er eines Tages auch einen Tempel zu errichten, in dem die Bundeslade ihren festen Platz finden sollte, und er entwarf dafür schon feste Pläne. Vom befreundeten König Hiram von Tyrus erwartete er Baufachleute und Baumaterialien. Doch er konnte seinen Plan nicht ausführen, und die Bibel sieht den Grund hierfür darin, daß David so viele Kriege führen mußte und ein Tempelbau dazu nicht gepaßt hätte.

An seiner Stelle führte Salomo den Bau aus.

David beeinflußte stark die geistliche Musik im gottesdienstlichen Leben Jerusalems. Er selbst war ein geübter Musiker, der als Harfenspieler an Sauls Hof geholt worden war, um Saul bei seinen Wahnzuständen zu beruhigen. Einige der Lieder, die im Gottesdienst gesungen wurden, gehen auf David zurück, und manche davon sind im Buch der Psalmen enthalten. Musik und Gesang als eine Form der Anbetung war nichts Neues oder Ungewöhnliches. Schon zur Zeit Abrahams hatte in Mesopotamien der religiöse Kult auch musikalische Elemente. So sind zum Beispiel Sammlungen von Hymnen gefunden worden.

2.Samuel 14–18

Davids letzte Regierungsjahre waren von zwei schweren Revolten überschattet. Eine wurde von seinem Lieblingssohn Absalom angeführt. David hatte Absalom für einen Brudermord in die Verbannung geschickt. Nach seiner Rückkehr versuchte Absalom, die Zuneigung und Unterstützung des Volkes zu gewinnen. Vier Jahre lang bereitete er sich vor, dann zog er nach Hebron und ließ sich dort zum König ausrufen. Mit einem Heer wollte er anschließend Jerusalem erobern und trieb David in die Flucht. Doch das Heer der Aufständischen wurde geschlagen und Absalom von Joab getötet, obwohl David ausdrücklich angeordnet hatte, sein Leben zu schonen.

1.Könige 1

2.Samuel 11

Zum zweiten Aufstand kam es, als David schon sehr alt war. Adonia, sein ältester Sohn, versuchte, den Thron zu erobern und König zu werden. Er wurde dabei von Joab und dem Priester Abjathar unterstützt. David erfuhr dies von Bathseba, die er geheiratet hatte, nachdem er ihren Mann vorsätzlich an die vorderste Kampffront geschickt hatte, wo er getötet worden war. Der sterbende König ordnete an, daß Salomo von dem Priester Zadok zum König gesalbt werden sollte. Als Adonia dies hörte, floh er in den Tempel, wo nach alter Tradition niemand getötet werden durfte. Er blieb dort, bis der neue König Salomo ihm versprach, sein Leben zu schonen. So starb David in der Gewißheit, daß Salomo, der Sohn seiner Wahl, der neue König war.

Die »Salomoteiche« bei Bethlehem werden traditionell mit König Salomo in Verbindung gebracht. Sie stammen jedoch wahrscheinlich aus römischer Zeit und waren Wasserspeicher, die Jerusalem mit Wasser versorgten.

**Salomo, Baumeister
und Kaufmann**

König Salomo wurde vor allem duch den Bau des Tempels berühmt. Dieses großartige Gebäude, das in Jerusalem errichtet wurde, war das glänzendste aller Bauwerke, die Salomo im Laufe seines Lebens errichten ließ.

Nachdem er König geworden war, ließ er zunächst alle hinrichten, die Adonias Versuch, die Königsherrschaft an sich zu reißen, unterstützt hatten. Adonia selbst schenkte er das Leben unter der Bedingung, daß er sich nie wieder in Staatsangelegenheiten mischte. Als er diese Bedingung brach, wurde auch er hingerichtet.

Im Gegensatz zu seinem Vater war Salomo kein Soldat. Seine Aufgabe war, das Reich zu festigen, nicht, es zu vergrößern. Daher bemühte er sich um freundschaftliche Beziehungen in-

1.Könige 11,1–3

nerhalb des Reiches und zu den Nachbarstaaten. Er heiratete eine Anzahl Prinzessinnen der Nachbarvölker, da er wohl annahm, die Könige dieser Völker würden sein Land nicht angreifen, wenn sie wüßten, daß ihre Töchter in diesem Gebiet lebten. Seine wichtigste Heirat war die mit einer ägyptischen Prinzessin, der er in Jerusalem ein luxuriöses Leben bot. Doch

1.Könige 11,4–8

brachten diese Frauen ihre eigenen Religionen mit, und so betete Salomo als alter Mann neben Jahwe noch andere Götter an.

1.Könige 9,15–19

Um sein Reich zu sichern, befestigte Salomo außerdem Städte wie Hazor, Megiddo, Geser, Beth-Horon und Thamar. Archäologen haben entdeckt, daß die ersten drei gleichartige Torwege aufweisen. Die in diesen Städten stationierten Truppen konnten im Verteidigungsfall wie auch für den Erhalt des Friedens im Landesinnern schnell herangezogen werden.

Alle diese Projekte kosteten Geld, und Salomo stellte fest, daß Bau- und Verwaltungskosten die Einnahmen überschritten. Aber er besaß großes kaufmännisches Geschick. Israel lag an den großen Handelsstraßen, die von Ägypten und Arabien nach Cilicien (heutige Türkei) und weiter führten. So besuchte

1.Könige 10,1–13

auch die Königin von Saba Salomo wohl nicht nur, um seine Weisheit zu prüfen, sondern auch, um Handelsverträge zu schließen.

Mit Hilfe von Fachleuten aus Phönizien baute Salomo eine Handelsflotte in Ezjon-Geber. Die Schiffe wurden von Phöniziern bemannt und brachten Salomo Gold, Silber, Holz, Elfenbein und sogar Affen (die vermutlich die Leute am Hofe unterhalten sollten).

Ezjon-Geber war berühmt für Salomos Kupfer-Industrie. In der in der Nähe gelegenen Araba befanden sich Kupferminen, und so wurden Schmelzöfen gebaut, die den starken Nordwind ausnutzten, der die Flammen auf die zum Schmelzen notwendige Hitze anfachte. Salomo bekam so genug Kupfer für den Eigengebrauch und konnte sogar noch einiges exportieren.

Salomo profitierte auch davon, daß die Ägypter gute Pferde für ihre Streitwagen brauchten. Er kaufte Pferde in Cilicien und verkaufte sie mit großer Gewinnspanne weiter. Das Zentrum dieses Pferdehandels war Meggido, wo vor einiger Zeit

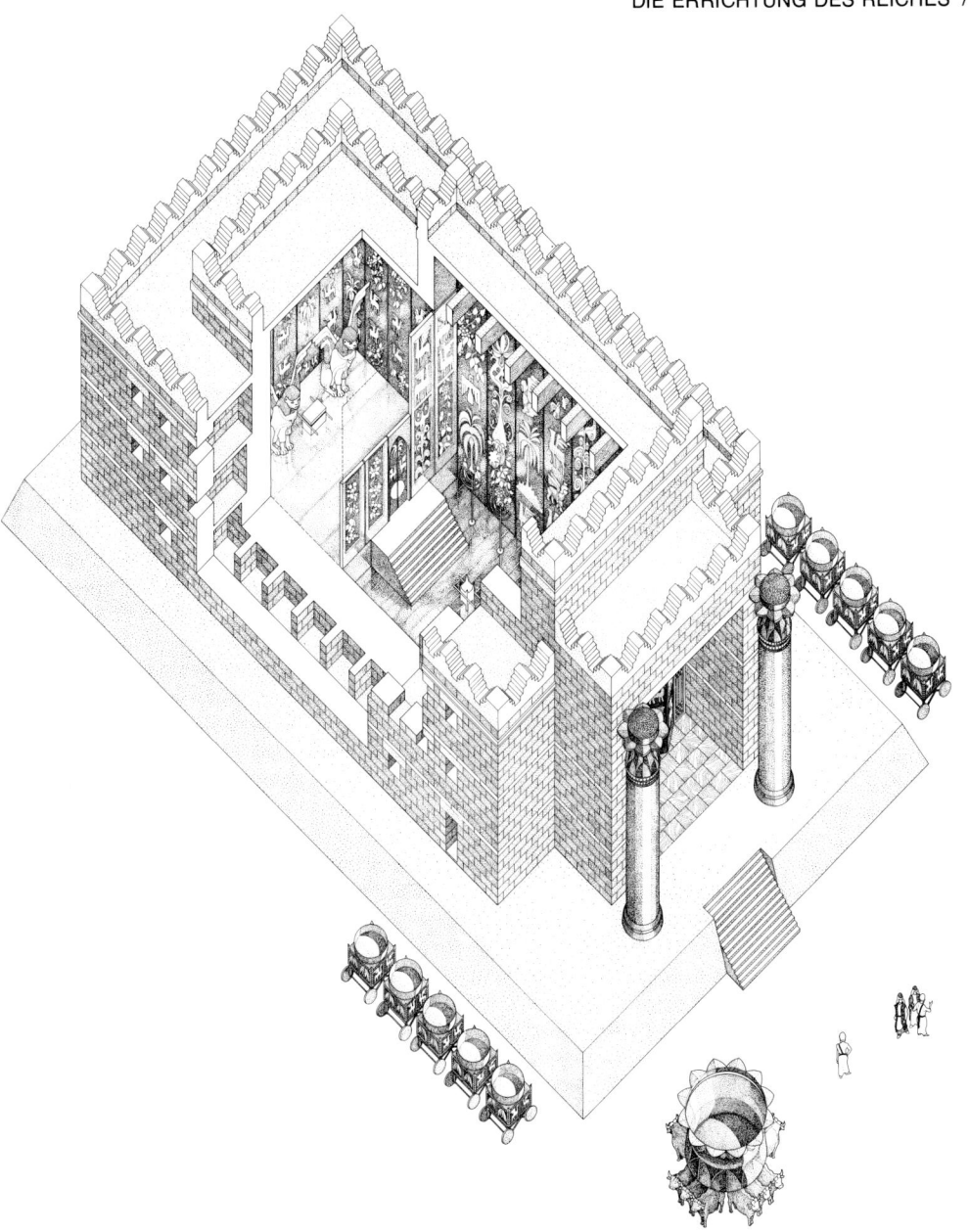

Salomos Tempel Nachdem Salomo vier Jahre König war, begann er mit dem Tempelbau in Jerusalem, der sieben Jahre dauerte. Er erneuerte den Freundschaftsvertrag mit König Hiram von Tyrus, den David geschlossen hatte, und von ihm bekam Salomo gute Architekten. Von den Bergen des Libanons in Hirams Reich bezog er das berühmte Zedernholz für die Holzarbeiten. Große Holzflöße wurden von Tyrus die Küste entlang nach Israel geflößt und über Land nach Jerusalem gebracht. Aus Juda kamen die Steine. Die Holztäfelung im Innern des Tempels wurde mit Gold überzogen, und es wurde viel Kupfer verarbeitet, so daß dieses Bauwerk buchstäblich glänzte. Der Tempel war rechteckig und hatte die gleichen zwei Haupträume wie die Stiftshütte, die Mose erbaut hatte.

die Ruinen von Ställen gefunden wurden. Doch alle diese Einnahmen reichten nicht aus, und so war Salomo gezwungen, drastische Schritte zu unternehmen, um die Staatsfinanzen zu sanieren.

1.Könige 4,7–19   Er erlegte seinem Volk hohe Steuern auf, und um das Eintreiben der Steuern zu erleichtern, teilte er das Land in zwölf Distrikte ein. Jeder Distrikt hatte einen Gouverneur, der dem König verantwortlich war; doch da die zwölf Distrikte nicht den alten Stammesgebieten entsprachen, kam es zu großen Unruhen. Jeder Distrikt sollte den König und seinen Hofstaat jeweils einen Monat im Jahr mit Lebensmitteln versorgen.

1.Könige 5,27–30   Ein zweiter Schritt führte dazu, daß das Volk ihn noch mehr haßte: Er führte die Zwangsarbeit ein. Von jedem arbeitsfähigen Mann wurde erwartet, daß er drei Monate im Jahr ohne Bezahlung ausschließlich für den König arbeitete. Zwar zog Salomo zu dieser Zwangsarbeit zuerst nur Nicht-Israeliten heran, doch als er sie auch auf die Israeliten selbst ausweitete, wurde

1.Samuel 8,10–18 er angeklagt, Gottes Bund gebrochen zu haben. So begannen sich einige der Prophezeiungen Samuels über den Regierungsstil menschlicher Könige zu bewahrheiten.

    Unter Salomos Regierung gab es glanzvolle Zeiten. Doch er hatte sein Volk überfordert, und als er starb, fiel das Reich rasch auseinander.

Handel zur Zeit Salomos

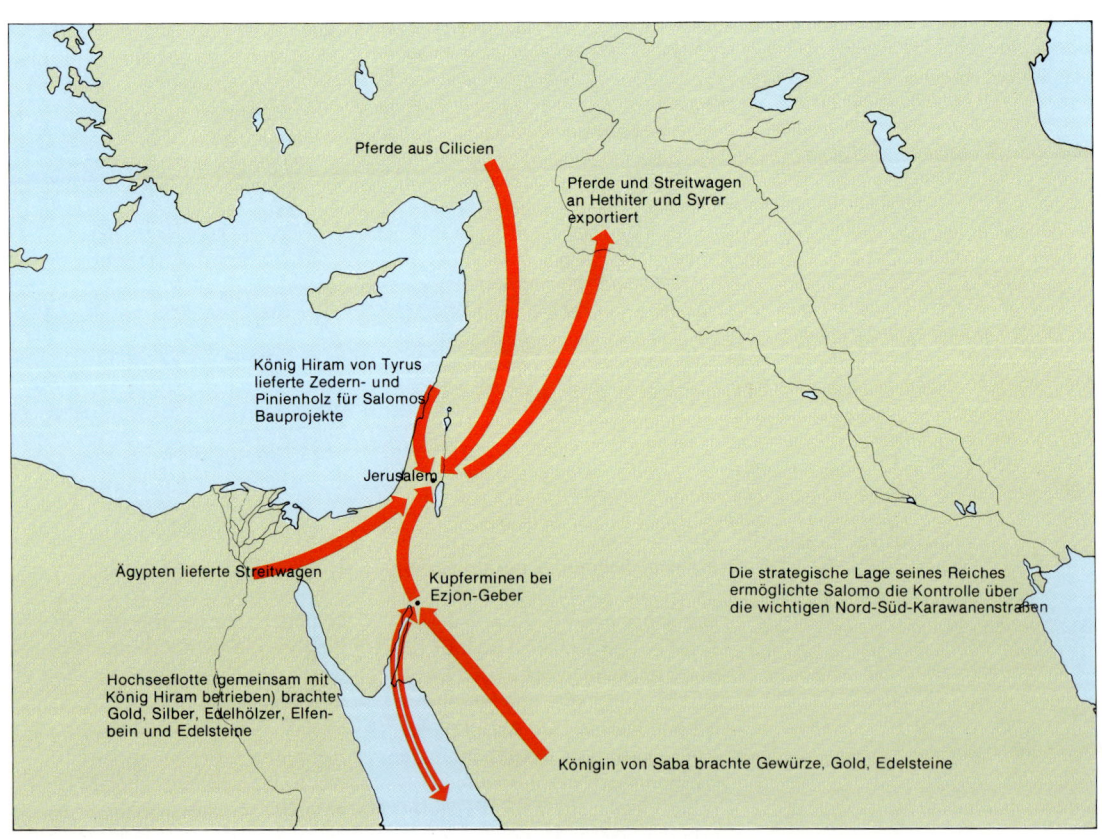

Pferde aus Cilicien

Pferde und Streitwagen an Hethiter und Syrer exportiert

König Hiram von Tyrus lieferte Zedern- und Pinienholz für Salomos Bauprojekte

Jerusalem

Ägypten lieferte Streitwagen

Kupferminen bei Ezjon-Geber

Die strategische Lage seines Reiches ermöglichte Salomo die Kontrolle über die wichtigen Nord-Süd-Karawanenstraßen

Hochseeflotte (gemeinsam mit König Hiram betrieben) brachte Gold, Silber, Edelhölzer, Elfenbein und Edelsteine

Königin von Saba brachte Gewürze, Gold, Edelsteine

Die Teilung des Königreiches

Die Könige Israels sollten im Gehorsam gegen Gott regieren. Außerdem sollten sie die zwölf Stämme zu einer Nation zusammenschweißen. Beides gelang Salomo nicht. Er war zu sehr machtvoller Herrscher und zu wenig Diener seines Volkes gewesen. Er hatte Gott vernachlässigt und sich den Göttern der umliegenden Völker zugewandt. Die hohen Steuern, die er seinem Volk auferlegte, und die Zwangsarbeit führten dazu, daß sich viele gegen ihn wandten.

Die ersten drei Könige Israels entstammten den südlichen Stämmen; Saul war vom Stamm Benjamin und David und Salomo vom Stamm Juda. Die nördlichen Stämme klagten, daß die südlichen bevorzugt wären, und Salomos Regierungsstil machte die Familie Davids sehr unbeliebt.

Während seiner Regierungszeit gab es einen Aufstand der nördlichen Stämme, den Salomo zerschlagen konnte. Ahia, ein Prophet, weissagte, daß zur Strafe für seine Maßlosigkeit alle Stämme bis auf einen von seiner Dynastie abfallen würden.

1.Könige 11,26–40 Der Führer des Aufstandes, Jerobeam, ging nach seiner Niederlage ins Exil nach Ägypten, und selbst dort versuchte Salomo, ihn zu töten. Er wartete Salomos Tod ab und kehrte dann als Führer des Nordens zurück.

Eine verhängnisvolle Entscheidung
933 v.Chr.

Als Rehabeam, ein Sohn Salomos, die Herrschaft antreten wollte, gab es sogleich Probleme. Die Stämme im Süden erkannten ihn als König an, doch das genügte nicht. Um ganz Israel zu regieren, brauchte er auch das Wohlwollen der nördlichen Stämme. So ging er nach Sichem, um sich dort vom Norden zum König proklamieren zu lassen.

1.Könige 12,1–19 Dort traf er auf Jerobeam, der für den Norden eine Senkung der Steuern und die Abschaffung der Zwangsarbeit forderte. Törichterweise schlug Rehabeam den Rat alter und erfahrener Politiker aus, die ihm zuredeten, die Bitte, die unter den gegebenen Umständen angemessen erschien, zu erfüllen. Stattdessen ließ er sich von jüngeren Beratern überreden, die Forderungen an die Nordstämme noch weiter zu verschärfen. Wäre Rehabeam dem Rat der Älteren gefolgt, hätte er die Einheit der Nation retten können. Stattdessen verursachte er eine Spaltung des Reiches, die nie mehr geheilt wurde.

Die Nordstämme wandten sich von der Familie Davids ab und trennten sich vom Süden. Sie gründeten ein neues Königreich, das sie Israel nannten. Es umfaßte zehn der zwölf Stämme, und Jerobeam war der erste König. Rehabeam blieben die zwei Stämme Juda und Benjamin. Sie bildeten das kleinere der zwei israelitischen Königreiche, das nach dem größeren Stamm den Namen Juda erhielt.

Die unmittelbare ernste Folge dieser Teilung war, daß das alte Großreich Davids und Salomos, das weite Gebiete und viele Völker umschlossen hatte, fast über Nacht verschwand. Weder Juda noch Israel waren allein in der Lage, das Reich zusammenzuhalten. Die Völker, die bisher Steuern an Israel gezahlt hatten, nutzten die Situation voll aus und stellten ihre Zahlungen ein, da sie wußten, daß keines der beiden Reiche sie zum Zahlen zwingen konnte. Salomos große Handels- und Industrieunternehmungen brachen zusammen, und zwischen Nord und Süd kam es zu Grenzkämpfen. Israel und Juda büßten ihre Bedeutung ein.

Rehabeam: 930–913 v.Chr. (Juda)

Rehabeam wußte wohl, daß er Israel nicht für sich gewinnen konnte. Der größte Teil des Heeres befand sich im Norden, und die Zahl der Soldaten in Juda war zu gering, so daß nichts zu gewinnen war, selbst wenn man es versucht hätte.

1.Könige 14,25–27

Wenn es überhaupt eine Hoffnung für die Wiedervereinigung mit Israel gegeben haben sollte, schwand sie endgültig, als Ägypten in beiden Ländern einfiel. Die Bibel konzentriert sich auf den Angriff auf Juda; doch ägyptischen Berichten zufolge durchzogen die Invasionstruppen ganz Palästina. Geleitet wurden sie von Pharao Schischak, 925 v.Chr., der die ägyptische Vormachtsstellung in Syrien und Palästina wiederherstellen wollte. Juda wurde bei dieser Invasion verwüstet; der Tempelschatz wurde von den Eindringlingen geplündert. Rehabeam wurde von diesem Angriff so geschwächt, daß an eine Wiedereroberung Israels bzw. eine Wiedervereinigung nicht zu denken war.

Jerobeam I.: 930–910 v.Chr. (Israel)

Jerobeam hatte die schwierige Aufgabe, einen ganz neuen Staat zu gründen. Er hatte keine Hauptstadt, keine staatliche Organisation und kein religiöses Zentrum.

So machte er zunächst Sichem zur neuen Hauptstadt, einige Jahre später Tirza. Als besonders ernst erwies sich allerdings das religiöse Problem. Die Israeliten waren zutiefst von dem Glauben beseelt, daß Gott sie aus Ägypten befreit und mit ihnen einen Bund geschlossen hatte, der ihr Leben beherrschen sollte. Sie hatten erlebt, wie David Jerusalem zum religiösen Zentrum gemacht hatte, und viele meinten, sie sollten auch weiterhin Gott im Tempel anbeten. Aber Jerusalem war die Hauptstadt Rehabeams, und mit ihm und allem, was mit ihm zusammenhing, wollten sie nichts zu tun haben.

Hätte Jerobeam seinem Volk erlaubt, zum Gottesdienst nach Jerusalem zu gehen, hätte er riskiert, alles zu verlieren. Allzuleicht hätten die Israeliten in Versuchung kommen können, sich doch wieder für die davidische Dynastie zu entscheiden. Um dieses Problem zu lösen, baute er zwei kleine Heiligtümer, eines in Bethel im Süden Israels, das andere in Dan im Norden.

In beiden ließ er das Standbild eines Stiers errichten – mög-

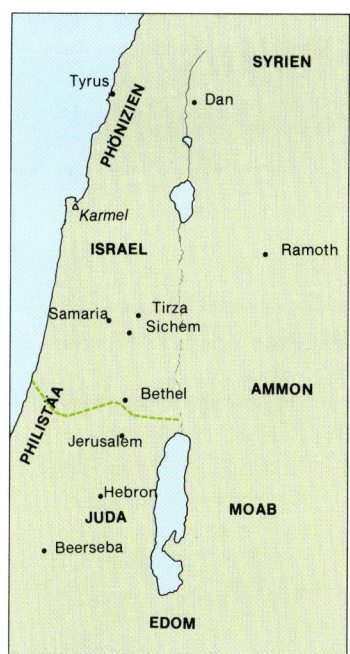

Das geteilte Königreich

David machte Jerusalem zur Hauptstadt des vereinigten Königreiches. Selbst nach der Teilung sahen viele Stämme, die von Jerobeam von einer anderen Hauptstadt aus regiert wurden, in Jerusalem ihre geistliche Heimat.

licherweise als eine Art Plattform für den Thron des unsichtbaren Gottes Jahwe. Diese Stiere ähnelten jedoch sehr denen des kanaanitischen Götzendienstes. Damit öffnete Jerobeam seinem Volk Tür und Tor, wieder zur kanaanitischen Religion zurückzukehren, die von Mose und den Richtern geächtet worden war. So bezeichnen die Verfasser der biblischen Königsbücher rückblickend Jerobeam als den König, »der Israel sündigen gemacht hat«, indem er die Götzenverehrung wiedereinführte.

Juda war das schwächere der beiden Reiche; doch es bestand länger als Israel und blieb die nächsten 340 Jahre dem Hause Davids treu. Immer hatte einer seiner Nachkommen den Thron inne. Israel jedoch war weniger gefestigt. In 212 bewegten Jahren hatte es neunzehn Könige. Von diesen Königen gelangten neun mit Waffengewalt an die Macht, wurden sieben ermordet und beging einer Selbstmord.

Propheten und Politik

Mit dem Zerfall des Reiches nahm das Kaliber der Könige ab. Davids Nachfolger im Norden und Süden reichten selten an seine beispielhafte politische Weisheit und religiöse Treue heran, die er trotz gelegentlicher Verfehlungen gezeigt hatte. Ihre religiösen Kompromisse waren – so sehen es die biblischen Geschichtsschreiber – die Wurzel vieler Übel. Doch in dieser Situation trat eine Reihe religiöser Führer auf, die Propheten, die die Könige wegen der Preisgabe der alten Gesetze zur Rede stellten. Zwischen Propheten und Politikern kam es zu harten Auseinandersetzungen, so etwa zwischen dem Propheten Elia und Ahab, dem König des Nordstaates Israel.

Elia verurteilt den Götzendienst

Omri: 885–874 v.Chr. (Israel)

Nach Jerobeams Tod im Jahre 910 v.Chr. wurde das Nordreich 34 Jahre lang von Bürgerkriegen erschüttert. Dann wurde der Hauptmann Omri König. Er machte Samaria zur Hauptstadt und befestigte sie so gut, daß sie später verschiedenen Belagerungen standhielt. Er schloß Freundschaft mit den Phöniziern und erneuerte damit den alten Vertrag von David und Salomo. Seinen Sohn Ahab verheiratete er mit Isebel, der Tochter Ethbaals, des Königs von Tyrus. Dieser Schritt erwies sich als Unglück für Israel, da Isebel ihre Religion mitbrachte, was den unvermeidlichen Zusammenstoß mit dem Propheten Elia herbeiführte.

Omris neue Hauptstadt Samaria hatte eine strategisch günstige Hügellage. Unter König Ahab wurde sie zum Zentrum des Götzendienstes. Dies ist ein heutiges samaritisches Dorf, das nahe der alten Hauptstadt terrassenartig an einem Abhang liegt.

Es war zwar normal, daß eine ausländische Prinzessin ihre Religion weiter ausüben durfte, wenn sie durch Heirat in ein anderes Land zog, doch Isebel gab sich nicht damit zufrieden, ihren Gott Melkart still zu verehren. Sie wollte ihre Religion in ganz Israel verbreiten. Phönizien war damals sehr mächtig, und folglich erwartete man von Ahab, daß er dem neuen Gott große Ehre erwies. Er baute ihm denn auch ein Heiligtum in Samaria, nachdem er König geworden war. Wäre es nach Isebels Willen gegangen, wäre ganz Israel von seinem Gott Jahwe abgefallen.

Melkart war der phönizische Name des kanaanitischen Gottes Baal, und so lebte durch Isebel die alte Religion Kanaans wieder auf. Es gab zwar Protest, doch viele, die sich beklagten, wurden getötet. Elia entging diesem Schicksal und wurde zum erbitterten und mächtigen Gegner der Königin und ihres Mannes. Er wohnte in Gilead und kam plötzlich ohne Ankündigung nach Israel. Über seine Familie und seine Herkunft ist nichts bekannt.

1.Könige 17,1

Er wollte Israel an den großen Auszug aus Ägypten und an Gottes Bund erinnern. Die Bundestreue sei, so sagte er, der Israel gemäße Lebensstil, und Elia hoffte, daß das Volk zum Gehorsam zurückfinden würde. Er war ein Kämpfer Gottes und wollte die Ohnmacht des Gottes Isebels zeigen. So sagte er zunächst eine große Dürre mit einer nachfolgenden dreijährigen Hungersnot als Gottesgericht voraus. Die Nachfolger Melkarts erwarteten ohne Zweifel, daß ihr Gott die Hungersnot verhindern würde, aber es geschah, wie Elia prophezeit hatte.

1.Könige 18,19—40

Nach den drei Jahren kehrte Elia zurück, um das Volk zur Treue Gott gegenüber aufzurufen. Er forderte die Nachfolger und Propheten Melkarts zu einem Wettstreit auf dem Berg Karmel heraus. Sie bauten Opferaltäre auf und einigten sich, den als wahren Gott Israels anzuerkennen, der Feuer vom Himmel schicken könne, um das Opfer zu verzehren. Die Propheten Melkarts mußten erleben, daß ihr Gott taub und stumm war, während Elia im Namen Jahwes einen spektakulären Sieg errang. Gleichzeitig begann es zu regnen, und die Dürreperiode war zu Ende. Doch trotz dieser eindrucksvollen

1.Könige 19,1—18

Ereignisse hatte Elia letztlich nichts erreicht. Er mußte zum Berg Sinai fliehen, da die aufgebrachte Isebel ihm nach dem Leben trachtete.

In der Zwischenzeit mußte Ahab mit einer Bedrohung aus Syrien fertig werden. Schon zur Zeit seines Vaters Omri hatte es oft Kriege zwischen Syrien und Israel und Juda gegeben, bei denen es um die Kontrolle der Straßen nach Ägypten und Arabien ging. Der Herrscher über Syrien war Benhadad, der um 855 v.Chr. Samaria, die Hauptstadt Israels, angriff. Dieser Angriff schlug fehl, und Benhadad wurde von Ahabs Heer so vernichtend geschlagen, daß er um Frieden bat. Er mußte die Städte, die er Israel genommen hatte, zurückgeben, doch der von Ahab erwirkte Frieden dauerte nur drei Jahre lang an.

1.Könige 20,26—34

Die Assyrer

Die Assyrer waren ein semitisches Volk, das ein Gebiet im heutigen nördlichen Irak bewohnte. Ihre Existenz läßt sich bis in die Zeit um 2300 v.Chr. zurückverfolgen. Ihre Sprache ähnelte sehr der babylonischen.

Zwischen 1500 und 1100 v.Chr. wurden die Assyrer zu einer führenden Nation im Nahen Osten, die im Westen bis zum Euphrat herrschte. Es folgten Rückschläge und Wirren, als aramäische Nomaden in Assur einfielen. Von 900 v.Chr. an eroberte jedoch eine Reihe von Kriegskönigen verlorene Gebiete zurück, und die Assyrer herrschten mit eiserner Faust über ein ständig wachsendes Reich.

Die Bibel erwähnt häufig die Assyrer, die von 750 v.Chr. an für Israel und Juda eine stete Gefahr darstellten. Nach der Eroberung eines Landes, verschleppten die Assyrer oft die Bevölkerung, um jeglichen Widerstand möglichst zu verhindern. Außerdem forderten sie von den eroberten Staaten hohe Steuern (»Tribut«), was wiederholt zu Aufständen führte.

Rechts: König Jehu von Israel war einer der Herrscher, der an die Assyrer Tribut zahlen mußte. Der »Schwarze Obelisk« wurde 1846 in Nimrod gefunden, etwa 40 km südlich von Ninive, wo Salmanassers III. (858–824 v. Chr.) Palast stand. Die schwarze, etwa 2 m hohe Säule hatte auf jeder ihrer vier Seiten fünf gemeißelte Bildplatten. Die zweite Platte von oben zeigt Jehu, der vor König Salmanasser niederkniet. Es ist das einzige bekannte Bild eines israelitischen Königs.

Die Ausbreitung des assyrischen Weltreiches

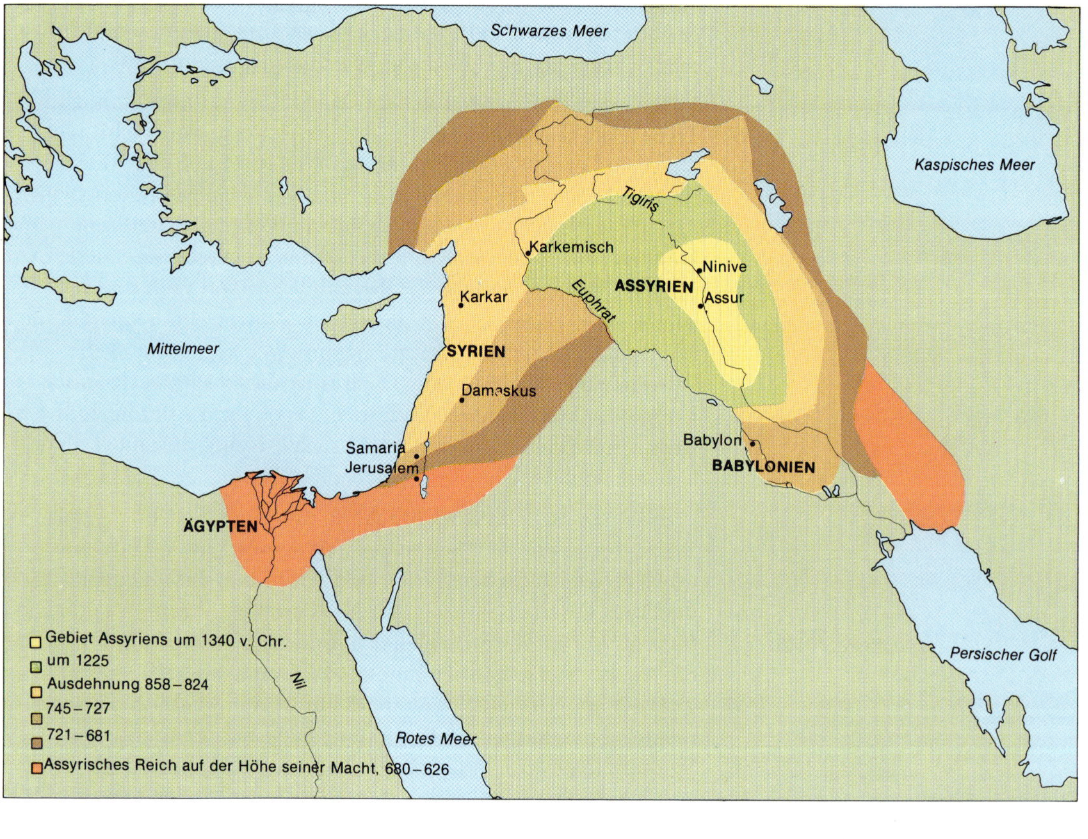

Schwarzes Meer

Kaspisches Meer

Tigris

Karkemisch

Ninive

ASSYRIEN

Assur

Euphrat

Karkar

Mittelmeer

SYRIEN

Damaskus

Babylon

Samaria
Jerusalem

BABYLONIEN

ÄGYPTEN

Persischer Golf

☐ Gebiet Assyriens um 1340 v. Chr.
☐ um 1225
☐ Ausdehnung 858–824
☐ 745–727
☐ 721–681
☐ Assyrisches Reich auf der Höhe seiner Macht, 680–626

Rotes Meer

Ganz oben: König Assurbanipal (669–627 v. Chr.) und seine Königin bei einem Gartenfest mit Dienern und Musikanten. Das assyrische Weltreich erreichte seine größte Ausdehnung unter Asar-Haddon (681–669 v. Chr.) und Assurbanipal. Es wurde allerdings zu groß, um noch ausreichend verteidigt zu werden.

Oben: Viele assyrische Reliefs zeigen Belagerungs- und Kriegsszenen. Diese Platte ist Teil eines großen Frieses, der die Belagerung von Lachisch zeigt, und stammt aus Sanheribs Palast in Ninive. Zur Zeit König Hiskias griff der assyrische König Sanherib (705–681 v. Chr.) die befestigten Städte Judas an und nahm sie ein (2. Könige 18,13). Lachisch, 40 km südwestlich von Jerusalem, war eine dieser Städte. In der Mitte des Reliefs sitzt Sanherib und nimmt die Beute aus der Stadt in Empfang, während die besiegten Einwohner vor ihm knien. Hinter dem König, an einem bewaldeten Abhang, steht das königliche Zelt.

Oben: Sanherib ließ Berichte über seine Feldzüge auf sechseckige Steinsäulen aufschreiben. Diese Säule trägt Sanheribs eigenen prahlerischen Bericht über seine Belagerung Jerusalems und die Einnahme zahlreicher Siedlungen in Juda. Die biblische Erzählung beschreibt die dramatische Rettung Jerusalems vor den assyrischen Angreifern.

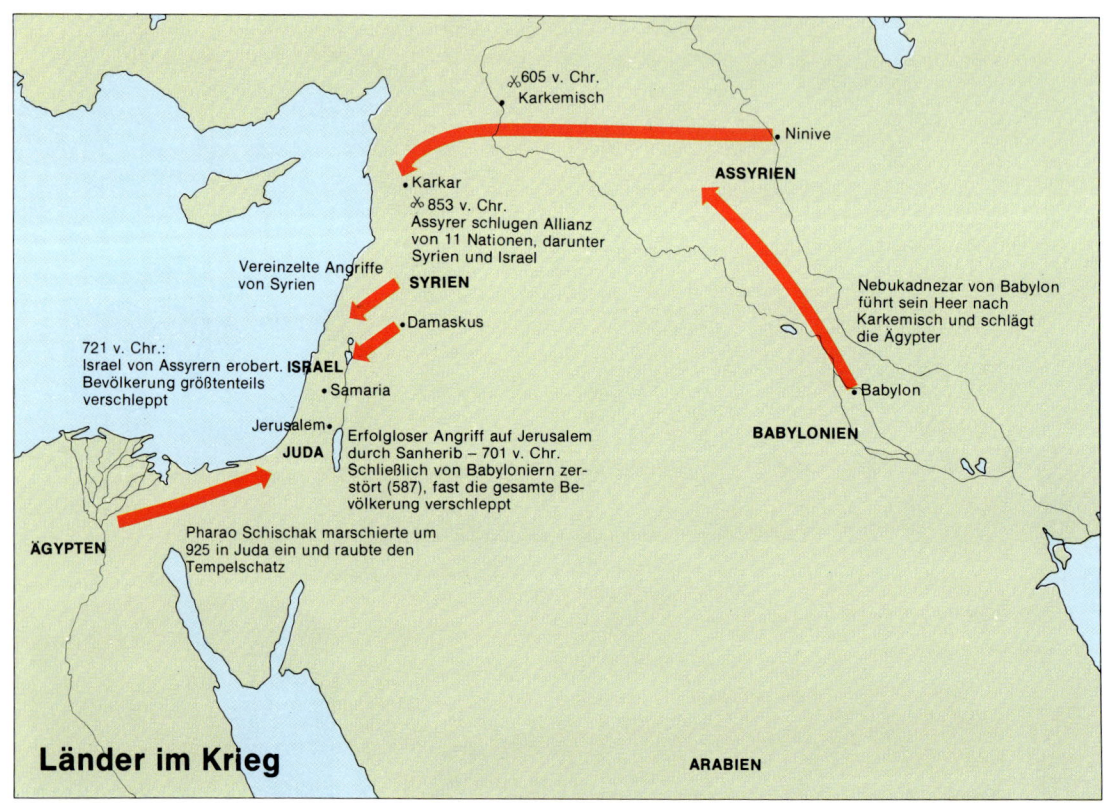

605 v. Chr.
Karkemisch

Ninive

ASSYRIEN

Karkar
853 v. Chr.
Assyrer schlugen Allianz
von 11 Nationen, darunter
Syrien und Israel

Vereinzelte Angriffe
von Syrien

SYRIEN

Nebukadnezar von Babylon
führt sein Heer nach
Karkemisch und schlägt
die Ägypter

Damaskus

721 v. Chr.:
Israel von Assyrern erobert.
Bevölkerung größtenteils
verschleppt

ISRAEL

Samaria

Babylon

Jerusalem

JUDA

BABYLONIEN

Erfolgloser Angriff auf Jerusalem
durch Sanherib – 701 v. Chr.
Schließlich von Babyloniern zerstört (587), fast die gesamte Bevölkerung verschleppt

Pharao Schischak marschierte um
925 in Juda ein und raubte den
Tempelschatz

ÄGYPTEN

Länder im Krieg

ARABIEN

Bedrohung aus Assur

In diesen drei Jahren machte sich eine wachsende Macht im nördlichen Mesopotamien bemerkbar: Assur. Bekannt für schreckliche Grausamkeit, stellten die Assyrer für Syrien und Israel eine ernste Gefahr dar. Deshalb begruben Ahab und Benhadad ihren eigenen Streit und schlossen mit zehn anderen Königen ein Schutzbündnis gegen Assur.

Die vereinigten Heere traten 853 v.Chr. bei Karkar am Orontes in Syrien den Truppen Assurs entgegen. Der assyrische König Salmanasser III. behauptete, einen überwältigenden Sieg errungen zu haben; doch dürfte der Kampf wohl eher unentschieden ausgegangen sein. Jedenfalls konnte sich Salmanasser offenbar keine bleibenden Vorteile verschaffen, sondern kehrte um und ließ das gesamte Gebiet für viele Jahre in Frieden.

1.Könige 22,29–38

Jehu: 841–813 v.Chr. (Israel)

Schon bald kämpften Ahab und Benhadad wieder gegeneinander, und Ahab wurde 850 v.Chr. in der Schlacht von Ramoth-Gilead getötet. Seine gesamte Familie wurde einige Jahre später von einem neuen König Israels, Jehu, ausgelöscht. Dieses Massaker gehörte zu seiner erfolgreichen Kampagne, alle Spuren der Baalsverehrung in Israel zu tilgen. Jehu mußte sich allerdings Syrien und Assur unterwerfen und wurde gezwungen, an Salmanasser III. Tribut zu zahlen.

Jerobeam II.:
782–745 v.Chr. (Israel)

Nach 850 v.Chr. folgten fast fünfzig Jahre Frieden für Israel. Syrien war von Assur geschlagen worden, und Assur selbst war derart von inneren Kämpfen zerrissen, daß es Israel nicht beachtete. In dieser Zeit konnte Israel unter der Führung von Je-

robeam II., der das an Syrien verlorene Land wieder zurücker-
obern konnte, etwas von seiner früheren Blüte zurückerlangen.
Das Leben wurde ruhiger, und die Zukunft sah wieder hoff-
nungsvoller aus. Doch befand sich aller Reichtum in den Händen einer kleinen Oberschicht, die vor allem von Kaufleuten
gebildet wurde. Die Bauern, die das eigentliche Rückgrat Israels bildeten, blieben unbeachtet und lebten von der Hand in
den Mund.

Amos und die soziale Gerechtigkeit

In dieser Situation trat etwa 750 v.Chr. ein anderer Prophet
auf: Amos. Er kam aus dem Süden, aus der Stadt Tekoa, die 10
km südlich von Bethlehem in Juda lag, doch seine Botschaft
galt dem Norden. Tekoa lag nahe der Hauptstraße, die mitten
durch das Land führte und Städte wie Beerseba, Hebron und
Jerusalem berührte. So war Amos gut informiert über das, was
rundherum passierte. Sein Leben als Schafhirte war nicht
leicht, aber es brachte ihn wahrscheinlich in die wichtigsten
Marktstädte, wo er seine Schafe verkaufte.

Durch die Zustände auf den Marktplätzen sah sich Amos veranlaßt, gegen
Unehrlichkeit und Heuchlerei anzuge-
hen.

Amos 5,10–12; 6,1–7; 8,4–6

Auf den Märkten sah Amos betrügerische Geschäfte. Arme
Leute wurden als Sklaven verkauft, und Richter nahmen Bestechungsgelder an. Reiche Leute lebten im Luxus und rührten
keinen Finger, um den Armen zu helfen. Angesichts dieser
Korruption fühlte Amos sich von Gott berufen, den Leuten ins
Gewissen zu reden. Er erinnerte sie an die Befreiung aus Ägypten und an Gottes Güte. Er rief sie auf, an den Bund zu denken
und ihm gemäß zu leben.

Amos sah, daß die Leute zwar regelmäßig die Gottesdienste
besuchten; aber er war erschüttert, wie unaufrichtig ihre Gebete erschienen. Ihre »Frömmigkeit« hätte viel stärkere Aus-
wirkungen auf ihre persönliche Lebensführung und ihre sozia-

Amos 5,21–24

Wer waren die Propheten?

Nach der Richterzeit gewann eine Gruppe religiöser Führer zunehmend an Bedeutung in der Geschichte der Hebräer: die Propheten. Mose hatte man als den ersten Prophet betrachtet, doch erst als die Israeliten in Kanaan siedelten, wurden die Propheten zahlreicher.

Hauptsächlich in Krisenzeiten tauchten sie als Sprecher Gottes auf. Ihre Botschaft hatte zwei Schwerpunkte. Sie lehrten, daß es zwischen Gott und den Hebräern eine besondere Beziehung gebe (Amos 3,1–2; Hosea 11,1–2). Dafür erwarte Gott, daß sein Volk ein moralisch einwandfreies Leben führe. So klagte z.B. der Prophet Nathan König David an, weil der hinterlistig den Tod von Bathsebas Ehemann herbeigeführt hatte (2.Samuel 12).

Das Alte Testament gebraucht für die Propheten verschiedene Bezeichnungen:

Mann Gottes – in 1.Samuel 2,27 wird Eli von einem »Mann Gottes« aufgesucht, der ihm von dem bösen Verhalten seiner Söhne berichtet.

Seher – diese Männer hatten Einblick in Gottes Pläne und in menschliche Angelegenheiten. Saul suchte Samuel als »Seher« auf, als er seine Esel verloren hatte (1.Samuel 9).

Prophet – dieser Begriff hat zwei Bedeutungen: Er bezeichnet jemanden, der »gerufen wird«, oder jemanden, der »ruft« oder »redet«. Es ist sicher richtig, beides miteinander zu verbinden: Ein Prophet war ein Mann, der sich von Gott gerufen wußte, Gottes Botschaft an das Volk weiterzusagen.

Die Propheten waren also in allererster Linie Männer mit einer Botschaft von Gott. Sie riefen das Volk auf, von seinem falschen Leben abzulassen und zu einem geordneten Leben mit Gott und den Mitmenschen zurückzukehren. Oft prangerten sie furchtlos politische und soziale Korruption und religiösen Götzendienst an.

Sie selbst lebten in enger Gemeinschaft mit Gott und waren von daher in Gottes geheime Pläne eingeweiht, betonten sie. Gott wurde als Lenker der Geschichte angesehen, und die Propheten nahmen für sich in Anspruch, die Geschichte richtig zu deuten. So wiesen sie oft in die Vergangenheit, um die Israeliten zu erinnern, wie Gott sie erwählt hatte, und sie neu zum Vertrauen auf ihn zu rufen.

Sie analysierten auch die Gegenwart, um zu zeigen, wie die jeweiligen Lebensumstände im Lichte des göttlichen Wesens zu verstehen waren. Sie verkündeten sinngemäß: »Weil Gott liebevoll und gerecht ist, erwartet er auch von euch, daß ihr liebevoll und gerecht handelt.«–Schließlich blickten die Propheten auch in die Zukunft. Sie lehrten, daß Gott seine Versprechen halten und sein Volk durch Schwierigkeiten und Gerichte hindurch in eine bessere Zukunft führen werde, in der Gott allein auf Erden herrsche. Diese Zukunft, auch der »Tag des Herrn« genannt, werde auf eine Zeit von Naturkatastrophen und politischen Wirren folgen. Der letzte Prophet dieser Art war Johannes der Täufer, der die Menschen auf die Botschaft Jesu vorbereiten sollte.

Im Neuen Testament wird jeder ermutigt, die Gabe der Prophetie zu erbitten (1.Korinther 14,1). Diese Gabe hatte sicherlich Ähnlichkeit mit der modernen Predigt. Statt einer sorgfältig vorbereiteten Ansprache verkündigte allerdings der Prophet seinen Zuhörern ganz spontan die Botschaft, die er von Gott erhielt.

In der frühen Kirche scheint es eine besondere Gruppe von »Propheten« gegeben zu haben, deren Aufgabe es war, die Christen zu unterweisen und zu ermutigen, an ihrem jungen Glauben festzuhalten.

Zur Zeit Hoseas wurde auf dem Berg Tabor ein Götzenaltar errichtet.

len Verhältnisse haben müssen. Weil Israel den Bund gebrochen hatte, sah Amos eine schlimme Zukunft voraus. Wie ein Bauherr die Senkschnur an die Wand halte, um sicher zu sein, daß sie auch gerade gebaut sei, so habe Gott Israel an seiner Senkschnur, dem Bund, gemessen und festgestellt, daß das Volk verdorben sei. Dies könne nur zum Gericht führen, und Amos sah dieses Gottesgericht in einer Invasion der Assyrer und der Vertreibung Israels voraus.

Amos 7,7–9

Niemand nahm diese Botschaft ernst. Allerdings ärgerte man sich über den Spaßverderber, und Amos mußte Israel mit Schimpf und Schande verlassen. Doch obwohl seine Worte auf taube Ohren stießen, glaubte er, daß Gott durch ihn gesprochen hatte. Seine Botschaft wurde niedergeschrieben und steht im Alten Testament.

Amos 7,12–13

Dreißig Jahre später wurde Amos' Warnung Wirklichkeit. 721 v.Chr. eroberten die Assyrer unter König Sargon II. Israel; Samaria wurde eingenommen und zerstört. Israel wurde zur assyrischen Provinz Samarien, und die Stämme wurden zerstreut. Nur wenige Einwohner blieben in dem verwüsteten Land. Es war jedoch nicht Sargons Absicht, das Land unbesetzt zu lassen, sondern er siedelte dort Verbannte aus anderen Ländern an. Diese vermischten sich mit dem Rest der israelitischen Bevölkerung, und es entwickelte sich das Mischvolk der Samariter. Die Juden aus dem Süden erkannten die Samariter nie als wahre Israeliten an und hatten noch zur Zeit Jesu keinerlei Kontakt mit ihnen.

Johannes 4,9

Frieden in Juda

Im Gegensatz zu Israel hatte Juda nach der Teilung des Königreiches 930 v.Chr. eine Zeit relativen Friedens. Die Dynastie Davids regierte; nur in der kurzen Zeit von 841 bis 835 v.Chr. riß Athalja, eine Tochter Ahabs und die Witwe eines judäischen Königs, die Herrschaft an sich. Dies war der einzige Bruch in der davidischen Thronfolgelinie, und das Leben in Juda war im ganzen weniger dramatisch als in Israel.

791–740 v.Chr.

Unter der Regierung des Usia wuchs der Wohlstand in Juda beträchtlich, allerdings profitierte auch hier, wie in Israel, nur eine Minderheit. Usia begann ein Bauprogramm und nahm die Kupferschmelzöfen in Ezjon-Geber wieder in Betrieb. Im Süden wurde auch die Landwirtschaft verbessert. In dem Jahr, in dem Usia starb, hatte ein Mann namens Jesaja im Tempel von Jerusalem eine Vision, in der Gott ihn aufrief, dem Volk von Juda seine Botschaft zu bringen. Jesaja stammte möglicherweise aus einer vornehmen Familie und hatte deshalb ohne weiteres Zugang zum Hof des Königs. Fünfzig Jahre lang wirkte er als Berater und Kritiker verschiedener Könige.

735–715 v.Chr.

Während der Regierungszeit von Ahas wurde Assur immer mächtiger. Da Syrien, Israel und Juda zwischen Assur und Ägypten lagen, bildeten sie naheliegende Ziele des assyrischen

Expansionsprogrammes. Syrien und Israel suchten die Unterstützung Judas im Widerstand gegen den Druck aus Assur, doch Ahas ging darauf nicht ein, und so drohten Syrien und Israel Juda 734 v.Chr. mit Krieg. Ahas wandte sich um Hilfe an die Assyrer, obwohl Jesaja ihm riet, nicht unüberlegt zu handeln. Der König schlug jedoch seinen Rat aus.

Die Assyrer retteten Juda zwar vor dem Zugriff Israels und Syriens, doch ihre hohen Forderungen legten Juda lahm. Um seiner Sicherheit willen hatte der König die Botschaft Jesajas zurückgewiesen – und mußte nun teuer dafür bezahlen.

Hiskias Tunnel, etwa 550 m lang, wurde erbaut, um die Wasserversorgung Jerusalems auch in Belagerungszeiten zu sichern. Der Tunnel führt von der hier gezeigten Gihonquelle zum Siloahteich. Für die damalige Zeit war dies ein gewaltiges Bauvorhaben und wurde von zwei Baugruppen durchgeführt, die sich von den entgegengesetzten Seiten durch den Fels gruben. Bis heute ist es möglich, durch den Tunnel zu waten.

Hiskia und die Assyrer

Unter der Regierung Hiskias, der Ahas 715 v.Chr. folgte, wurde Jesaja wieder in die internationale Politik verwickelt. Sechs Jahre zuvor war das Nordreich Israel in die Hand Assurs gefallen. Hiskia beschloß, von der Politik Ahas' abzuweichen, und er versuchte von 711 v.Chr. an, sein Volk aus dem machtvollen Griff Assurs zu lösen.

Jesaja mahnte Hiskia, auch wenn es unrecht gewesen sei, das außenpolitische Bündnis zu schließen, müßten die nun einmal geschlossenen Verträge gehalten werden. Ägypten, das sich eine Erleichterung von dem Druck der Assyrer erhoffte, ermutigte Hiskia zur Rebellion; doch Jesaja wies darauf hin, daß aus Ägypten keine wirkliche Hilfe zu erwarten sei. Es war zu schwach, um eine wichtige internationale Rolle zu übernehmen und erlitt tatsächlich wenige Jahre später eine schwere Niederlage gegen die Assyrer.

Die größte politische Krise erlebte Hiskia 705 v.Chr., als Sanherib König von Assur wurde. Juda und einige andere Länder, die Assur tributpflichtig waren, hatten beschlossen, die **2.Könige 18,13–18** Zahlungen einzustellen. Sanherib brach zu einer Strafexpedition auf und erreichte 701 v.Chr. Juda, nachdem er die anderen Revolten erfolgreich niedergeschlagen hatte. Es schien, als sollte auch Juda fallen. 46 Städte waren erobert, 200000 Menschen heimatlos geworden, und nun wurde Jerusalem belagert.

Hiskia bat um Frieden, und Sanherib stimmte zu – um den Preis allen Goldes und Silbers in der Stadt. Jesaja ermutigte **2.Könige 18,19–19,37** Hiskia und das Volk, weiter auf Gottes Hilfe zu vertrauen. Sie hielten stand, als das Schlimmste kam. Eine Heeresabteilung der Assyrer griff Jerusalem an. Jesaja versicherte Hiskia, die Stadt werde nicht fallen, und in der Nacht wurde Sanheribs Heer fast vollständig ausgelöscht. Die Bibel schreibt dieses geheimnisvolle Ereignis einem Engel des Herrn zu, der jüdische Historiker Josephus erklärt es mit einer Seuche. Die übriggebliebenen Assyrer zogen sich schleunigst aus Juda zurück. Das winzige Land hatte dem Angriff des mächtigsten Reiches der damaligen Zeit standgehalten.

Hiskia hatte das religiöse Leben in Juda gründlich erneuert, doch nach seinem Tod geriet Gott fast wieder in Vergessenheit. Unter den Königen Manasse und Amon blühte die kanaanitische Religion wieder auf. Manasse wurde König, als er erst zwölf Jahre alt war, und er war praktisch die Marionette einer Gruppe von Politikern, die Hiskias Politik entgegenarbeiteten. Er führte ein friedliches Regiment, aber er unterstützte heidnische Praktiken. Amon regierte nur zwei Jahre lang, dann wurde er von Verschwörern an seinem Hof ermordet, die wieder ein Kind zum König ausriefen: Amons achtjährigen Sohn Josia.

Das Buch Jesaja

Das Buch Jesaja enthält einige der wichtigsten Aussagen über Gott im Alten Testament. Seine Verfasserschaft ist jedoch heftig umstritten. Kaum jemand bezweifelt, daß die meisten der ersten 39 Kapitel von Jesaja stammen, der König Hiskia während der Angriffe Assurs zur Seite stand. Die Kapitel 36–39 z.B. enthalten Berichte über den Einmarsch und Hiskias Reaktion.

Ganz anders steht es mit den Kapiteln 40–66. Ein Teil (40–55) setzt das Exil in Babylon voraus (etwa 150 Jahre später), und der Rest spricht die Juden in Judäa an. Daher glauben viele Forscher, daß dieser Teil des Buches von einem späteren Jesaja-Schüler geschrieben worden ist. Allerdings hat das Buch stets als Einheit gegolten, und die Verfasser des Neuen Testaments behandeln die verschiedenen Teile dieses Buches als Werk eines einzigen Autors.

Das Buch zeigt, wie sich Israels Gotteserkenntnis seit der Zeit Moses weiterentwickelt hat, und viele seiner Lehren finden sich im Neuen Testament wieder.

Beide Teile des Buches behandeln die Heiligkeit Gottes und die Sündhaftigkeit des Menschen. Jesajas Prophetendienst begann mit einer Erscheinung Gottes im Tempel (Kap. 6): »Ich bin unreiner Lippen und wohne unter einem Volk von unreinen Lippen; denn ich habe den König, den Herrn Zebaoth, gesehen mit meinen Augen.« Er nennt Gott den »Heiligen Israels«, der zwar zornig über den Ungehorsam des Volkes ist, aber seinerseits dem Bund mit seinem Volk treu bleibt.

In den späteren Kapiteln folgen großartige Beschreibungen Gottes, die an Schönheit den Psalmen gleichkommen. Gott ist der allmächtige Schöpfer, der seinen Geschöpfen weiterhin Leben gibt (42,5). Neben ihm sind die Völker wie »ein Tropfen am Eimer« (40,15), und jeder von Menschen geschaffene Götze ist nutzlos: »Schreit einer zu ihm, so antwortet er nicht und hilft ihm nicht aus seiner Not« (46,7).

Doch nicht nur der Götzendienst, auch soziale Ungerechtigkeit wird angeprangert. So verurteilt Jesaja maßlosen Luxus, Trunkenheit und Unterdrückung

in Juda (z.B. 3,14–26; 28,5–7).

Jesaja sieht einen »Rest« des Volkes voraus, eine treue Minderheit, die den Kern einer neuen Nation bilden wird, die Gott wieder dient. Manchmal scheint er an die Rettung des ganzen Volkes vor der Strafe zu glauben, wie etwa bei dem wunderbaren Zurückweichen des assyrischen Königs Sanherib. Doch kündigte er meist nur die Rettung einer kleinen Minderheit an: »Es wird eine Straße dasein für den Rest seines Volks, das übriggeblieben ist in Assur, wie sie für Israel da war zur Zeit, als sie aus Ägyptenland zogen« (11,16).

Einzigartig im Jesajabuch sind auch vier Abschnitte im zweiten Teil, die als die »Gottesknechtlieder« bekannt sind (42,1–4; 49,1–6; 50,4–9; 52,13–53,12). Der Knecht erscheint zunächst als das Volk selbst, dann als ein Mann, der Israel vor seinen Feinden retten wird. Er kommt aus kleinen Verhältnissen, wird aber von Gott berufen und mit seinem Geist ausgerüstet, um Israel wiederherzustellen und den Nichtjuden Gotteserkenntnis zu vermitteln. Er erreicht dies durch seine Worte, und obwohl er in der

Stille wirkt und sich nichts zuschulden kommen läßt, fügen andere ihm Gewalt zu, und schließlich muß er für die Sünden des Volkes sterben.

Christen sehen in diesen Liedern eindeutige Voraussagen auf das Leben und Leiden Jesu, und die Abschnitte werden oft im Neuen Testament zitiert.

Zwei weitere Abschnitte werden ebenfalls auf Jesus bezogen. In Kapitel 11 (das oft in Weihnachtsgottesdiensten verlesen wird) ist von einem »Reis aus dem Stamm Isais« die Rede. Isai war der Vater König Davids, und Jesus war ihr Nachfahre. David wurde als vorbildlicher König angesehen, und der erhoffte Erlöser Israels sollte Davids Treue und Führung nacheifern.

In Kapitel 61 befindet sich ein Abschnitt, den Jesus in seiner ersten öffentlichen Rede in der Synagoge in Nazareth zitierte. Weil er ihn auf sich bezog, versuchten einige der Zuhörer, ihn wegen Gotteslästerung zu töten: »Der Geist Gottes des Herrn ist auf mir, weil der Herr mich gesalbt hat. Er hat mich gesandt, den Elenden gute Botschaft zu bringen.«

Jesaja verglich das Volk von Juda mit einem Weinberg, der saure Trauben hervorbringt: Gott erwartete rechtes Handeln, doch das Volk rebellierte ständig gegen ihn.

Josias Reformen

Josia war, wie Manasse, von Beratern umgeben, die aber in diesem Falle mehrheitlich an Israels traditionellem Glauben festhielten. Sie ermutigten Josia, in Juda die Verehrung Jahwes zu erneuern. So wurde Geld gesammelt, um den Tempel zu reparieren. Assur hatte inzwischen seinen Einfluß auf Palästina verloren, und es war unwahrscheinlich, daß es einzuschreiten versuchen würde.

Im 18. Regierungsjahr Josias fand ein Arbeiter bei Reparaturarbeiten am Tempel eine Kopie der Gesetzesbücher. Dieser Fund gab den Reformen Josias neuen Aufschwung. Als er das Gesetzesbuch las (wahrscheinlich das 5. Buch Mose und vielleicht Teile der anderen Bücher, mit denen heute das Alte Testament beginnt), erkannte er, wie weit sich das Volk aus der Gemeinschaft mit Gott entfernt hatte.

623 v.Chr.

In dieser Zeit wuchs in dem jungen Propheten Jeremia die Überzeugung, daß Gott ihn beauftragt habe, zum Volk Juda zu sprechen. Jeremia entstammte einer Priesterfamilie und wohnte in Anathoth, einem Dorf etwa 5 km nördlich von Jerusalem. Zunächst unterstützte er wohl die religiösen Formen des Königs. Doch bald merkte er, daß dieser nicht weit genug ging. Es gab viele kultische Veranstaltungen, und das Gesetz wurde von den Schriftgelehrten studiert; doch dies war nur äußerliche Religiosität. Jeremia sah, daß das Volk nicht wirklich zum Gottesbund zurückgekehrt war und daß die meisten an ihrer materialistischen Einstellung und ihrem Aberglauben festhielten. Es gab wenig Anzeichen, daß das Volk von Juda wieder von ganzem Herzen in die Gottesgemeinschaft zurückgekehrt war.

So predigte Jeremia bald gegen die Priester von Juda und griff sogar die Erneuerung des Tempeldienstes an. Das Volk, sagte der Prophet, lebe nicht der Wahrheit Gottes gemäß, und sein Gottesdienst sei nur halbherzig.

Während in Juda die Reformen Josias fortschritten, bahnten sich außerhalb der Grenzen bedeutsame Veränderungen an. Die Macht Assurs schwand, so daß 612 v.Chr. Ninive fiel und das Reich unter dem wachsenden Druck Babylons zusammenbrach. Im Süden gewann erneut Ägypten an Stärke. Und zwischen beiden Reichen, die ihre Herrschaft auszuweiten suchten, lag das kleine Königreich Juda. In einem verzweifelten Versuch, die Assyrer bei ihrem Widerstand gegen die Babylonier zu unterstützen, marschierte Pharao Necho II. 609 v.Chr. nordwärts nach Karkemisch, um sich den Babyloniern entgegenzustellen.

2.Könige 23,28—30

Josia zog mit einem eigenen Heer los, um die Ägypter aufzuhalten. Vielleicht sah er in Nechos Aktivitäten eine Bedrohung seiner eigenen Pläne, Juda und Israel wieder zu vereinigen. Doch er wurde im Kampf bei Megiddo getötet. Sein Sohn Jojakim kam auf den Thron und regierte unter der Oberhoheit der Ägypter. So versandeten die religiösen Reformen, und als Necho von Nebukadnezars babylonischen Truppen geschlagen und in sein Land zurückgetrieben worden war, geriet Juda unter die Herrschaft des Babylonischen Reiches und mußte wieder einmal regelmäßige Tributzahlungen an Eroberer leisten.

Schließlich brach in Juda eine Rebellion aus, und die Babylonier marschierten 598 v.Chr. in Juda ein, um dieses Problem zu lösen. Inzwischen war Jojakim gestorben, und Jojachin war König. Er gab nach drei Monaten Belagerung auf. Jerusalem wurde eingenommen, und die führenden Leute Judas wurden nach Babylon in die Verbannung geschickt.

Jojachins Onkel Zedekia wurde von den Babyloniern als Marionettenkönig eingesetzt, der seine Befehle aus Babel erhielt. Er war – obwohl Jeremia ihm Mut zu machen versuchte – ein schwacher Herrscher, und als 589 v.Chr. weitere Rebellionen ausbrachen, beschlossen die Babylonier in Juda ein Exempel zu statuieren. Jerusalem wurde wieder eingenommen, und 587 v.Chr. wurde die Stadt und der Tempel völlig zerstört und viele weitere Menschen als Geiseln nach Babylon gebracht, unter ihnen Zedekia, der für seine Untreue seinen babylonischen Herren gegenüber geblendet wurde.

Jeremia hatte die Möglichkeit, mit ins Exil zu gehen; doch er wollte bei den wenigen armen Leuten bleiben, die man in Juda zurückließ, damit sie das Land bebauten. Diese Leute zwangen ihn schließlich, mit ihnen nach Ägypten zu ziehen, wo er wahrscheinlich starb.

Damit war die Geschichte des Königreiches Juda zu Ende,

Das babylonische Weltreich

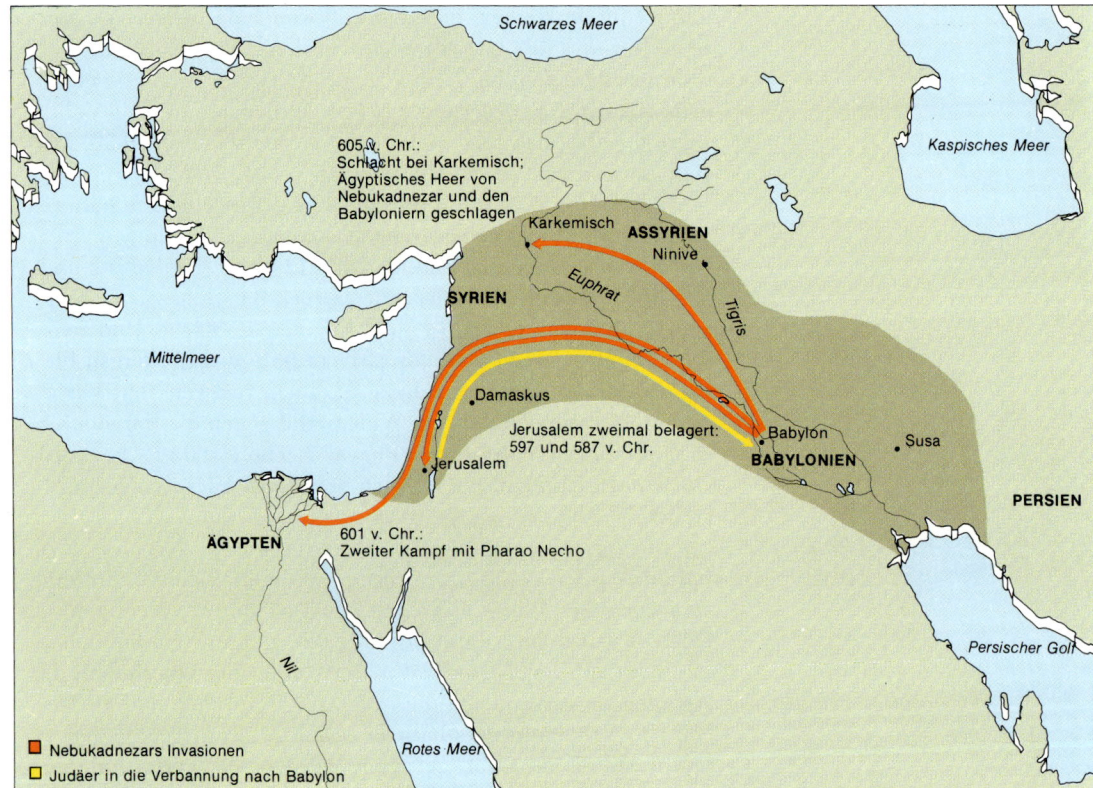

Schwarzes Meer

Kaspisches Meer

605 v. Chr.:
Schlacht bei Karkemisch;
Ägyptisches Heer von
Nebukadnezar und den
Babyloniern geschlagen

Karkemisch

ASSYRIEN
Ninive

SYRIEN

Euphrat

Tigris

Mittelmeer

Damaskus

Jerusalem zweimal belagert:
597 und 587 v. Chr.

Babylon

BABYLONIEN

Susa

Jerusalem

PERSIEN

ÄGYPTEN

601 v. Chr.:
Zweiter Kampf mit Pharao Necho

Nil

Persischer Golf

Rotes Meer

🟧 Nebukadnezars Invasionen
🟨 Judäer in die Verbannung nach Babylon

und fünfzig Jahre lang befand sich die Mehrheit des Volkes im babylonischen Exil. Doch noch einmal geschah ein großer Umbruch. Das mächtige Reich Babylon, das den Nahen Osten von Assur im Norden bis Ägypten im Süden erobert hatte, überschritt den Gipfel seiner Macht und begann zu verfallen. Nun waren es die Perser, die auf den Trümmern eines vorherigen Weltreiches ein neues Imperium aufbauten, und mit ihnen kam neue Hoffnung für die Juden und für Juda auf.

Als Hauptstadt eines mächtigen Reiches war Babylon eine prächtige Stadt mit eindrucksvollen Gebäuden. Dies sind Reste des Palastes von Nebukadnezar II.

Die Botschaft Jeremias

Der Prophet Jeremia scheint ein sehr sensibler Mensch gewesen zu sein. Er konnte ausgesprochen herzlich und freundlich sein, aber auch kämpferisch und scharf. Leidenschaftlich setzte er sich dafür ein, daß das Volk von Juda Gott mit ganzem Herzen anbeten und ihm dienen solle; und für diese seine Botschaft hatte er viel zu erleiden. Er wurde ausgelacht, verachtet und oft verfolgt. Mindestens zweimal versuchte man ihn umzubringen (26,8–9; 36,26). Wegen der Gleichgültigkeit des Volkes gegenüber seiner Botschaft war er oft depressiv und lebensüberdrüssig.

Sein Wirken fiel in die Zeit von fünf Königen (Josia, Joahaz, Jojakim, Jojachin und Zedekia) und dauerte etwa vierzig Jahre. Seine Botschaft war in konkrete Situationen hineingesprochen, doch ziehen sich bestimmte Themen durch das ganze Buch.

Der eine wahre Gott

Für Jeremia gab es nur einen Gott, Jahwe, der als Schöpfer der Herr über die ganze Schöpfung war. Gott ist allmächtig: »Sollte mir etwas unmöglich sein?« fragt er in 32,27. Er hat den Menschen das Leben gegeben und kennt sogar ihre Gedanken (17,7–13). Er ist nicht nur Herrscher über Juda sondern ebenso über alle anderen Nationen. Deren Götter sind lediglich Menschenwerk, nicht zu vergleichen mit Gottes Größe. Jeremia nennt einige von ihnen, etwa Baal, Moloch und die Himmelskönigin, und das zeigt, wie weitverbreitet der Götzendienst in Juda war. Selbst im Tempel gab es Götzen; und im Hinnom-Tal außerhalb von Jerusalem wurden Kinderopfer dargebracht (32,34–35).

Verhaltensnormen

Jeremia war ein scharfer Kritiker der Verhaltensmuster seiner Zeit. Er verurteilte Unrecht, Neid, Gewalt, Mord und Ehebruch, die offenbar als alltäglich geduldet wurden. Er widersprach dem geläufigen Sprichwort, daß die Folgen des Ungehorsams gegen Gott erst in der nächsten Generation einträfen (31,29) und betonte die Verantwortlichkeit jedes einzelnen für seine Verfehlungen.

Ein großer Teil der Kritik Jeremias richtete sich gegen die religiöse Oberschicht, die die damalige Lebensweise entschuldigte oder gar förderte. Er sagte als Strafe für den Abfall Judas die Zerstörung des Tempels voraus

und damit auch das Ende des Opfersystems und des Priestertums. Nur eine radikale Änderung des Verhaltens könne die drohende Katastrophe der Niederlage und der Verschleppung nach Babylon abwenden. Diese Änderung trat nicht ein, doch Jeremia sah einen Tag in der Zukunft voraus, an dem eine Erneuerung der Gottesbeziehung eintreten würde.

Der neue Bund

Jeremia nahm einige Lehren des Christentums vorweg. In Kapitel 31 beschreibt er den Tag, an dem Gott einen neuen Bund mit Israel und Juda schließen wird. Er wird den alten Bund, den er mit Mose auf dem Berg Sinai geschlossen hat, übertreffen und ablösen. Statt eines schriftlich fixierten Gesetzes soll Gottes Wille und Absicht in Herz und Sinn jedes Gläubigen eingeprägt sein. Das Volk wird Gott aus Liebe dienen, nicht aus Angst oder Pflicht.

Jesus griff dieses Thema bei dem letzten Abendmahl auf, das er mit seinen Jüngern kurz vor

seiner Kreuzigung feierte. »Dies ist mein Blut des neuen Bundes«, sagte er, als er den Weinkelch in der Gruppe rundreichte. Und die frühesten christlichen Prediger sprachen von dem auferstandenen Christus, der im Leben seiner Nachfolger wohnte und ein neues Band der Liebe und des Gehorsams zwischen ihnen und Gott schuf.

Das Buch Jeremia

Die Visionen und Botschaften des Propheten wurden niedergeschrieben und finden sich im längsten Buch der Bibel. Es erinnert an manchen Stellen stark an das 5. Buch Mose. Wenn es sich bei dem Buch, das Josias Arbeiter fanden, tatsächlich um das 5. Buch Mose handelte, war Jeremia der Inhalt sicherlich sehr vertraut.

Wie viele andere Propheten und Lehrer hat Jeremia sein Buch einem Schreiber diktiert. Dieser Mann, Baruch, scheint einer der wenigen Freunde des einsamen Propheten gewesen zu sein (Kapitel 36).

Fragen über Leben und Tod

Zu Israels religiösen Führern gehörten neben Propheten und Priestern auch die »Weisen« (Jeremia 18,18). Ihre Lehren beruhten auf langjährigen Erfahrungen und Beobachtungen. Sie gaben Ratschläge für den Alltag, setzten sich aber auch mit schwierigen Fragen wie der nach der Ursache für das Leiden Unschuldiger auseinander.

Die Schriften dieser Weisen sind von der Weisheitsliteratur anderer Länder des Nahen Ostens beeinflußt. Schon vor den biblischen Weisheitsbüchern (Sprüche,

Hiob und Prediger) hatten Weise aus Mesopotamien und Ägypten ihre Gedanken über das Leben niedergeschrieben.

Dies sind drei Sprüche aus Mesopotamien:

Im letzten Jahr aß ich Knoblauch, dieses Jahr brennen meine Eingeweide.

Wer anderen eine Grube gräbt, fällt selbst hinein.

Solange ein Mensch sich nicht bemüht, erreicht er nichts.

Die folgenden stammen aus Ägypten:

Rede nicht viel. Schweige, und du wirst glücklich sein.

Lieber nur Brot zu essen und ein glückliches Herz als Reichtümer und Trauer.

Es gab auch längere Werke wie den babylonischen *Dialog über die Ungerechtigkeit der Welt*

(etwa 1000–700 v.Chr.), der das gleiche Thema wie das Buch Hiob behandelte. Älter noch ist die *Lehre des Ptah-Hotep* (2450 v.Chr.), eine Sammlung von Ratschlägen für angehende Hofbeamte.

Die Weisen Israels benutzten diese Vorlagen, gaben aber ihren Aussagen ein typisch israelitisches Gepräge. Als ihren Grundsatz kann man den Spruch bezeichnen, daß die Furcht Gottes der Beginn aller Weisheit sei (Sprüche 9,10). Weisheit bedeutete für sie Einsicht in Sinn und Ziel des Lebens.

Als einer der größten Weisen Israels galt König Salomo. So gehen Teile des Sprüchebuches auf ihn zurück, und später wurden ihm noch weitere Weisheitsschriften zugeschrieben.

Das Buch der Sprüche

Die Sprüche wurden über mehrere hundert Jahre gesammelt. Einige geben praktische Ratschläge, die auf langer Lebenserfahrung basieren. Andere sind

Die Weisheitsschriften des Alten Testaments enthalten Ratschläge für jung und alt. Viele Weisheiten aus dem Buch der Sprüche handeln von der Treue zu Freunden, fairem Verhalten in Geschäftssachen und Familienverhältnissen.

Lebensweisheiten, die speziell an junge Leute adressiert sind: »Ein weiser Sohn ist seines Vaters Freude, aber ein törichter Sohn ist seiner Mutter Grämen« (10,1). Noch andere vergleichen menschliches Leben mit der Natur: »Wer Geschenke verspricht und hält's nicht, der ist wie Wolken und Wind ohne Regen« (25,14). Einige zeigen Humor: »Ein Fauler wendet sich im Bett wie die Tür in

der Angel« (26,14). Manche warnen vor dem Alkohol (20,1), vor schnellem Reichtum (28,20) und vor der Verführung durch fremde Frauen (5,3), denn all dies führt zur Sünde und Verzweiflung.

Die Weisen waren genaue Beobachter des Lebens: »Drei Dinge sind mir zu wundersam und vier verstehe ich nicht: des Adlers Weg am Himmel, der Schlange Weg auf dem Felsen, des Schiffes

Weg mitten im Meer und des Mannes Weg beim Weibe« (30,18–19).

Und sie wußten um den Wert der Weisheit, die von Gott kam: »Verlaß dich auf den Herrn von ganzem Herzen, und verlaß dich nicht auf deinen Verstand, sondern gedenke an ihn in allen deinen Wegen, so wird er dich recht führen. Dünke dich nicht, weise zu sein, sondern fürchte den Herrn und weiche vom Bösen. Das wird deinem Leibe heilsam sein und deine Gebeine erquikken« (3,5–8).

Das Buch Hiob

Andere Weise sahen, daß im Leben nicht alles so geradlinig verlief, wie die Sprüche das anzudeuten schienen. Die Geschichte Hiobs zeigt einen Mann, dessen Glaube durch äußerstes Leid geprüft wurde. Sie zeichnet zunächst das Bild eines frommen, glücklichen und reichen Mannes. Doch dann taucht die Frage auf, ob Hiob Gott nur deshalb verehrt, weil er sich davon Gesundheit, Reichtümer und eine glückliche Familie erhofft. So läßt Gott zu, daß Hiob den Verlust seiner Reichtümer und sogar seiner Kinder erleidet, um zu prüfen, ob sein Glaube echt ist.

Im Hauptteil des Buches diskutiert Hiob mit seinen Freunden, typischen Vertretern der religiösen Orthodoxie der Zeit, warum dieses Leid über ihn gekommen ist. Sie halten es für die Strafe für seine Sünden, doch für Hiob, der nicht weiß, womit er dieses Leid verdient hat, ist seine Qual ein großes Rätsel.

Schließlich spricht Gott ihn an: Kann Hiob die Welt begreifen? War er bei ihrer Erschaffung dabei? Es gibt Fragen, die Hiob ebensowenig beantworten kann wie die Frage nach dem Grund des Leides. Worauf es letztlich ankommt – sowohl in Zeiten des Leidens als auch des Segens – ist, die Größe Gottes zu erkennen und ihm zu vertrauen.

Hiob erkennt, daß ihm das Vertrauen zu Gott gefehlt hat. Er hatte von Gott Antworten verlangt, die ihm gar nicht zustanden. So wendet er sich voll Vertrauen wieder Gott zu und erlebt ein tieferes Verhältnis zu Gott, als er es vorher kannte:

»Ich hatte von dir nur vom Hörensagen vernommen, aber nun hat mein Auge dich gesehen. Darum spreche ich mich schuldig und tue Buße in Staub und Asche« (42,5–6).

Am Schluß gibt Gott ihm seine Gesundheit, sein Glück und noch größere Reichtümer als vorher. Das Buch Hiob löst nicht das Problem des Leidens und zeigt die Unzulänglichkeit glatter Antworten. Es ist ein Buch über das Verhältnis des Menschen zu Gott. Wenn ein Mensch Gott vertraut, auch wenn ihm Dinge zustoßen, die er nicht begreift, lernt er Gott auf tiefe Art und Weise kennen.

Einige Fragen Hiobs erhalten im Neuen Testament eine Antwort. So greift Paulus die Frage, ob ein Mensch vor Gott recht behalten kann (9,2) im Römerbrief Kap. 5 auf. Auch beantwortet Paulus die Frage: »Wird ein Toter wieder leben?« (14,14) im 1. Korintherbrief, Kap. 15, das die Auferstehung Jesu behandelt. Und der Ruf: »Ach, daß ich wüßte, wo ich ihn finden könnte« (23,3) erhält im Neuen Testament angesichts der Person Jesu eine neue Antwort.

Das Buch Prediger

Der Schreiber dieses Buches hat ebenfalls große Lebenserfahrung und berichtet über seine Beobachtungen bei dem Versuch, den Sinn des Lebens zu erkennen.

In Kapitel 2 beschreibt er seine Versuche, diesen Sinn zu finden.

Er hat Vergnügungen gesucht, gutes Leben genossen, versucht, durch harte Arbeit Anerkennung zu bekommen, Geld verdient und ausgegeben. Doch alles, so schließt er, ist »eitel und ein Haschen nach Wind« (2,17). All das schenkt keine Erfüllung, und sein Wert ist vergänglich. Selbst das Streben nach Weisheit kann den Menschen nicht vor dem Tod und dem Vergessenwerden bewahren.

Der Prediger weiß, daß Gott die Welt gemacht hat und der Mensch sie nicht verändern kann: »Sieh an die Werke Gottes, denn wer kann das gerade machen, was er krümmt?« (7,13). Es ist unmöglich, Gottes Absichten zu erkennen. Gewiß, »ein jegliches hat seine Zeit, und alles Vorhaben unter dem Himmel hat seine Stunde« (3,1), »nur daß der Mensch nicht ergründen kann das Werk, das Gott tut, weder Anfang noch Ende« (3,11). Der Tod vereitelt alle Bemühungen des Menschen: »Es fährt alles an einen Ort« (3,20).

Dennoch verzweifelt der Prediger nicht am Leben. Auch wenn er Gottes Absichten nicht begreift, glaubt er, daß Gott gute Pläne hat. Dies gibt ihm Mut, auch wenn er an vielen Dingen, die er gelernt hat, zweifelt. Seine Aufgabe ist es nicht, Gottes Absichten zu erkennen, sondern die Gelegenheiten zu nutzen, die jeder Tag ihm bietet.

Das Buch spricht auch den heutigen Menschen an, besonders den, der von der augenscheinlichen Nichtigkeit des Lebens überzeugt ist und nach dem Sinn des Lebens fragt. Der Hoffnungslosigkeit dieses Buches, daß der Tod Leben und Hoffnungen zerstört, steht das Neue Testament gegenüber mit seinem Glauben an ein Weiterleben mit Christus nach dem Tode.

DAS ENDE EINES ZEITALTERS

Das Alte Testament endet 500 Jahre vor der Geburt Johannes des Täufers und dem Beginn des Neuen Testaments. Es berichtet nur wenig von der Zeit nach der Rückkehr der Juden aus dem babylonischen Exil zwischen dem sechsten und dem fünften Jahrhundert v.Chr. Doch in diesen 500 Jahren vor Christus entwickelte sich die jüdische Religion so, wie Jesus sie dann kannte. Militärische Er-

oberungen hatten das jüdische Leben und die Gebräuche stark beeinflußt. So wie die Lehren des Neuen Testaments nur im Licht des jüdischen Glaubens erklärt werden können, kann auch die Welt des Neuen Testaments im ersten Jahrhundert n.Chr. nur im Licht der Ereignisse der vorangegangenen Jahrhunderte verstanden werden.

Das Ende der Verbannung

Das Exil in Babylon dauerte fünfzig Jahre, und die Juden betrachteten es als Gottesgericht für ihre Sünden. Doch endlich konnten sie wieder in ihre Heimat zurückkehren.

Unerwartet schnell kam nach dem Tod König Nebukadnezars das Ende des Babylonischen Reiches. Im Osten lag das von Cyrus regierte Königreich Persien. Cyrus eroberte 550 v.Chr. Medien und 546 v.Chr. Lydien (die heutige Türkei). Schließlich eroberte er Babylon, indem er den Euphrat umleitete und sein Heer durch das ausgetrocknete Flußbett in die Stadt führte. Babylon, längst demoralisiert und unzufrieden mit seinen Herrschern, leistete den Eindringlingen wenig Widerstand.

Cyrus beherrschte nun ein Reich, das sich über 5 000 km, von Lydien im Westen bis nach Indien, erstreckte. Er verwaltete dieses Reich, indem er es in 20 Provinzen (»Satrapien«) mit jeweils einem Gouverneur aufteilte. Juda befand sich in der Satrapie »Transpotamien« (»jenseits dés Flusses«, d.h. des Euphrat).

Das Persische Weltreich

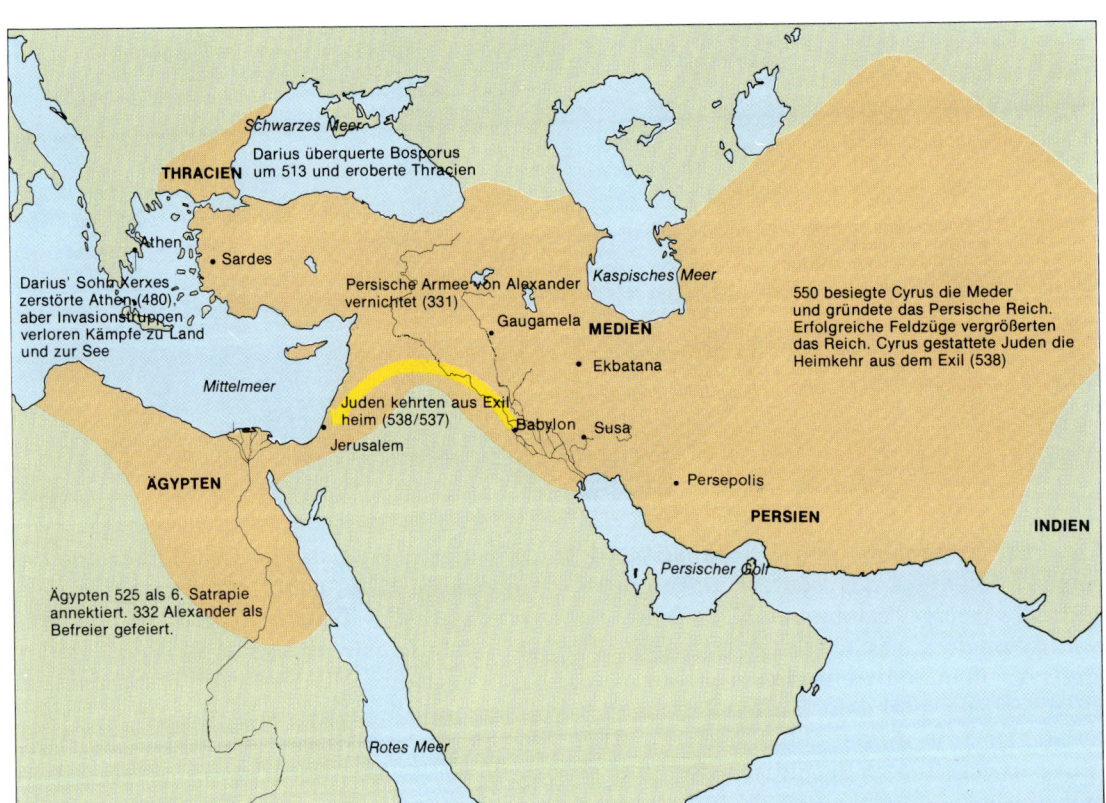

Darius überquerte Bosporus um 513 und eroberte Thracien

THRACIEN

Darius' Sohn Xerxes zerstörte Athen (480), aber Invasionstruppen verloren Kämpfe zu Land und zur See

Athen

Sardes

Persische Armee von Alexander vernichtet (331)

Kaspisches Meer

550 besiegte Cyrus die Meder und gründete das Persische Reich. Erfolgreiche Feldzüge vergrößerten das Reich. Cyrus gestattete Juden die Heimkehr aus dem Exil (538)

Schwarzes Meer

Gaugamela

MEDIEN

Ekbatana

Mittelmeer

Juden kehrten aus Exil heim (538/537)

Babylon

Susa

Jerusalem

ÄGYPTEN

Persepolis

PERSIEN

INDIEN

Persischer Golf

Ägypten 525 als 6. Satrapie annektiert. 332 Alexander als Befreier gefeiert.

Rotes Meer

Wiederaufbau in Juda

Cyrus schickte alle Verbannten in ihre Heimat zurück, und so konnten auch die Juden nach fünfzig Jahren heimkehren. Doch nicht alle hatten es eilig, sich nach Juda abzusetzen. Die meisten waren in Babylon geboren und sahen hier ihre Heimat. Andere wollten ihre einträglichen Geschäfte nicht verlassen.

Juda selbst befand sich in schlechtem Zustand. Zwar hatten die wenigen zurückgebliebenen Bauern versucht, das Land zu bebauen; doch die Feinde der Juden, z.B. Moabiter und Edomiter, fielen immer wieder ins Land ein. So lag Jerusalem nach wie vor in Trümmern.

Trotzdem kehrten einige Juden unter der Führung Scheschbazars und Serubabels (Nachfahren König Jojachins) sowie des Priesters Jeschua nach Juda zurück. Sie brachten die Tempelschätze, die Nebukadnezar 587 v.Chr. geraubt hatte, mit. Sie lebten einige Jahre in Juda, ohne mit dem Wiederaufbau des Tempels anzufangen.

Etwa 537 v.Chr. begannen sie mit den Aufbauarbeiten, die
Haggai 1,1–11 sie aber schon bald wieder unterbrachen. 520 v.Chr. kritisierte

Babylon: Eine blühende Stadt

Babylon war eine prachtvolle Stadt mit vielen Parks und Gärten. Nebukadnezar II. hatte kunstvoll verzierte Paläste gebaut, und die »Hängenden Gärten« auf dem Dach seines eigenen Palastes wurden als eines der sieben Weltwunder angesehen.

Viele schiffbare Wasserwege durchzogen die Stadt und verbanden sie mit außerhalb liegenden Siedlungen. Die Juden lebten (mit Verbannten anderer Völker) in Internierungslagern an diesen Wasserwegen.

Das Lagerleben war nicht hart. Die Juden durften sich Häuser bauen und konnten das Land bewirtschaften. Manche nahmen bald am Geschäftsleben der Stadt teil und wurden reich. Aus diesem Grunde wollten viele nicht nach Juda zurückkehren, als Cyrus sie freigab. Sie waren nicht bereit, das angenehme Leben in Babylon gegen die Mühsal der langen Reise und des Wiederaufbaus einzutauschen. Außerdem erschienen ihnen die babylonischen Bräuche interessanter und einträglicher als ihre eigenen Traditionen. Viele der Juden beteten Jahwe aber auch in Babylon an. Ihre Propheten – Hesekiel, der sich mit ihnen im Exil befand, und Jeremia, der Botschaften aus Jerusalem schickte – ermutigten zum Gebet und zum Fasten. Obwohl sie keine Tempel-
gottesdienste halten oder Opfer bringen konnten, feierten sie ihre traditionellen Fest- und Sabbattage und unterwiesen in Hausversammlungen im Gesetz Gottes. Daraus entwickelte sich dann in späteren Generationen der Dienst der Synagoge.

Die Illustration zeigt, gestützt auf archäologische Ausgrabungen, einen Teil der Stadt Babylon.

Die Perser

Das Königreich Persien breitete sich im sechsten Jahrhundert v.Chr. aus, als Cyrus II. Medien, Assur, Babylon, Kleinasien und Gebiete bis nach Indien eroberte. Was ihm an Gesetzen und Religionen der eroberten Nationen gut erschien, übernahm er für sein Weltreich, das größte, das es bis dahin gegeben hatte. Macht und Reichtum des persischen Weltreiches gehen aus den Überresten der Prachtbauten der alten Städte Persepolis und Pasagardae hervor. Die Säulen trugen Schnitzereien, und die großen Hallen waren mit reichgemusterten Stoffen geschmückt. Geschickte Goldschmiede stellten Schmuck und anderen Zierrat her.

Unten: persisches Axteisen (9. Jh. v. Chr.); Säulenknauf aus Susa (5. oder 4. Jh. v. Chr.), aus grauem Marmor hergestellt

Bogenschütze (»Unsterblicher«) von der persischen königlichen Wache

Persepolis (im heutigen Südwestiran)
war zwar nie die Hauptstadt des Königreichs Persien, doch wurde es unter der
Achämeniden-Dynastie immerhin der
Ort, wo die Könige religiöse und andere
Feste feierten, diplomatische Verhandlungen führten und sich begraben ließen.
Aufgebaut wurde Persepolis von König
Darius I., der hier auf einem Palastrelief
(links) auf seinem Thron sitzend abgebildet ist. Die beiden Weihrauchgefäße vor
dem Thron markieren die Grenze, die
Besucher nicht überschreiten durften.

Unten: Dieser Ausschnitt eines Reliefs,
das sich an der Außenseite der großen
Treppe der Empfangshalle (Apadana) in
Persepolis befindet, zeigt medische und
persische Adelige.

der Prophet Haggai, daß sie sich allzusehr um ihre eigenen Probleme und zu wenig um Gottes Haus kümmerten. Auf seinen Anstoß hin setzten sie ihre Arbeit am Tempel fort, die 515 v.Chr. abgeschlossen wurde. Der Tempel war nicht so prachtvoll wie Salomos Bauwerk, aber man freute sich, endlich wieder einen Tempel zu haben.

Maleachi 1,6–2,17

Die Rückkehr nach Juda war nicht so prachtvoll, wie viele das erwartet hatten. Es gab viel Arbeit. Die Ruinen mußten wiederaufgebaut, und gleichzeitig mußte für den Lebensunterhalt gesorgt werden. Obendrein sagte der Prophet Maleachi, daß die Menschen in ihrem Glauben nicht aufrichtig seien und die Priester das Volk nicht richtig führten. Die Reichen nutzten die Armen aus, und Mischehen mit heidnischen Frauen waren an der Tagesordnung. So kehrten Esra und Nehemia nach Juda zurück, um das Volk zu ermutigen und zurück zu Gott zu führen.

Esra lehrt das Gesetz

Der persische Herrscher Artaxerxes I. ließ Esra 458 v.Chr. von Babylon nach Juda zurückkehren. Esra war ein Gelehrter und Kenner der jüdischen Gesetze.

2.Mose 20,1–17

Während des Exils hatte er mit anderen Gelehrten das Gesetz in seiner endgültigen Form niedergeschrieben. Das Gesetz, das Gott zu Beginn Mose am Berg Sinai übergeben hatte, war jahrhundertelang mündlich überliefert worden. Nun war es endlich aufgeschrieben worden und wurde von Esra und seinen Begleitern nach Jerusalem zurückgebracht.

Nehemia 8,1–8

Esra verlas das Gesetz vor einer großen Versammlung in der Nähe des Tempels. Es war in Hebräisch geschrieben, was das einfache Volk nicht verstand, und so übersetzten Ausleger das, was Esra vorlas, ins Aramäische. Die Menschen erkannten

Die aramäische Sprache

Die Hauptsprache des Persischen Reiches war das Aramäische. Es war den jüdischen Beamten schon zur Zeit Hiskias bekannt. Es war dem Hebräischen ähnlich und hatte das gleiche Alphabet, da das Hebräische die aramäischen Schriftzeichen übernahm und lediglich die Grammatikregeln anders waren. Als die Juden nach Palästina zurückkehrten, brachten sie die aramäische Sprache mit.

Allmählich verlernten die einfachen Leute ihre hebräische Muttersprache. Sie konnten das Alte Testament, das zum größten Teil in Hebräisch geschrieben war (nur Teile der Bücher Esra und Daniel waren ursprünglich Aramäisch), nicht mehr verstehen, ohne vorher Hebräisch zu lernen oder es von einem Gelehrten übersetzt zu bekommen. Ein Beispiel dafür findet sich in Nehemia 8,8.

Noch zur Zeit Jesu war Aramäisch die Umgangssprache, in die auch die heiligen Schriften übersetzt worden waren. Einige Worte Jesu in Aramäisch werden im Markusevangelium zitiert (zum Beispiel bei der Auferweckung eines Mädchens in Markus 5,41). Erst 1948, als der heutige Staat Israel gegründet wurde, wurde Hebräisch wieder zur Hauptsprache der Juden in Palästina.

beim Zuhören, daß vieles in ihrem Leben nicht Gottes Willen entsprach, und begannen, das in Ordnung zu bringen. Die Gesetze, die sie hörten, finden sich heute in den ersten fünf Büchern des Alten Testaments (1. bis 5. Buch Mose).

Um die Stadtmauern Jerusalems wieder aufzubauen, teilte Nehemia die Arbeitskräfte ein: die Hälfte arbeitete an der Mauer, während der Rest eine bewaffnete Wache bildete. Der israelische Soldat an der Klagemauer in Jerusalem läßt sich einen Gebetsriemen um den Arm schnallen, der Teile des jüdischen Gesetzes enthält.

Nehemia erneuert die Stadtmauern

Nehemia war der Mundschenk des Artaxerxes und lebte in Susa in Persien. Er servierte dem König den Wein und kostete ihn vor, um sicher zu sein, daß er nicht vergiftet war. Mundschenke waren oft die vertrauten Berater der Könige.

Als Nehemias Bruder Hanani aus Juda kommend berichtete, daß die Stadtmauern Jerusalems zerstört seien und Feinde die Stadt ständig angriffen, war Nehemia bestürzt. Er beschloß, den König um Erlaubnis für den Wiederaufbau der Mauern zu bitten. Artaxerxes stimmte seinem Plan zu und machte ihn zum Gouverneur von Juda.

Nehemia 2,11–18

Nehemia kam 445 v.Chr. in Jerusalem an. Zunächst inspizierte er die Stadtmauern heimlich bei Nacht. Dann stellte er die gesamte Bevölkerung an den Wiederaufbau.

Nehemia 4

Die Arbeit war nicht leicht, denn die Gouverneure der Nachbarprovinzen Samarien, Ammon und Arabien versuchten alles, den Bau zu verhindern, weil sie in der Erstarkung Judas eine Gefahr für ihre eigene Sicherheit sahen. Doch Nehemia ließ sich nicht abhalten. Er teilte eine Hälfte der Männer als Wachen ein, während die andere am Mauerbau arbeitete.

Nach zweiundfünfzig Tagen hatten sie die schlimmsten Löcher in der Mauer ausgebessert, doch der gesamte Wiederaufbau dauerte über zwei Jahre. Nun war Jerusalem wieder gesichert.

Jerusalem

Jerusalem ist der Schauplatz vieler dramatischer Ereignisse der Geschichte gewesen und steht bis heute im Brennpunkt des Weltinteresses. Die Stadt ist öfter belagert, zerstört und wiederaufgebaut worden als jede andere berühmte Stadt. Eroberer wie die Ägypter, Assyrer, Babylonier und Römer sahen die Einnahme Jerusalems als Feuerprobe ihrer Weltherrschaftsstrategie an. Vieles in der Bibel Berichtete spielt in Jerusalem, und sie ist die »heilige Stadt« dreier Religionen: des Judentums, des Islams und des Christentums.

Bereits 2900 v.Chr. scheint es eine Siedlung am Ort der heutigen Stadt gegeben zu haben. Schriftlich wird sie erstmalig im neunzehnten Jahrhundert v.Chr. als Stadt der Kanaaniter erwähnt. Sie hatte eine sehr günstige Position, weil die Hügellage und die ständige Wasserversorgung von der Gihon-Quelle eine gute Befestigung und Verteidigung

Oben: Stadtmauern Jerusalems aus der Zeit der Jebusiter, König Hiskias (um 715 v. Chr.) und Suleiman des Herrlichen (1536 n. Chr.) und einige moderne Stützmauern

ermöglichte. Letztlich läßt sich allerdings von den örtlichen Gegebenheiten her nicht hinreichend erklären, weshalb Jerusalem nicht ein unbekanntes Dorf im Hügelland von Judäa geblieben ist.

Als die Israeliten in der Mitte des 13. Jahrhunderts v.Chr. nach Kanaan kamen, war Jerusalem (damals noch Jebus) im Besitz der Jebusiter. Erst König David vertrieb diesen Volksstamm 250 Jahre später, nachdem er die Stämme Israels vereinigt hatte. Er eroberte Jerusalem und machte es zur Hauptstadt.

Später baute er Jerusalem zum politischen, religiösen und militärischen Zentrum aus, was sein

Sohn Salomo mit einem umfangreichen Bauprogramm fortsetzte. Unter dessen Regierung wurde dann auch in sieben Jahren der Tempel gebaut.

Nach der Teilung des Königreiches 930 v.Chr. war Jerusalem nur noch die Hauptstadt der Stämme Juda und Benjamin. Ihre Könige verstärkten die Befestigungsanlagen gegen mögliche Angreifer. König Hiskia (715–687 v.Chr.) verschloß die Gihon-Quelle von außen und leitete ihr Wasser durch einen neugebauten Tunnel in den Siloahteich innerhalb der Stadtmauern. So schloß er mögliche Belagerer von der Wasserversorgung ab und sicherte seine eigene. 587 v.Chr. fiel Jerusalem an die Babylonier, die die Stadt zerstörten und die Juden in die Verbannung führten, aus der sie erst 539 v.Chr., nachdem Babylon von den Persern erobert worden war, wieder zurückkehrten. Sie bauten den Tempel wieder auf und erneuerten unter Nehemia auch die Stadtmauern.

Jerusalem zur Zeit der Könige

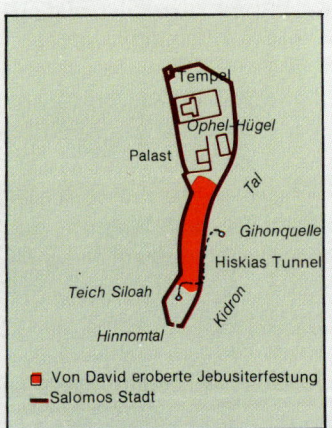

Jerusalem zur Zeit Nehemias

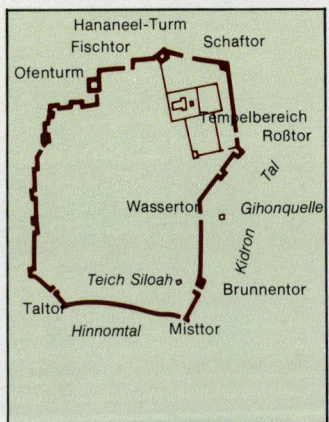

Über die persische Herrschaft 537–332 v.Chr. ist wenig bekannt. Erst als Alexander der Große das griechische Weltreich errichtete und Jerusalem nach seinem Sieg über die Perser Teil seines Reiches wurde, taucht der Name der Stadt wieder auf.

Nach Alexanders Tod kam Jerusalem unter die Herrschaft des ägyptischen Königs Ptolemäus, der den Juden weitgehende Freiheit und Selbstverwaltung zugestand. So blühte die Stadt im 3. Jh. v.Chr. auf.

Doch 175 v.Chr. kam Antiochus IV. auf den syrischen Thron. Er führte den griechischen Götterkult ein und stellte eine heidnische Statue im Jerusalemer Tempel auf. Wer die heidnischen Bräuche nicht befolgte, wurde mit dem Tod bestraft; und so brachen die Makkabäischen Befreiungskriege aus. Der Tempelberg in Jerusalem wurde 164 v.Chr. zurückerobert, so daß die Juden ihren Opferdienst wieder aufnehmen konnten.

Mit dem Einmarsch des römischen Generals Pompejus (63 v.Chr.), der Judäa unter die römische Herrschaft brachte, endeten 80 Jahre politischer Unabhängigkeit. Die Römer setzten 37 v.Chr. Herodes den Großen auf den Thron. Er wurde von den Juden gehaßt und versuchte, sich durch Prachtbauten beliebt zu machen, darunter ein neuer Tempel, die Burg Antonia und der Königspalast.

Viele Ereignisse im Leben Jesu spielen in Jerusalem, vor allem seine Kreuzigung und Auferstehung; von Jerusalem zogen seine Jünger aus, um das Christentum in andere Länder zu bringen.

Dem prächtigen Tempel des Herodes sagte Jesus die baldige Zerstörung voraus. Diese Prophezeiung wurde wahr, als 70 n.Chr. nach vierjährigem Guerillakrieg durch revolutionäre Gruppen in Judäa die Römer unter Titus Jerusalem einnahmen. Sie brannten den Tempel nieder und legten die Stadt in Schutt und Asche. Zehntausende Gefangene wurden entweder als Sklaven verkauft oder mußten als Gladiatoren kämpfen. Wieder waren die Juden im Exil, doch Jerusalem blieb ihre geistige Heimat und das Ziel ihrer Sehnsucht.

Der Befreiungskrieg unter Simon Bar Kochba

132–135 n.Chr. machte Jerusalem für kurze Zeit wieder zur Hauptstadt, doch 135 machte König Hadrian die Stadt dem Erdboden gleich und baute aus dem Staub eine ganz neue Stadt, Aelia Capitolina. Noch häufig wechselte sie den Besitzer. Die Perser eroberten sie 614 n.Chr., die Moslems 638, die Kreuzritter 1099, die Türken 1517. Die Briten nahmen sie im Ersten Weltkrieg ein, und nach dem Zweiten Weltkrieg, 1948, wurde der Staat Israel gegründet. Jerusalem wurde ein Jahr später zur Hauptstadt erklärt.

Die heiligen Stätten der Moslems und Christen sind instandgehalten worden. Besonders an den alten Stadtmauern sind archäologische Arbeiten aufgenommen worden. Doch außerhalb der Altstadt ist das heutige Jerusalem mit seinem Straßenverkehr, Geschäften und Büros eine typische moderne Stadt.

Jerusalem zur Zeit Christi

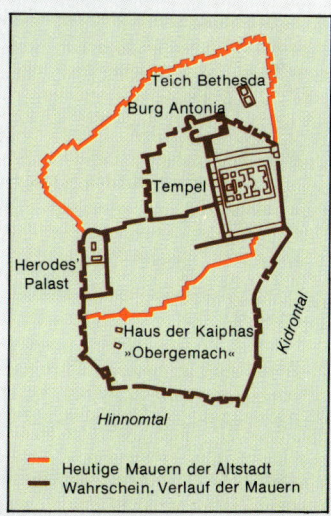

Teich Bethesda
Burg Antonia
Tempel
Herodes' Palast
Haus der Kaiphas
»Obergemach«
Kidrontal
Hinnomtal

— Heutige Mauern der Altstadt
— Wahrschein. Verlauf der Mauern

Rechts: Typische Straße der Altstadt Jerusalems

Die Samariter

Die Geschichte vom barmherzigen Samariter, der einem unter die Straßenräuber gefallenen Juden half, während andere Juden achtlos weitergingen, ist wohl das bekannteste Gleichnis, das Jesus erzählt hat.

Es enthielt eine Menge Zündstoff, denn die Samariter wurden von den Juden als Abschaum, als »Unberührbare« betrachtet. Haß und Verachtung gingen darauf zurück, daß die Juden die Samariter nicht für als reinblütige Hebräer ansahen. Außerdem hatten die Samariter die Anbetung Gottes mit der von Götzen vermischt.

Die Samariter feiern bis heute das Passafest auf dem Berg Garizim und sind die einzige Gruppe in Israel, die noch Tieropfer bringt.

Auf einem Hügel nordwestlich von Sichem baute König Omri (885–874 v.Chr.) die Stadt Samaria. Aufgrund ihrer günstigen Lage blieb Samaria die Hauptstadt der zehn nördlichen Stämme, bis das Königreich Israel zerfiel und die Stadt 722 v.Chr. von den Assyrern eingenommen wurde.

Samaria wurde berüchtigt wegen seines Götzendienstes. König Ahab baute hier für den Gott Baal einen Tempel und Altar. Mit den heidnischen Religionspraktiken kam auch sittlicher Verfall, und die Propheten warnten das Volk immer wieder vor dem Gericht Gottes.

Dieses kam schließlich. Die Assyrer eroberten die Stadt 722 v.Chr. und verschleppten die Bevölkerung. Die Israeliten wurden nach Syrien, Assur und Babylon verbannt, und das Land wurde mit Kolonisten aus anderen Teilen des Assyrischen Reiches bevölkert.

Die Samariter waren die Nachkommen der Israeliten, die im nördlichen Königreich zurückgeblieben waren und sich mit der neuen ausländischen Bevölkerung vermischt hatten. Die Juden im Südreich lehnten eine Zusammenarbeit auf sozialem und religiösem Gebiet mit ihnen ab, und mit der Zeit vertiefte sich die Kluft. Als Nehemia den Wiederaufbau der Stadtmauern Jerusalems leitete (440 v.Chr.), waren unter denen, die den Bau zu verhindern suchten, auch Samariter.

Das Datum des Baus des samaritanischen Tempels auf dem Berg Garizim ist unbekannt, doch besiegelte er die jüdische Ablehnung der »ketzerischen Sekte«. Bis etwa 200 v.Chr. war es zum endgültigen Bruch zwischen Juden und Samaritern gekommen. Während der makkabäischen Aufstände gaben die Samariter Antiochus IV., »Epiphanes« genannt, nach und weihten ihren Tempel dem Gott Zeus. Der jüdische König Hyrkan zerstörte den Tempel 128 v.Chr., doch fanden auf dem Berg Garizim, seinem ehemaligen Standplatz, weiter Gottesdienste statt.

Noch heute lebt eine kleine Samaritaner-Gemeinschaft in Israel, und zwar in Nablus, dem früheren Sichem. Beim Passafest pilgern sie zum Garizim. Nach den Anweisungen der Priester werden bei Sonnenuntergang Lämmer geopfert und gebraten. Das Fleisch wird ausgeteilt, und die Samariter wachen und beten bis zum Morgengrauen.

Ihr religiöser Kodex ist der Samaritanische Pentateuch – die Fünf Bücher Mose. Das samaritanische Glaubensbekenntnis umfaßt sechs Artikel: den Glauben an einen Gott; an Mose, den Propheten; an das Gesetz; an den Berg Garizim als von Gott bestimmten Opferplatz; an den Tag des Gerichts und der Vergeltung; und an die Wiederkehr Moses als »Erneuerer« (ähnlich der jüdischen Hoffnung auf das Kommen eines Messias).

Die Entwicklung
der jüdischen Religion

Während der Makkabäischen Kriege entwickelten sich die zwei jüdischen Hauptgruppen heraus, die im Neuen Testament eine wichtige Rolle spielen.

Die Pharisäer

Die Pharisäer entwickelten sich aus der Gruppe derer, die aus Liebe zum jüdischen Gesetz den Makkabäeraufstand unterstützten. Entscheidend am Sieg der Makkabäer war ihnen die errungene Religionsfreiheit, die es den Juden ermöglichte, ohne Furcht vor Verfolgung das Gesetz zu befolgen.

Ein jüdischer Rabbi und sein Sohn. Der Vater trägt den runden, mit Fell abgesetzten Hut, und beide tragen lange Schläfenlocken, die für streng orthodoxe Juden charakteristisch sind.

Jüdische Feste

Wie die meisten Völker liebten auch die Juden Feste. Jedes Jahr hatten sie drei Pilgerfeste, zu denen viele Leute nach Jerusalem kamen. Sie reisten zumeist in Gruppen und sangen unterwegs Loblieder, wie sie in den Psalmen 120–134 zu finden sind. Der folgende Psalm drückt die Freude über die Anwesenheit beim Fest aus:

»Ich freute mich über die, die mir sagten: Lasset uns ziehen zum Haus des Herrn! Nun stehen unsere Füße in deinen Toren, Jerusalem« (Psalm 122,1–2).

Die Art und Weise, wie die Feste gefeiert wurden, hat sich über Jahrhunderte entwickelt. Während der Zeit der Könige von Juda (900–600 v.Chr.) enthielt der Festkalender die folgenden größeren Ereignisse:

Das Passa und das Fest der ungesäuerten Brote

2.Mose 12; 3.Mose 23,5–8; 4.Mose 28,16–25
Dieses Fest wurde in jedem Frühling (März/April) gefeiert und war, wie die anderen Feste, sowohl eine Feier als auch eine Erinnerung an Gottes Handeln in der Geschichte Israels. Die Juden dankten für den Beginn der Gerstenernte und für die Befreiung aus der Sklaverei in Ägypten.

Am Abend des Vollmonds opferte jede Familie ein einjähriges Lamm im Tempel von Jerusalem. Dann nahmen sie es mit nach Hause bzw. in ihre Herberge und aßen es mit bitteren Kräutern und ungesäuertem Brot (Brot ohne Sauerteigzusatz) als Passamahl.

Am nächsten Tag begann das Fest der ungesäuerten Brote. Alles alte Brot aus Sauerteig, das sich noch im Haus befand, wurde vernichtet. Sieben Tage lang wurde nur ungesäuertes Brot aus der neuen Gerstenernte gegessen. Das ungesäuerte Brot erinnerte sie an die Eile, in der die Israeliten das erste Passamahl vor der Flucht aus Ägypten verzehrt hatten.

Das Wochenfest

2.Mose 34,22; 3.Mose 23,15–21
Es fand sieben Wochen nach dem Passa im Mai/Juni statt. Später wurde es auch Pfingsten genannt (von griech. pentaekostae = fünfzigster Tag – nach dem Passafest). Es wurde auch einfach Erntefest genannt (2.Mose 23,16), weil es am Ende der Weizenernte stattfand. Zwei Weizenbrote wurden gebacken und Gott im Tempel dargebracht.

Erst nach der Zeit des Alten Testamentes wurde das Fest mit Gottes geschichtlichem Handeln in Verbindung gebracht. Kurz vor der Zeit Jesu wurde das Wochenfest zur Erinnerung an den Bund gefeiert, den Gott mit Mose auf dem Berg Sinai geschlossen hatte.

Das Laubhüttenfest

3.Mose 23,33–43; 4.Mose 29,12–38; 5.Mose 16,13–15
Das wichtigste Fest in alttestamentlicher Zeit war das Fest der Lese oder das Laubhüttenfest. Es feierte das Ende der Fruchternte im September/Oktober. Daher war es ein Freudenfest mit Tänzen in den Weinbergen. Ein späteres Sprichwort sagte: Wer niemals die Freude in der Nacht dieses Festes erlebt hat, hat niemals wahre Freude gesehen.

Sieben Tage lang wohnten die Pilger in Jerusalem in behelfsmäßigen Hütten . Selbst die Einwphner der Stadt bauten sich Hütten außerhalb ihrer Häuser. Diese Hütten erinnerten zum einen an die in den Weinbergen und Obstgärten errichteten Ver-

Das Passafest ist eins der wichtigsten jüdischen Feste, und orthodoxe Juden, wie diese Familie, feiern es bis heute. Es ist eine Erinnerung daran, wie Gott die Israeliten aus der Sklaverei in Ägypten befreite.

schläge während der Erntezeit und zum anderen an die Zelte in der Wüste, in denen die Israeliten gewohnt hatten, als Mose sie aus Ägypten nach Kanaan führte.

An jedem Tag dieses Festes wurden Stiere, Widder, Lämmer und Ziegen sowie Weizenmehl und Wein im Tempel geopfert. Am achten Tag des Festes, dem Schlußtag, fand vor dem Tempel eine große Versammlung statt, bevor die Pilger in ihre Heimat zurückkehrten.

Neben diesen drei großen Pilgerfesten entwickelten sich zur Zeit des Alten Testaments noch andere Feste. Diese werden, wie auch die drei großen Feste, noch heute von den Juden gefeiert.

Doch die Verschwörung wurde von der Jüdin Esther, die mit dem Perserkönig verheiratet war, und ihrem Vetter Mardochai entdeckt. Haman wurde gehängt, und die Juden erschlugen die Leute, die beauftragt waren, sie zu töten.

Die Geschichte geht wahrscheinlich auf Begebenheiten im 5. oder 4. Jahrhundert v.Chr. zurück. Jedenfalls entstand dieses Befreiungsfest viel später als die anderen Feste. Außerdem war es mehr ein Vergnügungsfest als eine religiöse Feier. Einem Fastentag folgten zwei fröhliche Festtage (Februar/März). Das Buch Esther wurde in der Synagoge gelesen, und jedesmal, wenn Haman erwähnt wurde, buhte die Versammlung. Die Leute überreichten sich Geschenke und nahmen an Festessen und Unterhaltungen teil.

Das Hanukkafest

Der große Versöhnungstag (Jom Kippur)

3.Mose 16
Dieses Fest findet im September/Oktober vor dem Laubhüttenfest statt. Es war ein Fast- und Bußtag, an dem die Juden Gott um Vergebung ihrer Sünden baten. Der Hohepriester opferte einen Stier für seine Sünden und eine Ziege für die Sünde des Volkes. Dann ging er hinter den Vorhang, der im Tempel das »Allerheiligste« abschloß. Dort sprengte er das Blut des Stiers und der Ziege über den »Gnadenthron«, auf dem Gott gegenwärtig war. Nur an diesem Tag durfte das Allerheiligste überhaupt betreten werden.

Danach brachte man dem Hohepriester eine zweite Ziege. Der legte er die Hand auf den Kopf, um ihr dadurch symbolisch die Sünden des Volkes zu übertragen. Die Ziege wurde dann mitsamt den Sünden in die Wüste getrieben. Auf diese lebendige Weise drückten die Israeliten ihren Glauben aus, daß Gott denen vergibt, die ihm aufrichtig ihre Sünden bekennen.

Das Purimfest

Esther 9,20–32
Das Buch Esther im Alten Testament erzählt, wie die Juden im persischen Susa sich an Feinden rächten, die ihnen nach dem Leben getrachtet hatten. Der »Ministerpräsident« des persischen Königs, Haman, wollte alle Juden in Persien umbringen, und weil er abergläubisch war, warf er Lose, um den richtigen Zeitpunkt zu ermitteln (Purim ist ein assyrisches Wort und heißt »Los«).

1. Makkabäer 4,36–59; Johannes 10,22
Dieses Fest, das Tempelweihfest, wurde 164 v.Chr. eingeführt nach dem Sieg des Judas Makkabäus über den syrischen Unterdrücker Antiochus Epiphanes, der den Tempel durch Schweineopfer an Zeus entweiht hatte. Es feiert die Wiederweihung des Tempels.

Es fand im Dezember statt und dauerte acht Tage. Im Tempel wurden Opfer gebracht und in Prozessionen Palmzweige getragen. Dazu wurden Hymnen – besonders die Psalmen 113–118 gesungen. Eine weitere Sitte war der Gebrauch von Lichtern. Vor jedem Haus wurden Lichter angesteckt, deren Zahl jeden Tag bis zum letzten Tag des Festes um eins erhöht wurde. Noch heute ist das Hanukkafest eines der beliebtesten und prachtvollsten jüdischen Feste.

Die Pharisäer versuchten, das alttestamentliche Gesetz bis ins Detail zu befolgen. Sie fügten sogar neue Lehren hinzu, mündliche Überlieferungen, die die Anwendung des alten Gesetzes auf alle erdenklichen Lebenslagen zeigen sollten. So wurde z.B. definiert, was am Sabbat Arbeit war und was nicht. Jesus warf ihnen später vor, sie verlören sich so in gesetzlichen Spitzfindigkeiten, daß sie die wirklich wichtigen Anliegen wie Gerechtigkeit und Redlichkeit vernachlässigten.

Die Sadduzäer

Die Sadduzäer gehörten den alten Priesterfamilien an. Sie waren nicht so zahlreich wie die Pharisäer, aber wohlhabend und einflußreich. Die meisten waren mehr daran interessiert, politische Macht zu erlangen, als ihre Religion auszuüben.

Die Sadduzäer akzeptierten das geschriebene Gesetz der ersten fünf Bücher des Alten Testaments, lehnten aber die ungeschriebenen Gesetze der Pharisäer ab. Ebenso distanzierten sie sich von deren Glauben an Engel und an die Auferstehung

Apostelgeschichte 23   nach dem Tode. Paulus nutzte diesen Unterschied bei einer Verhandlung vor den jüdischen Führern in Jerusalem aus, indem er in Hinblick auf die Auferstehung Jesu sagte: »Ich bin ein Pharisäer und eines Pharisäers Sohn. Ich werde angeklagt um der Hoffnung und der Auferstehung der Toten willen.« Die Versammlung löste sich im Streit auf.

Die Essener

Eine dritte Gruppe waren die Essener, die seit der Entdeckung der Schriftrollen vom Toten Meer gut bekannt sind. Die Schriftrollen gehörten Essener-Mönchen, die in Qumran am Toten Meer lebten. Einige der Rollen enthalten Bücher des Alten Testaments, andere jüdische Schriften, die nicht ins Alte Testament aufgenommen worden sind, noch andere sind von Mitgliedern der Qumran-Gemeinschaft selbst verfaßt worden. Als die Römer 66 n.Chr. in Judäa einmarschierten, versteckten sie die Schriftrollen in Höhlen in der Nähe ihres Klosters. Im trockenen Klima blieben sie unversehrt, bis sie 1947 entdeckt wurden.

Die Gemeinschaft von Qumran entstand nach den Makkabäischen Kriegen. Fromme Juden hielten das religiöse Leben in Jerusalem für verdorben und wollten sich durch strenge Gesetzesbefolgung auf das Kommen des Messias vorbereiten. Sie glaubten, durch ihr Klosterleben in der Wüste bei Qumran das

Jesaja 40,3   Wort Jesajas zu befolgen: »In der Wüste bereitet dem Herrn den Weg. Macht in der Steppe eine ebene Bahn unserm Gott.«

Die Hoffnung auf den Messias

Im Alten Testament wird mehrmals die Hoffnung auf einen großen Segen Gottes für sein Volk angesprochen. Dann werde alles Böse vernichtet, und das Volk werde in Sicherheit und

Jesaja 9,1–6; 11,1–10   Freiheit leben. Jesaja und andere Propheten kündigten an, Gott werde einen König, einen Nachkommen Davids, senden, der Segen für das Volk bringen werde.

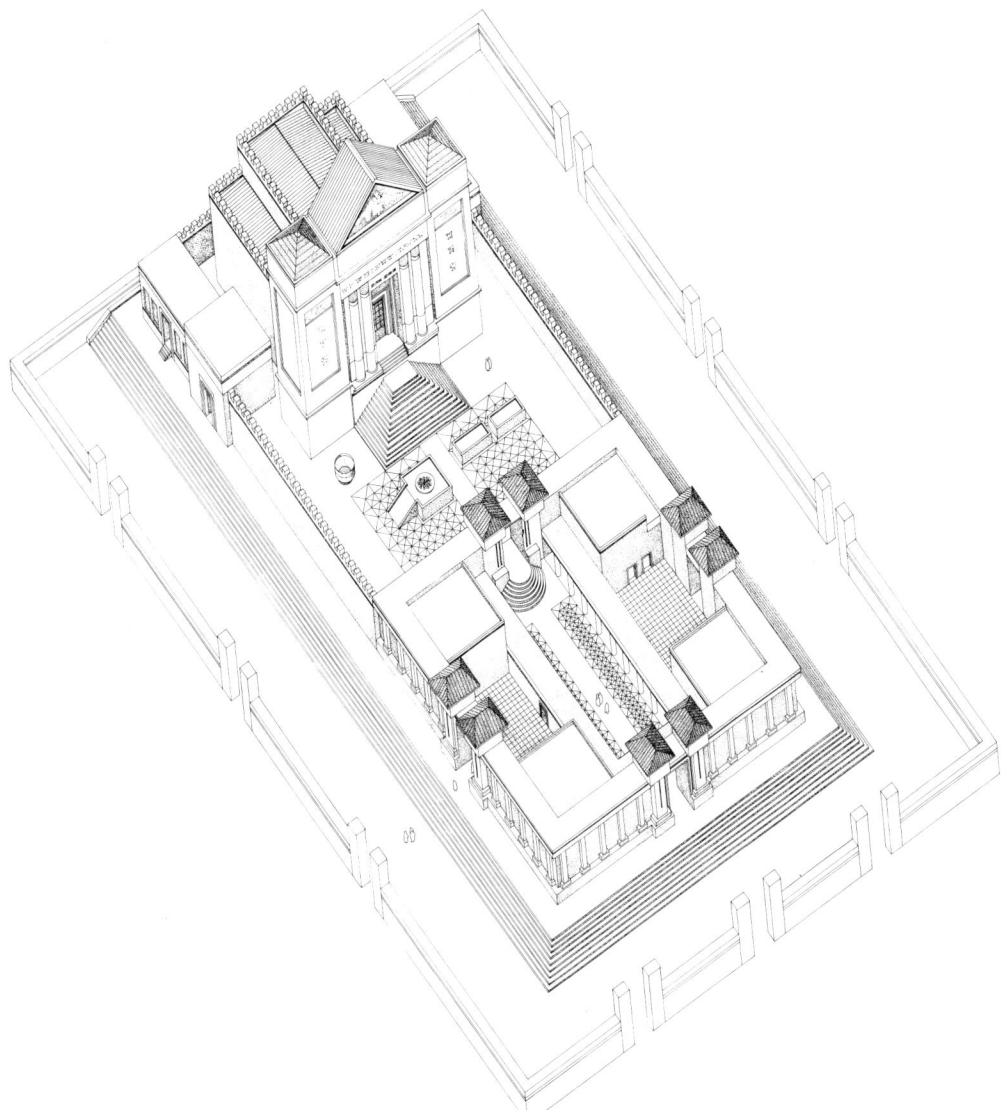

Herodes der Große baute in Jerusalem einen großen Tempel, um die Gunst der Juden zu gewinnen und die Römer zu beeindrucken. Er war mit Gold geschmückt und wesentlich größer und prunkvoller als der Salomo-Tempel. Nichtjuden und Händler durften sich nicht innerhalb der Hauptmauern aufhalten. Frauen durften nur bis zu der runden Treppe in der Mitte gehen. Vor dem Hauptgebäude des Tempels brachten die Priester Opfer auf den Altären. Das Hauptgebäude war wie die Stiftshütte in zwei Räume unterteilt: das Heilige, wo Weihrauch verbrannt wurde, und das Allerheiligste, in das einmal im Jahr ein Priester ging.

Später wurde dieser kommende König »Messias«, »der Gesalbte«, genannt. (Jeder Jude, der eine Arbeit speziell für Gott tat, etwa als König oder Priester, wurde zur Einführung in seine Aufgabe mit Öl gesalbt.)

Nach den Makkabäischen Kriegen wuchs die Hoffnung unter den Juden, daß Gott seinen Messias bald schicken werde. Die Pharisäer hofften auf einen Kriegs-Messias, der die Juden zum Sieg über die Feinde führen sollte. Die Essener von Qumran glaubten, daß Gott sie erwählt hätte, dem Messias den Weg für sein Kommen zu bereiten.

Als Jesus in Galiläa auftrat und durch Wort und Tat behauptete, daß er diese Person sei, da unterschied sich dieser Messias völlig von dem Bild, das sich viele gemacht hatten.

Wie das Alte Testament zusammengestellt wurde

Die Bibel ist eine Sammlung von 66 Büchern und besteht aus zwei großen Teilen: dem Alten Testament mit 39 Büchern und dem Neuen Testament mit 27 Büchern. Sie wurde in 1000 Jahren von über vierzig verschiedenen Autoren geschrieben. Doch wie wurden die verschiedenen Bücher schließlich zu einem Buch zusammengefügt?

Das Alte Testament enthält die heiligen Schriften der Juden. Die

Ein tunesischer Rabbi zeigt die Thorarollen, die Gottesgesetze, seiner Synagoge.

Entdeckung der Schriftrollen in den Höhlen von Qumran am Toten Meer brachte die bisher frühesten hebräischen Handschriften des Alten Testaments ans Tageslicht. Abschriften aller alttestamentlicher Bücher wurden komplett oder bruchstückhaft gefunden. Die meisten dieser Schriftrollen stammen aus dem ersten Jahrhundert v.Chr. und sind damit 1000 Jahre älter als die bis dahin frühesten Texte aus dem 9. Jahrhundert n.Chr.

Die Forscher stellten fest, daß die Texte im Wesentlichen übereinstimmten, was die Sorgfalt zeigt, mit der jüdischer Schreiber die heiligen Schriften abschrieben. Die Juden gaben den Text offenbar über Jahrhunderte hinweg unverändert weiter, so daß die heutige Fassung als sehr zuverlässig gelten kann. Trotzdem gibt es Probleme, weil es z.B. manchmal unmöglich ist festzustellen, was das ursprüngliche hebräische Wort bedeutet.

Die Juden ordneten ihre heiligen Bücher in drei Gruppen: das Gesetz, die Propheten und die Schriften.

»Das Gesetz« enthält den Pentateuch, d.h. die fünf Bücher Mose. Die Juden halten diesen Teil für besonders wichtig, da er die von Gott gegebenen Gesetze enthält sowie den Bericht über Israels frühe Geschichte. »Die Propheten« sind in zwei Gruppen unterteilt, die früheren und die späteren Propheten. Dieser Teil enthält die Botschaften von Männern wie Jesaja, Jeremia und Hesekiel, aber auch die Geschichtsbücher Josua, Richter, Samuel und Könige. »Die Schriften« enthalten spätere Geschichtsbücher (Esra, Nehemia, Chronik), die Psalmen, das Buch Daniel sowie die Weisheitsbücher Hiob, Sprüche und Prediger. Es ist nicht sicher, wie das Alte Testament seine heutige Ordnung erhielt. Möglicherweise haben der Schreiber Esra oder andere Leute des fünften Jahrhunderts v.Chr. die Bücher gesammelt und geordnet. Doch bereits viel früher gab es Sammlun-

gen, die Teile des Pentateuch, Botschaften der Propheten und einige Psalmen und Sprüche enthielten.

Der Text des Alten Testaments wurde auch in anderen Übersetzungen niedergeschrieben. Eine der wichtigsten war die griechische, die 250 v.Chr. für in Ägypten lebende Juden gemacht wurde. Die Überlieferung sagt, daß siebzig Übersetzer an dieser Fassung arbeiteten. Sie heißt daher »Septuaginta« nach dem lateinischen Wort für siebzig.

Zur Zeit Jesu bestand der »Kanon« der maßgeblichen hebräischen Schriften aus den 39 Büchern des heutigen Alten Testaments. Sie werden wiederholt im Neuen Testament als »die Schrift« erwähnt.

Die Juden hatten noch einige weitere heilige Schriften, die Apokryphen. Sie befinden sich zwar in der griechischen Übersetzung des Alten Testaments, fehlen aber in der hebräischen Version, da man ihnen nicht den gleichen Rang zuerkannte wie den übrigen Büchern. Einige protestantische und alle katholischen Bibelübersetzungen enthalten die Apokryphen neben dem Alten und Neuen Testament.

Zur Zeit Jesu wurden die mündlichen Überlieferungen, die die Schriften erklärten und ihre Grundsätze ausarbeiteten, weithin für die Juden als verbindlich angesehen. Dies führte zu mehreren harten Zusammenstößen zwischen den Pharisäern und Jesus, der diese anklagte, die Bedeutung der Schriften zu verdrehen.

Abriß der alttestamentlichen Geschichte
In chronologischer Reihenfolge der Hauptereignisse

ANNÄHERNDE DATEN DER HAUPTEREIG-NISSE (V.CHR.) – nicht der Entstehung der Bücher	BIBL. BUCH	HAUPTPERSONEN	HAUPTEREIGNISSE /-THEMEN	WICHTIGSTE LEHREN UND AUSSAGEN
	1.MOSE 1–11	Adam, Noah	Erschaffung der Welt; Ungehorsam der Menschen, Sintflut Verwirrung der Sprachen	Gott ist der Schöpfer, die Sünde trennt den Menschen von Gott
2000	12–25	Abraham	Abraham reist von Babylon nach Palästina	Der Mensch kann Gott vertrauen
1900–1700	26–36	Isaak, Jakob	Reisen und Leben der Patriarchen	Berichte über Männer Gottes
1750–1650	36–50	Josef	Josef, von seinen Brüdern abgelehnt, erhält Macht in Ägypten; Hungersnot in vielen Ländern	Gottes Absichten unter widrigen Umständen
1280	2.MOSE 1–15	Pharao Ramses II., Mose, Aaron	Plagen in Ägypten; Erlösung der Hebräer aus der Sklaverei	Ein Beispiel der Macht Gottes
	16–40	Mose, Aaron	Reise vom Roten Meer zum Sinai; Zehn Gebote; Stiftshütte	Gottes Gesetz für alle Menschen; Beispiele menschlichen Ungehorsams
	3.MOSE		Religions-, Speise- und Sozialgesetze der Juden; religiöse Feste	Bilder, wie mit Sünden verfahren wird, Religion als eine ernste und freudige Sache
1280–1240	4.MOSE	Mose	Vom Sinai nach Kanaan; der Aufstand Korahs	Gott führt sein Volk; Rebellion des Menschen und Urteil Gottes
	5.MOSE		Grenzen des Gelobten Landes; Gesetze für das Leben in Kanaan.	Aufforderung zu ganzherzigem Glauben
1240	JOSUA	Josua, Rahab, Achan	Einzug nach Kanaan, Einnahme der Hauptstädte, Aufteilung des Landes	Erzählungen von Mut und Selbstsucht
1220–1075	RICHTER	Eli, Simson, Debora, Gideon	Kreislauf von Ungehorsam, Angriff der Feinde, Reue, während sich das Volk im Land niederläßt	Gottes Gerechtigkeit und Gericht; Beispiele von gottgeweihtem Leben
1100–1000	RUTH	Naemi, Ruth, Boas	Schilderung des Lebens zur Zeit der Richter	Beispiele von Liebe und Treue zu Gottes Volk; Gottes Heilsplan gilt auch Nichtjuden
1075–1035	1.SAMUEL 1–10	Samuel	Israel im Krieg mit Philistäa; Geburt Samuels; Forderung eines Königs	Israel unterliegt dem Wunsch, wie alle anderen Völker zu sein
1050–1010	11–31	Saul, David	Fehde zwischen Saul und David; Krieg mit den Philistern	Gottes Handeln mit einem vermessenem König und einem einfachen Hirtenjungen
1010–970	2.SAMUEL	David, Joab, Absalom	Regierung Davids; Niederlage der Philister; Absaloms Rebellion	Erfolge und Niederlagen eines Mannes, der Gott zu folgen versucht
1010–970	1. CHRONIK	David	Davids Kriege; Vorbereitungen für den Tempelbau, Liste der Familien Israels	Beispiel von Führung und Treue; Entfaltung des Planes Gottes mit Israel
970–930	1. KÖNIGE 2. CHRONIK 1–9	Salomo	Salomos Regierung und Weisheit; Bau und Weihe des Tempels	Beispiel eines begnadeten Führers und seines Niedergangs; Gottes Absichten werden entdeckt
930–609	2. KÖNIGE 2. CHRONIK 10–36	Elia, Elisa und verschiedene Könige und Propheten	Israels Teilung in Nord- und und Südreich; schlechte Könige bringen dem Volk Niederlagen; Aufschwung unter einigen guten Königen	Gott fordert Gehorsam; Beispiele von Treue und prophetischer Führung

Abriß der alttetamentlichen Geschichte
In chronologischer Reihenfolge der Hauptereignisse

ANNÄHERNDE DATEN DER HAUPTEREIG-NISSE (V.CHR.) – nicht der Entstehung der Bücher	BIBL. BUCH	HAUPTPERSONEN	HAUPTEREIGNISSE /-THEMEN	WICHTIGSTE LEHREN UND AUSSAGEN
760	AMOS	Amos (Jerobeam II. von Israel)	Gerichtsbotschaft über Israel für seinen Ungehorsam und über andere Völker für ihre Grausamkeit	Die Notwendigkeit sozialer Gerechtigkeit ist im Bund zwischen Gott und Israel begründet
760	JONA	(Jerobeam II. von Israel)	Botschaft des Gerichts über Ninive; Jonas Weigerung, die Stadt zu retten	Aufruf zum Gehorsam Gottes uneingeschränkte Macht und menschliche Verantwortlichkeit Gottes Sorge für Nichtjuden
740–700	JESAJA	(Usia, Jotham, Ahas und Hiskia als Könige Judas)	Prophezeiungen über die Belagerung Judas durch die Assyrer; Aufruf zum Glauben und zum Vertrauen auf den allmächtigen Gott	Gottes Macht, Heiligkeit und Liebe; die Notwendigkeit, Gott zu trauen, Prophezeiungen des Exils
750–720	HOSEA	(Prophezeiung an Israel)	Bild des Verfalls einer Gesellschaft; Gottes Liebe, die trotzdem bleibt	Lebendige und dramatische Erinnerung an Gottes Liebe
720	MICHA	(Regierungszeit Hiskias)	Prophezeiung des Exils als Strafe für den Ungehorsam gegen Gott	Die Notwendigkeit, vom schlechten Handeln abzulassen
626–587	JEREMIA	Jeremia; die Könige Josia, Jojakim und Zedekia	Babylonischer Einmarsch; Verbannung Judas; wertlose Verträge mit Ägypten	Gottes Heiligkeit, seine Sanftmut und Liebe
620	ZEPHANJA	(Zur Zeit der Reformen Josias)	Nach Buße wird Segen versprochen	Notwendigkeit, ein einwandfreies Leben zu führen
620	NAHUM		Botschaft gegen Ninive, das 612 an die Assyrer fällt	Anklage von umbarmherziger Militärmacht
605	HABAKUK		Frage nach Gottes Gerechtigkeit, da Ungläubige Gottes Volk geschlagen haben	Die Notwendigkeit eines beständigen Glaubens, auch wenn er nichts einzubringen scheint
Ab 605	DANIEL	Daniel, seine Freunde; Nebukadnezar, Belsazar	Leben im babylonischen Exil; eine Reihe Prophezeiungen über zukünftige Völker	Standhafter Glaube trotz Verfolgung; Gott als Herr der Geschichte
593–575	HESEKIEL		Prophezeiung eines anderen Exils von Babylon aus; Visionen eines jüdischen Staates und des vollkommenen Gottesdienstes in einem neuen Tempel	Gott ist allmächtig
580	OBADJA		Gottes Gericht über Edom	
538–430	ESRA NEHEMIA	Esra, Nehemia	Gruppen von Verbannten kehren nach Juda zurück; Wiederaufbau Jerusalems und des Tempels	Gottes Volk im Kampf gegen große Uneinigkeit
520	HAGGAI SACHARJA		Ermunterung an die Heimkehrer, den Bau des Tempels zu vollenden	Mangel an geistlichem Leben verhindert ein Wachstum des Volkes; Visionen der Herrlichkeit Gottes
465	ESTHER	Esther, König Ahasveros, Mardochai	Leben während des Persischen Reiches	Eine Geschichte, die zeigt, daß Gott die Ereignisse bestimmt

Abriß der alttestamentlichen Geschichte
In chronologischer Reihenfolge der Hauptereignisse

ANNÄHERNDE DATEN DER HAUPTEREIG-NISSE (V.CHR.) – nicht der Entstehung der Bücher	BIBL. BUCH	HAUPTPERSONEN	HAUPTEREIGNISSE /-THEMEN	WICHTIGSTE LEHREN UND AUSSAGEN
460	MALEACHI		Moral in Jerusalem auf dem Tiefstand; Aufforderung zum Glauben; Blick auf den Tag des Herrn	Aufruf zu Glauben und Treue
	JOEL		Heuschreckenplage symbolisiert das Gericht Gottes	Blick auf das Ende der Zeiten
	SPRÜCHE		Weisheit für den Alltag	Praktische Hinweise für ein gotterfülltes Leben
	PREDIGER		Ein humanistisches Lebensbild	Sinnlosigkeit eines Lebens ohne Gott
	HOHELIED		Ein Liebesgedicht	Die Schönheit der menschlichen Liebe
	PSALTER		Gottes vergangene Taten, sein Wesen; menschliche Sehnsüchte	Hilfen für Gebet und Gottesdienst
	HIOB		Ein treuer Jude läßt sich nicht von einer falschen Theologie irre machen	Ein leidender Mensch, der trotz seiner bohrenden Fragen am Glauben festhält

Das Alte Testament beschreibt eine altertümliche Lebensweise, doch die Botschaft von Gottes Fürsorge ist zeitlos.

Zukunftsvisionen

Von 200 v.Chr. an wurde den Juden das Leben von griechischen und römischen Eindringlingen schwer gemacht. Sie litten besonders unter Antiochus Epiphanes. Außerdem schwieg Gott – zwei Jahrhunderte lang gab es keine Propheten, die dem Volk Gottes Wort brachten. Doch die Hoffnung war nicht völlig erloschen.

Apokalyptische Schriften

In dieser Zeit entstand ein neues Schrifttum, das als »apokalyptisch« bezeichnet wird. Das griechische Wort bedeutet »Offenbarung«, »Enthüllung«. Fast zwanzig bekannte Dokumente fallen unter diese Bezeichnung. Diese Bücher sehen die Gegenwart pessimistisch, künden aber den Tag an, an dem Gott auf aufsehenerregende Weise über die Feinde Israels siegen wird.

Diese Schriften sind durch ihre fremde Symbolik dem modernen Leser oft unverständlich. Die in ihnen enthaltenen Visionen erinnern an Träume und Alpträume.

Daß sie sich selbst als echte prophetische Visionen ausgeben, kann nicht bestritten werden; doch die meisten Gelehrten halten sie für »fromme Dichtung«. Die überspanntesten dieser Bücher wurden nicht als wirkliche Gottesbotschaften angesehen und daher auch nicht in die Bibel aufgenommen. Oft sind sie unter einem Decknamen geschrieben worden, und die Autoren geben vor, große Männer aus Israels Vergangenheit zu sein – etwa Henoch oder Mose – und versuchen, in die Zukunft zu schauen.

Die Apokalyptiker sind sich einig, daß die Welt schlecht und verdorben ist, und so blicken sie mit großer Freude auf ein neues Zeitalter, das Gott selbst ange-

kündigt hat. Dies half den Menschen der damaligen Zeit, sich mit ihrem Leid abzufinden und den Glauben an Gott zu bewahren, der schließlich über das Böse triumphieren würde.

Einige Bücher der Bibel gehören dieser literarischen Gattung an, zum Beispiel Teile aus Jesaja und Hesekiel sowie die Bücher Daniel und Offenbarung. Doch der Ton der biblischen Schriften unterscheidet sich völlig von den meisten apokalyptischen Schriften.

Das Buch Hesekiel

Dieses Prophetenbuch ist in klare Abschnitte gegliedert, und die Hauptvisionen und -prophezeiungen sind sorgfältig datiert. Obwohl es vor der Zeit der apokalyptischen Schriften geschrieben

traten, waren die Leute bereit, ihm zuzuhören. Er betonte die Verantwortlichkeit jedes einzelnen für seine Sünden, wie es auch sein Zeitgenosse Jeremia tat.

Seine weitreichenden Visionen sahen eine Zeit der Erneuerung und einer neuen Lebensordnung für die bußfertigen Verbannten voraus. Das tote Israel würde durch Gottes Geist zum Leben erweckt werden (Kapitel 37).

Daniel

Daniel in der Löwengrube ist wesentlich bekannter als Hesekiel, doch enthält dieses Buch nicht nur Erzählungen, sondern auch einige Zukunftsvisionen.

Daniel war, wie Hesekiel, im babylonischen Exil. Als fähiger junger Mann hatte er Vorrechte und Verantwortung am Hof Nebukadnezars. Viele Gelehrte widersprechen dem Anspruch des Buches, im sechsten Jahrhundert v.Chr. geschrieben worden zu sein, weil es Kenntnisse über Aufstieg und Fall der persischen, griechischen und römischen Weltreiche voraussetze. Sie verlegen es ins zweite Jahrhundert v.Chr. Doch dies bringt nur neue Probleme, denn zu dieser Zeit wurde das Buch bereits als heilige Schrift anerkannt.

Im Buch Daniel spielen Träume eine große Rolle. So deutet er nicht nur die Träume mehrerer Könige, sondern hat auch selbst Träume. Seine Visionen finden sich wieder in Jesu Lehren von der Endzeit und in der Offenbarung. Die Visionen von dem Standbild (Kapitel 2) und den vier wilden Tieren (Kapitel 7) sind von einigen auf die Zeit der Makkabäer, von anderen auf das Leben Jesu bezogen worden. Noch andere sehen in ihnen Visionen der Endzeit. Visionen und Symbole können ihrem Wesen nach auf verschiedene Situationen hin gedeutet werden.

wurde, gebraucht es fremde, symbolträchtige Bilder, und zwar schon im 1. Kapitel in großer Häufung. Hesekiel benutzt oft visuelle Hilfen, um seine Botschaft klarzumachen. Das Ende des Buches enthält einen detaillierten Bauplan des idealen Tempels und Anweisungen für den Gottesdienst darin.

Hesekiel redete während des Exils zu den Juden. Obwohl er selbst in Babylon war, sind viele Prophezeiungen an die Menschen in Jerusalem gerichtet. Doch er schaute auch weiter voraus. Er wollte die Juden auf ihre Rückkehr aus Babylon vorbereiten und predigte gegen Tyrus, Ägypten und andere Nahoststaaten.

Hesekiel sah sich selbst als Wächter (Kap. 33) mit der Aufgabe, das kommende Gottesgericht anzuzeigen. Es war eine undankbare Aufgabe, doch als seine ersten Prophezeiungen ein-

Zwischen den Testamenten

Der Aufstieg Griechenlands

336 v.Chr.

Obwohl Alexander der Große nur 13 Jahre lang König von Griechenland war, machte er in dieser kurzen Zeit Weltgeschichte und verbreitete das Griechentum über die ganze damals bekannte Welt. Er wurde zwanzigjährig König von Mazedonien, in dem gleichen Jahr, in dem Darius III. Kaiser von Persien wurde.

Angetrieben vom Ehrgeiz, die griechische Sprache und Kultur auch den Ländern jenseits der Grenzen zu bringen, zog er mit einem 40000-Mann-Heer durch Kleinasien. In Ägypten gründete er eine neue Stadt, die er, wie sechzehn andere, Alexandria nannte. Diese Städte wurden zu Hauptzentren des griechischen Einflusses in dem neuen Weltreich.

Alexander zwang das Persische Weltreich in die Knie; manchmal besiegte er Heere, die doppelt so groß waren wie sein eigenes. Von Ägypten aus zog er ostwärts und nahm Babylon, Susa und Persepolis ein. Doch als er schließlich den Indus

Dieser Ausschnitt aus einem Mosaik zeigt Alexander den Großen bei seinem Sieg über Darius und die Perser bei der Schlacht von Issus 333 v. Chr.

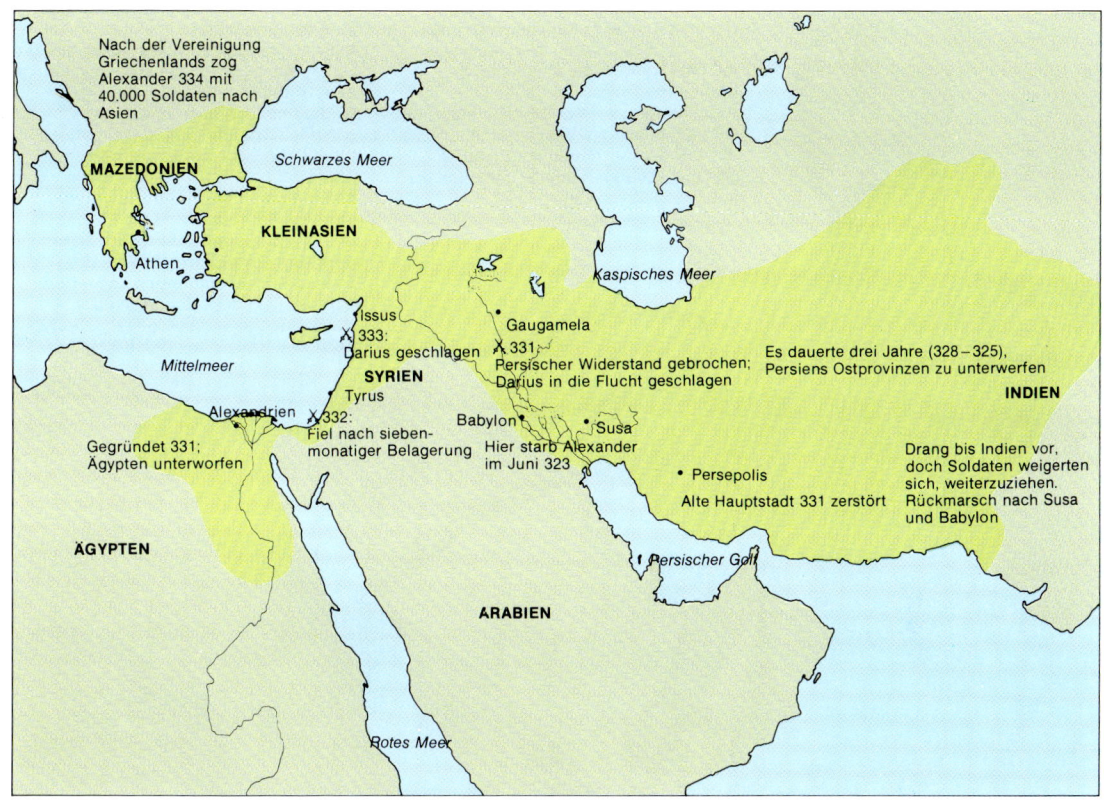

Nach der Vereinigung Griechenlands zog Alexander 334 mit 40.000 Soldaten nach Asien

MAZEDONIEN

Schwarzes Meer

KLEINASIEN

Athen

Issus
X 333:
Darius geschlagen

Mittelmeer

SYRIEN
Tyrus

Alexandrien
X 332:
Fiel nach sieben-
monatiger Belagerung

Gegründet 331;
Ägypten unterworfen

ÄGYPTEN

Kaspisches Meer

Gaugamela

X 331:
Persischer Widerstand gebrochen;
Darius in die Flucht geschlagen

Babylon
Hier starb Alexander
im Juni 323

• Susa

• Persepolis
Alte Hauptstadt 331 zerstört

Es dauerte drei Jahre (328–325),
Persiens Ostprovinzen zu unterwerfen

INDIEN

Drang bis Indien vor,
doch Soldaten weigerten
sich, weiterzuziehen.
Rückmarsch nach Susa
und Babylon

Persischer Golf

ARABIEN

Rotes Meer

Das griechische Weltreich

323 v.Chr.

und die Vorläufer des Himalaya erreicht hatte, hatte sein Heer genug von den Kämpfen und wollte heimkehren. Alexander starb auf dem Heimzug in Babylon.

Nach seinem Tod wurde Alexanders Weltreich unter vier seiner Hauptleute aufgeteilt. Einer von ihnen, Seleukus, erhielt Mesopotamien, Kleinasien und Syrien. Er machte Antiochien in Syrien zur Hauptstadt. Seine Nachkommen wurden Seleukiden genannt. Ein anderer Hauptmann, Ptolemäus wurde Herrscher über Ägypten und begründete die Dynastie der Ptolemäer.

Juda unter den Ptolemäern

Das Land der Juden lag zwischen diesen beiden Königreichen, und die Seleukiden und Ptolemäer kämpften um die Herrschaft über Juda. Von 323 bis 198 v.Chr. wurde es von den Ptolemäern regiert. Während dieser Zeit übernahmen die Menschen in Palästina die griechischen Sitten, und auch die griechische Sprache wurde gebräuchlich. Doch mischten die Ptolemäer sich nicht in die jüdische Lebensweise ein und ließen die Juden ihre Religion weiter ausüben.

Dann, 198 v.Chr., gewann der Seleukidenherrscher Antiochus III. bei Paneas, dem späteren Cäsarea Philippi, eine entscheidende Schlacht über das ägyptische Heer. Nun befand sich ganz Palästina in der Hand der Seleukiden, und eine schwere Zeit lag vor den Juden.

Die griechische Kultur war reich und vielfältig. Besonderen Wert legte man auf zwei Künste: die Musik und den Sport.
Abbildungen von Musikern befinden sich auf dem bemalten Wassergefäß (unten) und auf der Innenseite der Schale (gegenüber rechts). Beide Gefäße stammen aus dem 5. Jh. v. Chr.

Eine der beliebtesten Wettkampfsportarten war das Diskuswerfen (unten links). Das religiöse Leben der Griechen kreiste hauptsächlich um die Verehrung der Götter und Göttinnen des Olymps, zu denen auch Artemis (ganz links) gehörte. Einer der berühmtesten griechischen Philosophen war Aristoteles (gegenüber, unten rechts). Er systematisierte das griechische Wissen und die Philosophie und führte ein neues Prinzip als Grundlage wissenschaftlichen Arbeitens ein: Er sammelte Beobachtungen und leitete daraus allgemeine Schlüsse ab.
Die Statue (gegenüber, ganz rechts) zeigt eine trauernde griechische Frau.

Juda unter den Griechen

175–163 v.Chr.

Unter Antiochus III. lebten die Juden in Frieden: Doch das änderte sich unter seinem Sohn Antiochus IV. »Epiphanes« (= »Gott ist geoffenbart«). Er verlangte, daß alle Untertanen ihn als Gott anbeteten, und er war entschlossen, in allen Völkern, die ihm untertan waren, die griechische Lebensart einzuführen, ob sie es wollten oder nicht.

In Jerusalem wurde ein Gymnasium, eine Sportbildungsstätte im griechischen Stil, errichtet, wohin die jüdischen jungen Männer in der typischen Kleidung der griechischen Jugend gingen. Es gab Priester, die von den Sportwettkämpfen so begeistert waren, daß sie ihre Opferaltäre verließen, um beim Diskuswerfen zuzuschauen.

Doch viele Juden bekämpften diese Entwicklung. Die Sportler kämpften nackt, und das verstieß gegen das jüdische Gesetz. Gott hatte die Absonderung von heidnischen Gebräuchen gefordert, und die gesetzestreuen Juden befürchteten, daß die Jugend vom Glauben abgebracht wurde. So kam es zum Bruch zwischen Juden, die den griechischen Einfluß begrüßten, und denen, die ihre Tradition vorzogen.

Doch es kamen noch größere Probleme. 171 v.Chr. schokkierte Antiochus IV. die strenggläubigen Juden, indem er den Titel des Hohenpriesters an den Meistbietenden versteigerte. Dies war Menelaus, der Antiochus' Plan unterstützte, die jüdische Religion zu vernichten und durch den griechischen Lebensstil zu ersetzen. Um dem Judentum den Todesstoß zu versetzen, erließ Antiochus 167 v.Chr. ein Dekret, das die jüdische Religion verbot. Jeder, der im Tempel opferte, nach den jüdischen Gesetzen lebte oder eine Abschrift der Schriften besaß, wurde zum Tode verurteilt.

Antiochus baute im Tempel von Jerusalem für Zeus, den höchsten griechischen Gott, einen Altar. Die Juden mußten ihren Gehorsam als Untertanen dadurch zeigen, daß sie Zeus dort oder an einem der vielen örtlichen Altäre, die überall in Judäa errichtet waren, Opfer brachten. Viele treue Juden wollten jedoch lieber sterben, als ihr Gesetz brechen, indem sie falschen Göttern dienten.

Der Makkabäeraufstand

In Modein, nordwestlich von Jerusalem, lebte der alte Priester Mattathias mit seinen Söhnen. Als ein Beamter des Antiochus dort einen Altar errichtete und den Dörflern befahl, Zeus zu opfern, weigerte sich Mattathias. Als ein anderer Jude vortrat, um zu opfern, zog Mattathias sein Schwert und tötete ihn und den königlichen Beamten. Sich der Menge zuwendend, rief er: »Wer das Gesetz liebt und am Bund festhält, soll mir folgen!« Dann floh er mit seinen Söhnen und anderen Bundesgenossen in die Berge. So begannen 167 v.Chr. die Makkabäischen Kriege.

Der bekannteste Sohn des Mattathias war Judas, der sechs Jahre lang den jüdischen Aufstand gegen die griechischen Un-

terdrücker führte. Vom Hügelland aus führte er Überra-
schungsangriffe gegen Antiochus' syrisches Heer. Antiochus
setzte sogar Elefanten im Kampf ein, doch sie waren viel zu
schwerfällig und konnten gegen die judäischen Freiheitskämpfer, die sich im Hügelland gut auskannten, nichts ausrichten.
Judas war so erfolgreich, daß er den Namen »Makkabäus« erhielt, nach dem hebräischen Wort für »Hammer«, und seine
Familie wurde als »die Makkabäer« bekannt.

Nach drei Jahren Kampf gegen die syrischen Heere zerstörte
Judas 164 v.Chr. den Zeusaltar im Jerusalemer Tempel. Wieder
konnten die Juden ihrem Gott opfern. Seit dieser Zeit feiern
die Juden dieses Ereignis beim Hanukkafest, dem Tempelweihfest.

Antiochus starb 163 v.Chr.; doch trotz der Siege Judas' blieb
Judäa unter seleukidischer Herrschaft. Judas und seine Anhänger wollten sich aus dem Griff ihrer heidnischen Feinde
befreien und kämpften weiter, um dieses Ziel zu erreichen. Judas wurde 161 v.Chr. in einer Schlacht getötet, doch seine Brüder Simon und Jonathan führten den Kampf fort. Schließlich
erreichte Simon 142 v.Chr. unter König Demetrius II. einen
Vertrag, der den Juden politische Unabhängigkeit garantierte.

Zum ersten Mal seit der Verbannung wurden die Juden von
eigenen Führern regiert. Simon und seine Nachfahren waren
sowohl politische als auch religiöse Führer, die das Amt des
Herrschers (oder Königs) und Hohepriesters innehatten.

Achtzig Jahre lang war Judäa unabhängig, doch es gab selten Ruhe. Einige Könige waren grausam und machthungrig,
und es gab mehrere Bürgerkriege. Die Makkabäer hatten politische und religiöse Freiheit erkämpft, doch die Juden, die
nach ihnen kamen, konnten diese Freiheit nicht nutzen. Als
schließlich 63 v.Chr. die Römer kamen, war es mit der Freiheit
endgültig vorbei. Bis 1948, als der neue Staat Israel gegründet
wurde, hatten die Juden nie mehr eine eigene Regierung.

**Dieser einsame Panzer auf den Golan-
höhen erinnert daran, daß es auch
heute nur selten Frieden in Israel gibt.**

Die Eroberung Galiläas

Seit ihrer Rückkehr aus dem babylonischen Exil hatten die Juden nur in einem kleinen Gebiet um Jerusalem gewohnt. Während der Herrschaft der Seleukiden hatten die meisten Regionen im Norden von Judäa die griechischen Sitten und die griechische Sprache übernommen. Eine dieser Regionen war Galiläa.

Aristobul: 104–103 v.Chr.

Doch nachdem die Makkabäer Judäa befreit hatten, brannten einige der nachfolgenden Könige darauf, ihre Gebiete auszuweiten. Aristobul I., der nur ein Jahr regierte, schaffte es, Galiläa zu erobern. Die nichtjüdischen Einwohner mußten sich dem jüdischen Gesetz unterwerfen, und zur Zeit Jesu, 130 Jahre später, war Galiläa jüdisches Gebiet.

Jannäus: 103–76 v.Chr.

Aristobul folgte Alexander Jannäus als König. Ihm gelangen weitere Eroberungen, und das Königreich Judäa wurde fast so groß wie das von König Salomo regierte Israel.

Der römische Einfluß

Nach achtzig Jahren eigener Herrschaft kamen die Juden erneut unter eine fremde Macht – die Römer. 63 v.Chr. unterwarf der römische General Pompejus Syrien und machte es zu einer Provinz Roms. Als ihn zwei rivalisierende Bewerber um den jüdischen Thron um Hilfe baten, legte er diesen Streit bei, in-

Das Römische Weltreich

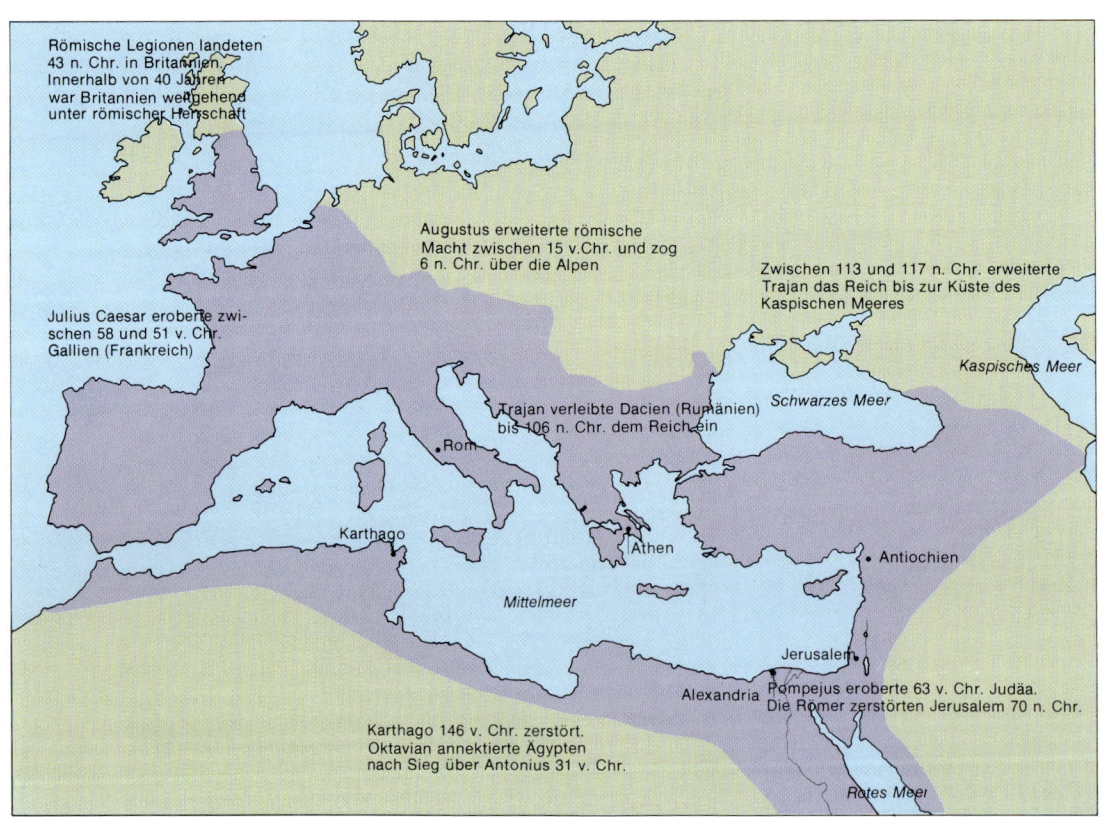

Römische Legionen landeten 43 n. Chr. in Britannien. Innerhalb von 40 Jahren war Britannien weitgehend unter römischer Herrschaft

Augustus erweiterte römische Macht zwischen 15 v.Chr. und zog 6 n. Chr. über die Alpen

Zwischen 113 und 117 n. Chr. erweiterte Trajan das Reich bis zur Küste des Kaspischen Meeres

Julius Caesar eroberte zwischen 58 und 51 v. Chr. Gallien (Frankreich)

Kaspisches Meer

Trajan verleibte Dacien (Rumänien) bis 106 n. Chr. dem Reich ein

Schwarzes Meer

Rom

Karthago

Athen

Antiochien

Mittelmeer

Jerusalem

Alexandria

Pompejus eroberte 63 v. Chr. Judäa. Die Römer zerstörten Jerusalem 70 n. Chr.

Karthago 146 v. Chr. zerstört. Oktavian annektierte Ägypten nach Sieg über Antonius 31 v. Chr.

Rotes Meer

Ostia lag an der Mündung des Tiber und war der alte Hafen Roms. Gegründet im 7. Jh. v. Chr., erreichte die Stadt ihre größte Blüte im 2. Jh. n. Chr.

dem er Judäa für Rom beschlagnahmte. Er zog nach Jerusalem und sorgte dafür, daß die Juden nur noch von Männern regiert wurden, die die Billigung Roms hatten.

Die Stadt Rom lag Hunderte von Kilometern von Palästina entfernt. Um 753 v.Chr. gegründet, wurde sie ursprünglich von Königen regiert, später vom Senat, der aus mehreren hundert Mitgliedern zumeist aus reichen Familien bestand. Zwei Konsule, die den Posten für ein Jahr innehatten, leiteten den Senat. 250 v.Chr. herrschte Rom über ganz Italien und begann, die Mittelmeerländer zu erobern. Doch um die Gebiete zu regieren und zu kontrollieren, benötigte Rom immer größere Heere. Dadurch wurden die Generale immer mächtiger, so daß sie schließlich sogar auf Rom marschierten und die Regierung stürzten.

Im ersten Jahrhundert v.Chr. gab es viele Bürgerkriege und politische Unsicherheit. Julius Cäsar, Pompejus und Mark Anton kämpften um die Macht. Schließlich konnte Oktavian, Ju-

Die jüdische »Zerstreuung«

Seit der Verschleppung nach Babylon lebten viele Juden außerhalb Palästinas. Viele blieben in Babylon, obwohl Cyrus sie ermutigte, nach Juda zurück-

zukehren. Auch in Ägypten lebten schon Juden.

Später siedelten sich Juden in vielen Städten am Mittelmeer an. Sie wurden die »Verstreuten« genannt. Zur Zeit Jesu lebten mehr Juden außerhalb Palästinas als innerhalb. Paulus besuchte auf seinen Mis-

sionsreisen oft jüdische Gemeinden.

Heute sind viele Juden nach Israel zurückgekehrt. Doch immer noch gibt es mehr Juden in anderen Ländern, zumeist in Europa und Nordamerika, als in Israel.

lius Cäsars Adoptivsohn, seine Rivalen besiegen und die Unterstützung des Römischen Volkes gewinnen. 27 v.Chr. erhielt er den Namen Augustus und wurde zum Kaiser von Rom und seinen Provinzen ausgerufen.

Augustus war ein guter Herrscher und als Friedensbringer beliebt. Er ordnete die Verwaltung der Provinzen neu. Zwar überließ er dem Senat die Berufung der Gouverneure der alten, stabilen Provinzen wie Sizilien; doch die neuen Provinzen, wo die Gefahr von Aufständen oder Angriffen von außerhalb noch größer war, wurden von Gouverneuren verwaltet, die der Kaiser persönlich auswählte. In diesen Provinzen sorgten römische Legionen für Ruhe und Ordnung.

Augustus regierte bis zu seinem Tod 14 n.Chr. Ihm folgte sein Stiefsohn Tiberius, der bis 37 n.Chr. regierte. Das Leben Jesu fiel in die Regierungszeit dieser beiden Kaiser.

Lukas 2,1; 3,1

Die Juden und Rom

Obwohl Palästina seit 63 v.Chr. unter römischer Herrschaft war, hatten die Juden begrenzte Selbstverwaltung unter eigenen Königen. Der bekannteste war Herodes der Große, der Judäa, Samarien und Galiläa regierte. Durch Intrigen hatte er die Unterstützung einflußreicher Römer gewonnen, und er war ein persönlicher Freund von Augustus.

Viele Juden haßten Herodes, weil er nur Halbjude war. Seine Vorfahren waren Edomiter. Er versuchte, sich beliebt zu machen, indem er den Tempel in Jerusalem wiederaufbaute und ihn größer und schöner als jemals zuvor machte. Er sicherte außerdem den Juden in der Diaspora das Recht zu, zum Tempelschatz in Jerusalem beizusteuern, und erwirkte die Freistellung vom Militärdienst im römischen Heer.

Doch zum Bauprogramm des Herodes gehörten auch Tempel zu Ehren von Augustus in Paneas (dem späteren Cäsarea Philippi), in Sebaste (dem früheren Samaria) und Cäsarea, einer prächtigen neuerbauten Stadt an der Küste. Das machte ihn bei den strenggläubigen Juden nicht gerade beliebter.

Oben: Ein römischer Standartenträger

Rechts: Römische Bäcker und Köche bereiten für die am Tisch sitzende Familie ein Essen.

Herodes ging grausam gegen Leute vor, die er als feindlich verdächtigte. So ließ er sogar Familienmitglieder töten, von denen er fürchtete, sie könnten den Thron an sich reißen. Das veranlaßte Augustus zu der Bemerkung, es sei sicherer, eins von Herodes' Schweinen zu sein, als einer seiner Söhne!

Als Herodes 4 v.Chr. starb, wurde das Königreich unter drei seiner Söhne aufgeteilt. Archelaus erhielt Judäa, Idumäa und Samaria, Herodes Antipas wurde Vierfürst über Galiläa und Peräa und Herodes Philippus Vierfürst über Gaulanitis, Ituräa und Trachonitis.

Bald kam es zu Aufständen von Juden in Judäa, Peräa und Galiläa, die hofften, die römische Oberherrschaft abschütteln zu können. Varus, Gouverneur der Provinz Syrien, schlug die Rebellion mit drei Legionen nieder, und zweitausend jüdische Rebellen wurden gekreuzigt.

6 n.Chr. setzte Augustus Archelaus ab und machte sein Gebiet zur Provinz Judäa, deren Gouverneur dem Kaiser verantwortlich war. Um zu entscheiden, wieviel Steuern an Rom zu zahlen waren, wurde eine Volkszählung durchgeführt. Obwohl die neuen Steuern nur von den Bewohnern Judäas gezahlt werden mußten, entstand in Galiläa eine neue Revolutionsbewegung. Wieder wurde der Aufstand niedergeschlagen, und seine Führer, Judas und Zadok, wurden getötet. Doch viele Juden hofften weiter, daß sie irgendwann einmal die fremden Herrscher besiegen und Freiheit erlangen würden.

Sie waren verbittert, daß sie Steuern an Rom zahlen mußten, und haßten es, daß einige Gouverneure ihre religiösen Gefühle mißachteten. So schickte Pontius Pilatus, der Gouverneur von Judäa, Truppen nach Jerusalem, die Standarten mit dem Bild des Kaisers trugen, obwohl das jüdische Gesetz solche Bilder verbot. Später verwandte er Tempelgelder, um die Wasserversorgung in Jerusalem zu verbessern. Die dadurch verursachten Aufstände schlug er mit Gewalt nieder. Schließlich ermordete er einige Samariter, die zu einer Messiasbewegung gehörten. Dafür wurde er vom Gouverneur von Syrien auf Anweisung des Kaisers Tiberius aus seinem Amt entlassen.

Rechts: Ein siegreicher römischer Wagenlenker

Unten: Dieser Ausschnitt aus der Trajan-Säule in Rom zeigt Soldaten beim Bau einer Festung.

Aus diesen Unruhen ging auch die Zelotenbewegung hervor. Manchmal steigerten sich die anti-römischen Gefühle bis hin zur offenen Rebellion. Die Jahre 41–44 n.Chr. brachten eine kurze Unterbrechung der direkten römischen Herrschaft, nachdem der neue Kaiser Claudius Herodes Agrippa I., den Enkel Herodes' des Großen, zum König des gesamten Gebietes gemacht hatte. Doch nach Claudius' Tod wurden wieder römische Verwalter eingesetzt – diesmal sowohl über Galiläa als auch über Judäa und Samarien. Die Ereignisse spitzten sich zu. Die Zeloten wurden mehr und mehr unterstützt. Diese zogen herum mit Dolchen unter den Mänteln und töteten die Juden, die sie verdächtigten, entweder römerfreundlich zu sein oder die jüdische Tradition abzulehnen.

Die Vernichtung der Juden

Im Jahr 66 n.Chr. forderte der letzte Prokurator, Gessius Florus, große Summen aus dem Tempelschatz. Dies führte zu anti-römischen Demonstrationen, und die täglichen Opfer im Tempel im Namen des Kaisers wurden eingestellt. Das war offene Rebellion, unterstützt von Menschen aus Judäa, Idumäa, Galiläa und Peräa.

Aus Syrien marschierten römische Legionen ein, die Nordjerusalem besetzten, aber das Tempelgebiet nicht einnehmen konnten. Kaiser Nero beauftragte Vespasian, einen Feldzug gegen die jüdischen Rebellen zu organisieren. Mit sechzigtausend Soldaten gewann er das gesamte Gebiet bis auf Jerusalem und einige Festungen am Toten Meer zurück. Vespasians Angriff auf Jerusalem verzögerte sich, da Schwierigkeiten in Rom zum Ende der Regierung Neros geführt hatten. Von 68–69 kämpften drei Männer um die Macht, von denen jeder kurze Zeit als Kaiser regierte, um von seinem Nachfolger vertrieben zu werden. Der vierte war Vespasian selbst, der von 69–79 n. Chr. regierte und dessen Sohn Titus die Belagerung Jerusalems vollendete.

Die jüdische Kampfkraft war durch Streitigkeiten untereinander sehr geschwächt, so daß sie kaum Hoffnung hatten, gegen die Legionen des Titus zu bestehen. Ihre Führer, Johannes von Gischala und Simon bar Giora, kämpften tapfer, so daß die Römer vier Monate brauchten, das Tempelgebiet einzunehmen. Am 10. August 70 wurde der Tempel durch ein Feuer zerstört, und einen Monat später fiel die obere Stadt an die Römer.

Doch erst 73 n. Chr., nach dem berühmten Kampf der Zeloten bei Masada, war der jüdische Widerstand endgültig gebrochen. Diese Niederlage war das Ende des jüdischen Staates. Der Sanhedrin und das Hohepriestertum wurden abgeschafft und der Tempelgottesdienst eingestellt. Doch das Judentum überlebte dank der Energie der pharisäischen Schriftgelehrten oder Rabbis, die das Gesetz auch weiterhin auslegten und auf die neue Situation ihres Volkes anwandten.

Rechts: Ein römischer Legionär

Unten: Eine heutige Eroberungsmacht – Russische Panzer in Prag, Tschechoslowakei

DIE GEBURT DES CHRISTENTUMS

Die Juden waren 500 Jahre lang nur selten ihre eigenen Herren in Israel. Nachdem Cyrus von Persien sie aus der babylonischen Gefangenschaft entlassen hatte, wurden sie erst von den Griechen und dann von den Römern beherrscht. Das Volk litt unter der Last der Abgaben an die fremde Macht und unter dem Zwang, die fremde Kultur übernehmen zu müssen. Etwa 200 Jahre vor Christus kam die Hoffnung auf einen Messias auf, der sie von den Unterdrückern befreien sollte. Doch als Jesus geboren war, wurde er nicht als der Befreier erkannt, als den er sich später selbst bezeichnete. Er wurde als Gotteslästerer gekreuzigt, weil er behauptete, Menschen von einer viel schlimmeren Knechtschaft, der Sünde, befreien zu können. Doch in diesem Ereignis wurzelt der christliche Glaube und der Anspruch, daß Jesus, obwohl er gekreuzigt wurde, noch heute lebt.

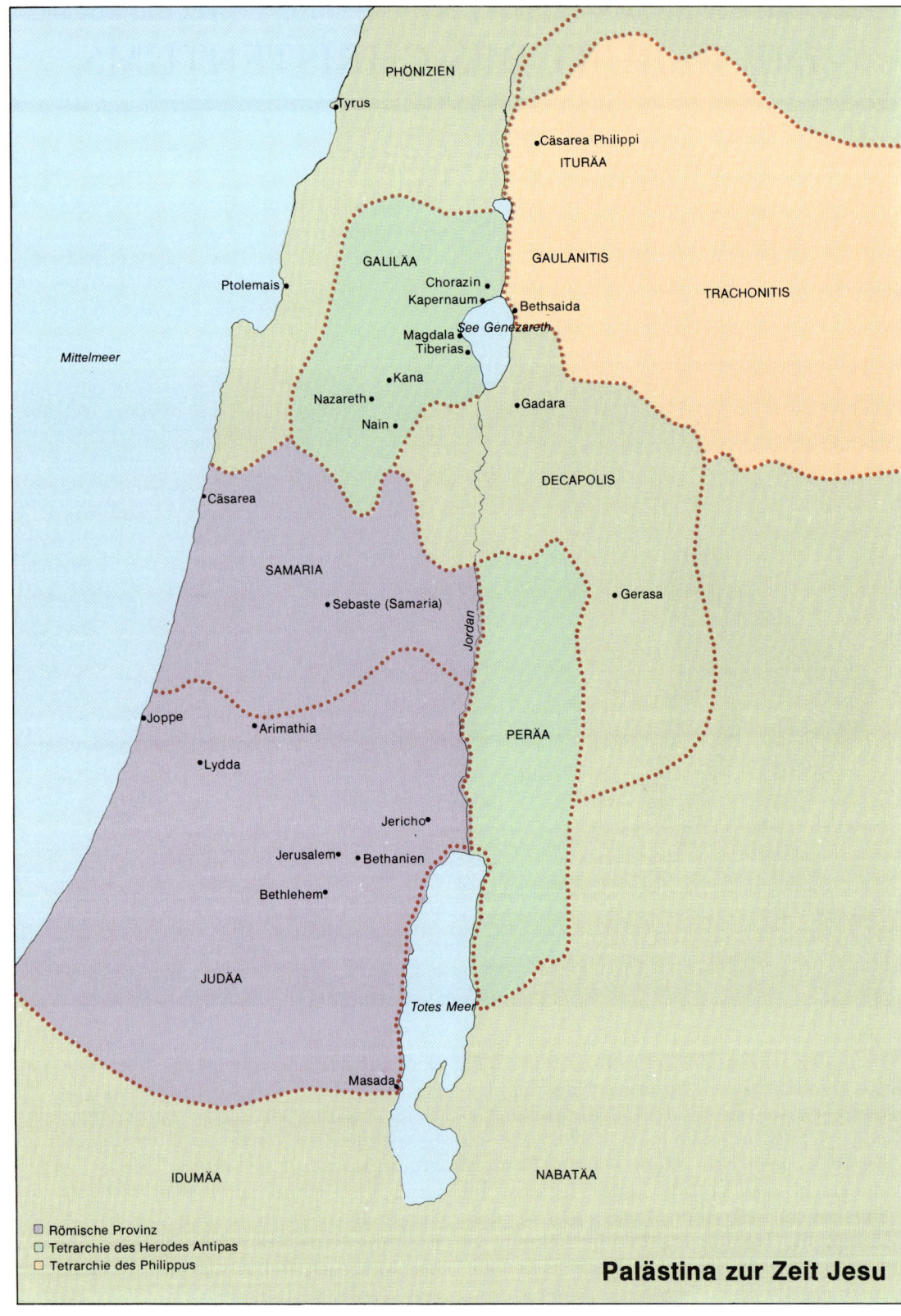

PHÖNIZIEN

Tyrus

Cäsarea Philippi

ITURÄA

GALILÄA

GAULANITIS

TRACHONITIS

Ptolemais

Chorazin

Kapernaum

Bethsaida

See Genezareth

Magdala

Tiberias

Mittelmeer

Kana

Nazareth

Gadara

Nain

DECAPOLIS

Cäsarea

SAMARIA

Gerasa

Sebaste (Samaria)

Jordan

Joppe

Arimathia

Lydda

PERÄA

Jericho

Jerusalem

Bethanien

Bethlehem

JUDÄA

Totes Meer

Masada

IDUMÄA

NABATÄA

☐ Römische Provinz
☐ Tetrarchie des Herodes Antipas
☐ Tetrarchie des Philippus

Palästina zur Zeit Jesu

Jesus und seine Welt

Die Geburt Jesu Nazareth war zur Zeit des Kaisers Augustus eine unbedeutende kleine Stadt in Galiläa. Sie war nicht der Ort, an dem man einen jungen Mann erwartet hätte, der Jahrhunderte später von Millionen von Menschen angebetet werden sollte. Doch Nazareth war die Heimat von Josef und Maria, die von Gott die Botschaft bekamen, daß Maria die Mutter des von den Juden langersehnten Retters – des Messias – sein würde.

Lukas 2,1 Während sie auf die Geburt warteten, ordnete Augustus eine Volkszählung an. Solche Zählungen fanden wahrscheinlich alle vierzehn Jahre statt, damit die Regierung ausrechnen konnte, wieviel Steuern zu erwarten waren. Für diese Zählung mußte Josef in die Heimat seiner Familie reisen. So wanderte er mit Maria nach Bethlehem, 135 km südlich. Bethlehem war von Menschen überfüllt, die zur Zählung gekommen waren, und so mußten Josef und Maria mit einer Höhle oder einem Schuppen

Lukas 2,7 hinter einem Gasthaus vorlieb nehmen. Während sie dort waren, bekam Maria einen Sohn. Sie nannte das Kind Jesus, »Gott rettet«.

Die meisten Menschen nahmen keine Notiz von dieser Ge-

Matthäus 1,21 burt. Allerdings besuchten »Weise« aus dem Osten Jesus in Bethlehem. Es waren höchstwahrscheinlich Astrologen aus Persien, die die Sterne beobachteten und glaubten, daß ungewöhnliche Zeichen am Himmel Anzeichen für wichtige Ereignisse auf der Erde seien. Der »Stern«, den sie sahen, war möglicherweise das Zusammentreffen der Planeten Jupiter und Saturn im Sternbild der Fische. Nach altem Denken war Jupiter der königliche Stern, der für den Herrscher über Götter und Menschen stand, und Saturn war der Stern Israels. So ist es kein Wunder, daß die Astrologen in Jerusalem nach einem neuen Herrscher suchten. Dieses Zusammenkommen von Jupiter und Saturn fand im Jahr 7 v.Chr. statt.

Nach einer anderen Theorie war dieser Stern eine »Nova«, das kurze, aber blendende Aufleuchten eines explodierenden Sterns. Chinesischen Berichten zufolge erschien eine Nova im Jahr 5 v.Chr. am östlichen Himmel. Das tatsächliche Geburtsjahr Jesu ist unklar. Ein Mönch, der unter Papst Gregor im neunten Jahrhundert den heutigen Kalender entwarf, hat sich geirrt. Jesu Geburt fand wahrscheinlich im Jahr 4 oder 5 v.Chr. statt und nicht im Jahr 1 n.Chr., wie der Mönch errechnete.

In Jerusalem erfuhren die Astrologen, daß der von Gott versprochene Messias in Bethlehem, 10 km südlich von Jerusalem, geboren werden sollte. Dort fanden sie Jesus und brachten ihm ihre Geschenke. Doch Herodes, immer in Angst, daß irgend jemand versuchen würde, ihm den Thron zu entreißen, beschloß, den möglichen Rivalen auszuschalten. Er befahl, alle Jungen in Bethlehem, die unter zwei Jahre alt waren, zu töten. Josef und Maria waren jedoch bereits mit Jesus nach Ägypten geflohen, das weit genug außerhalb des Hoheitsgebietes des Herodes lag.

Matthäus 2,19–23

Als Herodes der Große 4 v.Chr. starb, wurde das Königreich unter seinen Söhnen aufgeteilt. Josef brachte jetzt seine Familie zurück nach Palästina. Da er jedoch wußte, daß Archelaus, der neue Herrscher in Judäa, genauso grausam war wie sein Vater, beschloß er, Judäa zu meiden, und kehrte nordwärts nach Nazareth zurück. Allerdings wurde Archelaus schon 6 n.Chr. von Augustus abgesetzt und Judäa zur römischen Provinz erklärt. Sie unterstand einem römischen Präfekten.

Jesus in Nazareth

Ein typisches Haus in Palästina im 1. Jh. n. Chr. Das Vieh ist im Untergeschoß untergebracht, wo sich auch Küche und Werkstätten befinden. Die Familie wohnt im Obergeschoß und benutzt das Dach als zusätzlichen Raum.

Nazareth, wo Jesus aufwuchs, lag in den Hügeln von Galiläa. Im Süden erstreckte sich die fruchtbare Ebene Jesreel mit dem Haupthandelsweg von Mesopotamien zur Mittelmeerküste und dann weiter nach Ägypten.

In der Nähe befanden sich auch die Straßen, die zu den Hä-

Ein Kind hütet das Vieh der Familie an der Tränke bei einem Bauernhaus in der Nähe des Ölbergs.

fen Cäsarea und Ptolemais sowie in die Deapolis im östlichen Teil des Jordantals führten. Diese Straßen wurden auch von römischen Soldaten benutzt, die ständig daran erinnerten, daß Palästina von einer fremden Macht besetzt war. Einige Kilometer weiter im Osten befand sich der See Genezareth mit seinen vielen blühenden Fischerorten.

Sicherlich hat Josef zu Hause im Familienkreis die Geschichte des Volkes Israel erzählt und von Gottes Liebe und Treue berichtet. Am Sabbat ging man zum Gottesdienst in die Synagoge, betete und hörte zu, wenn die heiligen Schriften gelesen und ausgelegt wurden.

Die Synagoge war nicht nur gottesdienstlicher Versammlungsraum, sondern auch Schule, in die Jesus von fünf bis dreizehn Jahren mit seinen Freunden ging, um dort zu lernen, die Schrift zu lesen und zu studieren. Dort lernte er auch Hebräisch, denn die Umgangssprache war Aramäisch.

Da Josef Zimmermann war, lernte auch Jesus diesen Beruf. Josef scheint gestorben zu sein, bevor Jesus zwanzig Jahre alt war, und so mußte Jesus hart arbeiten, um die Familie zu versorgen. Doch er wußte, daß Gott ihm eine ganz andere Aufgabe zugedacht hatte. Schon im Alter von zwölf Jahren erklärte er seinen Eltern, daß er im Tempel zurückgeblieben sei, weil er im Hause seines Vaters sein wollte, wobei er mit »Vater« Gott und nicht Josef meinte.

Lukas 2,49

Jesus als Lehrer in Galiläa

Seit vielen Jahren hatten die Juden auf einen »Messias« gewartet, einen Boten Gottes, der das Volk in die Freiheit führen sollte. Unter »Freiheit« verstanden dabei die meisten Menschen Befreiung von der römischen Herrschaft. Endlich verkündete Johannes der Täufer (um 27 n.Chr.), daß der Messias unterwegs sei.

Viele Menschen kamen zum Jordan, um Johannes zu hören. Er rief die Leute auf, ihr altes, selbstsüchtiges Leben aufzugeben und sich auf den Messias vorzubereiten. Als Zeichen für ihre innere Umkehr ließen sie sich im Fluß taufen.

Matthäus 3,13–17   Auch Jesus kam, um sich taufen zu lassen. In diesem Augenblick verkündete eine Stimme, daß er der verheißene Messias sei, den Gott geschickt hatte, um die Menschen wieder zu Gott zu bringen.

Matthäus 4,1–11   Jesus zog sich anschließend für vierzig Tage in die Wüste nördlich des Toten Meeres zurück, um sich mit dem Problem der Form seiner zukünftigen Arbeit auseinanderzusetzen. Er stand in Versuchung, Menschen durch die Demonstration übernatürlicher Kräfte oder durch militärische Erfolge zu gewinnen. Doch er wußte, daß Gott für ihn einen anderen Weg bestimmt hatte. Was die Menschen brauchten, war nicht die Befreiung von den Römern, sondern die viel radikalere Befreiung aus dem Teufelskreis von Sünde und Tod. Sie brauchten

Westufer des Toten Meeres mit Blick nordwärts nach Qumran, wo die Schriftrollen vom Toten Meer gefunden wurden

Die Reisen Jesu

Eine der Jordanquellen in Cäsarea Philippi, dem heutigen Banias

Das Evangelium des Johannes berichtet, daß Jesus einige Male nach Jerusalem reiste. Auf der Rückreise von Jerusalem nach Galiläa kam er durch Samarien und unterhielt sich am Brunnen von Sychar mit einer Frau. Strenggläubige Juden verachteten die Samariter, weil sie keine reinen Juden waren, und vermieden es sogar, durch samarisches Gebiet zu reisen. Jesus zeigte hingegen durch sein Reden und Handeln, daß Gott alle Menschen gleich liebt; und viele Leute in Sychar nahmen ihn als den Messias an (Johannes 4).

Als der Widerstand gegen Jesus in Galiläa wuchs, zog er sich mit seinen Jüngern nach Tyrus und Sidon in Phönizien zurück. Während dieser Zeit besuchte er auch Cäsarea Philippi, 42 km nördlich von Kapernaum. Dort fragte er seine Jünger: »Für wen haltet ihr mich?« und Petrus antwortete: »Du bist der Messias« (Markus 8,29). Da Jesus nun wußte, daß seine Jünger verstanden, wer er war, erzählte er ihnen, was vor ihm lag. Er erklärte, daß er von den religiösen Führern festgenommen und getötet werden würde. Jedoch nach drei Tagen würde er vom Tode auferstehen (Markus 8,31).

einen neuen Anfang, eine neue Lebensart, eine Neuschöpfung des ganzen Menschen.

Matthäus 4,17 So begann Jesus, vom Reich Gottes zu predigen. Die Propheten des Alten Testaments hatten sich auf den Tag gefreut, an dem Gott machtvoll in die Geschichte eingreifen und seine Königsherrschaft errichten würde. Nun, sagte Jesus, sei die Zeit gekommen. Doch sie zeige sich nicht in militärischen Erfolgen, sondern in Heilungen und in der Vergebung, die Gott jedem

Lukas 4,18 Menschen anbiete, der sich bewußt sei, daß er sie brauche: »Er hat mich gesalbt zu verkündigen das Evangelium den Armen.« Jesus begann sein Werk in Judäa, doch er ging bald zurück nach Galiläa, wo ihm Menschen aus den Dörfern am See nachfolgten. Das Zentrum seines Wirkens war Kapernaum; daneben wird Magdala genannt, der Ort, aus dem Maria Magdalena

Markus 6,30−44 kam, Bethsaida Julias, wo Jesus 5000 Menschen mit fünf Broten und zwei Fischen satt machte, und Chorazin, dessen Einwohner Jesus nicht folgen wollten, obwohl sie seine Lehren hörten und Wunder sahen. Im Hügelland bei Nazareth befand

Lukas 7,11−17 sich das Dorf Nain, wo Jesus einen toten Jungen zum Leben
Johannes 2,1−11 erweckte, und Kana, wo er auf einer Hochzeit Wasser in Wein verwandelte.

Aus den Evangelien geht nicht die genaue Reihenfolge der Ereignisse im Wirken Jesu hervor, und seine Wege lassen sich nicht lückenlos verfolgen. Was das Neue Testament berichtet, das sind Beispiele für seine Lehren und seine Taten, seine

Lukas 6,12−16 Liebe und seine Fürsorge. Aus seinen Nachfolgern wählte er

Arbeitsleben in Palästina

Der Bauer

Die Hauptgetreidearten waren Weizen und Gerste, die zum Brotbacken gebraucht wurden (Jesus hatte bei der Speisung der 5000 zwei Fische und fünf Gerstenbrote – Johannes 6,1–13).

Der Bauer säte die Saat für die Getreideernte im November oder Dezember, kurz nach dem Herbstregen. Manche Bauern pflügten den Boden vor dem Säen, andere säten erst und pflügten die Saat dann unter. Sie benutzten hölzerne Pflüge, die von Ochsen gezogen wurden. Zwischen März und Mai war die Erntezeit.

Die Bauern mähten das Korn mit der Sichel und brachten es dann auf einen festen, ebenen Platz, der als Dreschboden diente.

Von Ochsen, die das Korn traten oder einen hölzernen Dreschschlitten zogen, wurde das Korn vom Stroh getrennt.

Die nächste Arbeit war das Worfeln: Mit einer großen Gabel wurde das gedroschene Getreide in die Luft geworfen. Der Luftzug trug die leichten Hülsen fort, während das schwerere Korn auf den Boden zurückfiel. Es konnte dann gesiebt und eingesackt werden und war dann fertig zum Mahlen.

Außerdem wurden noch Flachs, Trauben, Feigen und Oliven angebaut. Aus Flachs wurde Leinen

für Kleidung hergestellt, aus den gepreßten Trauben Wein. Feigenbäume lieferten das wichtigste Obst. Oliven wurden entweder frisch oder eingesalzen verzehrt. Außerdem wurden sie gepreßt, und das Olivenöl wurde zum Kochen, als Medizin und als Lampenöl verwandt.

Der Zimmermann

Josef und Jesus waren Zimmerleute. Neben Betten, Tischen und Stühlen bauten und reparierten sie Häuser. Sie fertigten Pflüge, Joche und Dreschinstrumente für

Oben: Ein Steinmetz

Ganz rechts: Ein Baumeister zeichnet Pläne und ein Zeltmacher näht Häute zusammen.

die Bauern. Zu den Werkzeugen, die die Zimmerleute benutzten, gehörten Eisensäge und Kupfermeißel. Der Bogenbohrer mit dem Kupferbohreisen wird bis heute im Osten verwandt.

Der Fischer

Am See Genezareth war die Fischerei das Hauptgewerbe. Fisch wurde gesalzen und bis Rom exportiert. Einige von Jesu Jüngern waren Fischer.

Der See hat heute 24 verschiedene Fischarten, darunter Karpfen, Seesardine und eine als Petrus-Fisch bekannte Art. Dieser Fisch trägt seine Eier im Maul und könnte der Fisch gewesen sein, der die Münze im Maul trug,

die Petrus fand (Matth. 17,27). Fische wurden mit Haken und Schnur gefangen, doch gewöhnlich wurde ein Netz benutzt. Petrus und Andreas hatten ein Wurfnetz, als Jesus sie traf (Matth. 4,18). Der Fischer steht im seichten Wasser und wirft das Netz aus, das von Gewichten unter Wasser gezogen wird und die Fische darunter fängt.

Das größere Zugnetz wird vom Boot abgelassen, und die gefangenen Fische werden entweder an Bord gezogen (Lukas 5,7) oder ans Land geschleppt (Matth. 13,48; Joh. 21,8). Meist wurde nachts gefischt (Lukas 5,5; Joh. 21,3), und das Nachtfischen ist noch heute in Galiläa üblich.

Der Hirt

Sowohl in Galiläa als auch in Judäa wurden Schafe gehalten. Bethlehem, der Geburtsort Jesu, war ein wichtiges Schafzuchtgebiet. Der Hirt sorgte dafür, daß seine Schafe genug Futter bekamen, und ging oft weite Strecken, um gutes Weideland zu finden. Er schützte sie vor Wölfen und Schakalen. Nachts trieb er sie in eine aus Steinwällen gebaute Hürde. Er legte sich selbst vor den Eingang, um die Schafe vor Räubern und Dieben zu schützen.

Oft wurden Schafe und Ziegen gemeinsam in einer Herde gehalten. Ziegen waren nicht so wertvoll wie Schafe, aber sie gaben bis zu drei Litern Milch täglich. Schafswolle wurde zu Kleidung verarbeitet. Ziegenhaare wurden zum Zeltmachen verwandt, und beide Tiere gaben Fleisch. Außerdem wurden beide als Opfertiere im Tempel von Jerusalem gebraucht.

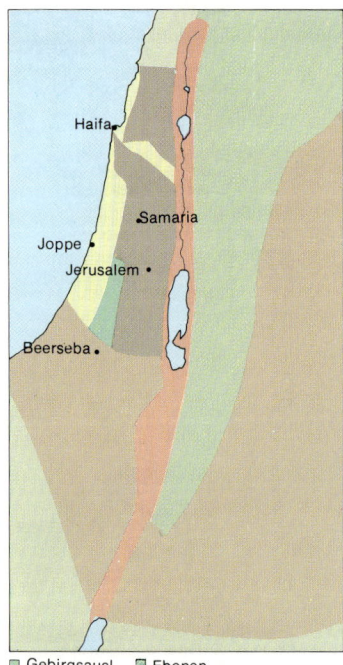

Fischer flicken ihre Netze in Tiberias am See Genezareth.

Lukas 4,16–30

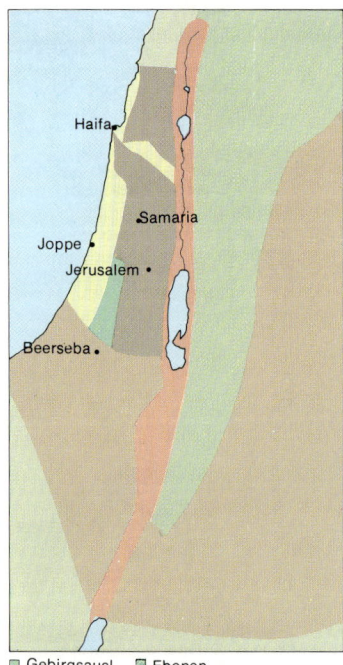

Israel: natürliche Regionen

☐ Gebirgsausl. ☐ Ebenen
☐ Zentr. Hochl. ☐ Östliches Hochland
☐ Senke ☐ Wüste

sich die Apostel, die an seinem Werk teilhaben sollten.

Nazareth empfing Jesus feindlich. Die Leute wußten, daß er der Sohn des Zimmermanns Josef war. Nun erhob er, als er in der Synagoge sprach, den ungeheuren Anspruch, der Messias zu sein, der gekommen war, Juden und Nichtjuden zu erlösen. Sie jagten ihn aus der Stadt und wollten ihn die Felsen hinunterstürzen. Doch Jesus entkam und kehrte nach Kapernaum zurück.

Mit der Zeit wuchs der Widerstand gegen Jesus. Trotz seiner guten Taten haßten manche Leute ihn. Er lehrte, daß Gott auch die Nichtjuden, die Heiden, liebte, ganz im Gegensatz zu dem verbreiteten Glauben, daß allein die Juden Gottes auserwähltes Volk seien.

Außerdem warf Jesus den religiösen Lehrern vor, sie machten es den einfachen Leuten unmöglich, den Willen Gottes zu befolgen, indem sie dem alttestamentlichen Gesetz Hunderte von weiteren Regeln zufügten. Die Schriftgelehrten wiederum klagten Jesus an, er verstoße gegen ihre Regeln. So sagten sie, daß es verboten sei, am Sabbat, dem Ruhetag, zu heilen. Heilen sei Arbeit, und am Sabbat war jede Arbeit verboten.

Dann gab es noch eine dritte Gruppe von Gegnern. Viele Menschen, die zuerst gehofft hatten, Jesus würde sie von den Römern befreien, waren verbittert, als sie erkannten, daß Jesus nicht an militärischer Macht interessiert war. Er war nicht der Messias, den sie erwartet hatten.

So wuchs der Widerstand. Doch Jesus ging unbeirrt seinen Weg weiter. Allerdings sprach er im Verlauf seines Dienstes immer häufiger davon, daß er bald eines gewaltsamen Todes sterben werde.

Die Straße nach Jerusalem

Mehrmals wies Jesus seine Jünger darauf hin, daß er ein letztes Mal nach Jerusalem gehen müsse, und dort werde man ihn verraten und hinrichten. Sie verstanden nicht, was er meinte, weil sie nur Erfolg und Beliebtheit sahen. Doch nach dreijähriger Wanderung zog Jesus mit seinen Jüngern am Jordan entlang südwärts nach Jericho und weiter nach Jerusalem.

Markus 11,1–10

Sacharja 9,9

Die Straße führte an den Dörfern Bethanien und Bethphage am Ölberg vorbei. In einem dieser Dörfer lieh sich Jesus einen Esel und ritt die Hänge des Ölbergs herunter nach Jerusalem herein. Damit erfüllte er die Prophezeiung Sacharjas, daß der Messias nach Jerusalem kommen würde »demütig und auf einem Esel reitend«. Ein militärischer Herrscher hätte ein Pferd als Reittier gewählt; mit der Wahl des Esels zeigte Jesus, daß seine Ziele friedlich und von Liebe geprägt waren. Als er in die Stadt einritt, empfing die Menge ihn begeistert. Sie warfen Kleider und Zweige auf den Weg und riefen: »Hosianna! Gelobt sei, der da kommt im Namen des Herrn!«

Markus 11,15–19

Am nächsten Tag vertrieb Jesus die Händler und Geldwechsler aus dem Tempelbereich und erklärte, man habe das Haus

An jedem Karfreitag folgt in Jerusalem eine Prozession der »Via dolorosa«, dem Weg der Schmerzen, den Jesus nach der Überlieferung zur Kreuzigung ging.

Gottes zu einer Räuberhöhle gemacht. Für die religiösen Führer war damit das Maß voll. Während der nächsten zwei oder drei Tage, an denen Jesus in der Stadt lehrte, schmiedeten sie Pläne, um ihn festzunehmen. Am Donnerstagabend ergriffen sie dann die günstige Gelegenheit.

Matthäus 26,20–25

Jesus hatte den Abend allein mit seinen Jüngern verbracht. Noch während des »letzten Abendmahles« schlich sich Judas davon, um den Behörden zu verraten, wo sie Jesus festnehmen könnten, ohne großes Aufsehen zu erregen. Jesus wanderte inzwischen mit seinen Jüngern durch das Kidrontal zu dem einsamen Garten Gethsemane an den Hängen des Ölbergs. Dort vertraute er Gott im Gebet seine ganze Angst vor den Leiden an, die vor ihm lagen. Hier im Garten wurde er festgenommen.

Matthäus 26,57–27,26

Es kam zu einer widerrechtlichen Verhandlung, die den jüdischen Gesetzen widersprach, weil sie nachts abgehalten wurde. Zunächst fand ein formloses Verhör im Haus des Hohepriesters statt, danach eine Verhandlung vor dem Sanhedrin, dem jüdischen Ältestenrat. Man »überführte« Jesus der Gotteslästerung, weil er eine einzigartige Beziehung zu Gott für sich beanspruchte. Aber man konnte ihn nicht zum Tode verurteilen, dies konnte nur der römische Gouverneur. So wurde Jesus am frühen Morgen Pontius Pilatus, dem römischen Statthalter,

Die Synagoge

Das Zentrum des jüdischen Gottesdienstes war der Tempel in Jerusalem, wo Tieropfer gebracht wurden und die Priester ihren Dienst verrichteten. Da viele Juden nur selten zum Tempel kommen konnten, wurden überall Synagogen für Gottesdienste errichtet. Die Synagoge war außerdem Zentrum der Erziehung und des sozialen Lebens. Der Bau von Synagogen begann während des Exils in Babylon, als der Tempel zerstört war.

In der Synagoge wurden keine Opfer gebracht. Stattdessen wurde morgens und abends gebetet. Am Sabbat wurden Psalmen gesungen und Gebete gesprochen. Es wurde aus dem Gesetz und aus den Büchern der Propheten vorgelesen. Nach den Lesungen wurde den Zuhörern die Bedeutung ausgelegt.

Als Jesus kurz nach seiner Taufe die Synagoge von Nazareth besuchte, wurde er eingeladen, aus der Schrift zu lesen. Er las aus Jesaja 61, wo Gott verspricht, eines Tages den Messias zu senden, der dem Volk Segen bringen soll. Jesus schockierte seine Zuhörer, indem er sich als den Messias bezeichnete, den Gott versprochen hatte.

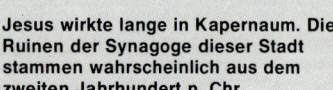

Jesus wirkte lange in Kapernaum. Die Ruinen der Synagoge dieser Stadt stammen wahrscheinlich aus dem zweiten Jahrhundert n. Chr.

vorgeführt. Es war zur Passazeit, und Tausende von Menschen waren nach Jerusalem gekommen, um dieses Fest in der religiösen Metropole zu feiern.

Obwohl die jüdischen Führer behaupteten, Jesus habe versucht, eine Revolution gegen Rom anzustiften, wollte Pilatus ihn nicht zum Tode verurteilen. Da Jesus aus Galiläa kam, schickte er ihn zu Herodes Antipas, dem König von Galiläa und Peräa, der sich anläßlich des Festes in Jerusalem aufhielt. Herodes verhörte ihn, doch als Jesus schwieg, verspottete er ihn und schickte ihn zu Pilatus zurück. Um sich bei den jüdischen Führern nicht unbeliebt zu machen, ordnete Pilatus an, Jesus kreuzigen zu lassen. Dies war die übliche Hinrichtungsart für Leute, die keine Bürger Roms waren.

Markus 15,25–39

So wurde Jesus auf Golgatha zwischen zwei Verbrechern ans Kreuz geschlagen. Sechs Stunden später war er tot. Josef von Arimathia, ein Mitglied des Sanhedrin, der nicht für die Hinrichtung Jesu gestimmt hatte, holte sich die Erlaubnis, den Leichnam Jesu vom Kreuz abzunehmen und in einem Felsengrab beizusetzen.

Lukas 23,50–56

Die Auferstehung

Für die engsten Nachfolger Jesu bedeutete sein Tod die Zerstörung all ihrer Hoffnungen. Zwei nicht namentlich genannte Jünger faßten auf dem Weg von Jerusalem nach Emmaus ihre Enttäuschung zusammen: »Wir aber hofften, er sei es, der Israel erlösen würde!« Doch dann stellte ein Ereignis alles auf den Kopf. Drei Tage nach Jesu Tod war das Grab leer. Die Jünger begegneten ihm wieder, denn er war auferstanden. Und zwei Monate nach der Kreuzigung verkündigten sie unerschrocken, daß Jesus lebte. Sie waren bereit, für diesen Glauben zu leiden und sogar zu sterben.

Lukas 24,21

Das Christentum steht und fällt mit der Auferstehung. Paulus geht so weit zu sagen: »Ist aber Christus nicht auferstanden, so ist unsre Predigt vergeblich, so ist auch euer Glaube vergeblich. Wir würden aber auch erfunden als falsche Zeugen Gottes, weil wir wider Gott gezeugt hätten, er habe Christus auferweckt.« Für die Auferstehung sprechen eine ganze Reihe überzeugender Indizien.

1.Korinther 15,14–15

Erstens konnten die jüdischen Behörden weder den Leichnam Jesu vorweisen noch jemandem einen Diebstahl nachweisen, so sehr sie sich auch bemühten. Zweitens war die Zahl der Nachfolger Jesu zu groß, als daß nicht unter ihnen ein zweiter Judas gewesen wäre, der das Geheimnis des verschwundenen Leichnams preisgegeben hätte, hätte es eins gegeben. Auch wären die Jünger Jesu wohl kaum für einen Schwindel gestorben. Drittens tragen die Erscheinungen Jesu den Stempel der Glaubwürdigkeit. Sie unterscheiden sich grundlegend von Halluzinationen oder Illusionen, denn sie ereigneten sich nur während einer kurzen Zeitspanne, und Jesus erschien einmal 500

1.Korinther 15,6

Leuten auf einmal. Dagegen sind Halluzinationen gewöhnlich auf Einzelpersonen beschränkt.

Mit der Zeit begriffen die Christen den Tod und die Auferstehung Jesu als die wesentliche Tat Gottes in seinem Plan, der Menschheit neues Leben und Hoffnung zu bringen. Dies motivierte sie, mit der »guten Nachricht« von Jesus durch die ganze damals bekannte Welt zu reisen. Die Arbeit der christlichen Kirche hatte begonnen.

Das Grab Jesu

Nach Jesu Tod wurde sein Leichnam mit Öl gesalbt und nach jüdischer Sitte in parfümgetränkte Leinen gewickelt. Er wurde in das frisch angelegte Grab des Josef von Arimathia gelegt. Wo dieses Grab war, ist nicht bekannt, doch Berichte aus der Zeit Jesu geben eine genaue Vorstellung, wie ein solches Grab aussah.

Aus dem Kalkstein eines Hügels wurde ein Raum herausgehauen, um dessen Innenwände sich ein Sims zog, auf dem die Trauernden sitzen konnten. Gleich dahinter lag der innere Raum mit Fächern oder Nischen, in die die Leichname gelegt wurden. Oft gab es mehrere Nischen, so daß mehrere Leute in einem Grab beerdigt werden konnten. Vor den Eingang wurde nach der Beerdigung ein großer, runder, flacher Stein gerollt, um Tiere und Diebe abzuhalten. Nur mehrere starke Männer konnten ihn wegrollen.

Rechts: Felsengrab bei Haifa, Israel

Unten: Rekonstruktion eines Grabes aus dem ersten Jahrhundert

Josephus, ein jüdischer Geschichtsschreiber

Neben der Bibel ist Josephus die wichtigste Informationsquelle über die jüdische Geschichte. Er wurde 37 oder 38 n. Chr. als Sohn einer Priesterfamilie geboren, studierte sorgfältig die jüdischen Überlieferungen und trat mit neunzehn in die Partei der Pharisäer ein.

Bei einem Besuch Roms 63 n. Chr. wurde er von der Macht des Reiches beeindruckt. Als der Jüdische Krieg mit Rom 66 n. Chr. ausbrach, wollte er neutral bleiben, da er fürchtete, die jüdischen Rebellen hätten keine Chance gegen die Macht Roms. Doch er ließ sich überreden, die Freiheitskämpfer in Galiläa anzuführen, und verteidigte die Festung von Jotapata, die 67 n. Chr. an die Römer fiel.

Obwohl die Belagerten ausgemacht hatten, sich im Falle der Niederlage gegenseitig zu töten, lieferten sich die beiden letzten Überlebenden, Josephus und ein anderer Mann, den Römern aus. Vor dem Hauptmann Vespasian hatte Josephus die Geistesgegenwart, diesem vorauszusagen, daß er Kaiser werden würde. So hielt Vespasian ihn als Gefangenen fest und setzte ihn 69 n. Chr. frei,

als die Prophezeiung eintraf. Dankbar übernahm Josephus den Familiennamen des Kaisers, Flavius.

Im folgenden Jahr nahm er mit Titus, Vespasians Sohn, an der Belagerung Jerusalems teil. Er arbeitete als Übersetzer, wenn Titus den Verteidigern der Stadt seine Bedingungen anbot. Als Jerusalem fiel, erwirkte er für viele jüdische Gefangene die Freiheit. Josephus lebte etwa bis 100 n. Chr.

Die jüdischen Patrioten haßten ihn als Überläufer, doch er erwies ihnen einen wertvollen Dienst, indem er nach dem Krieg für die Gebildeten Roms Bücher über ihre Geschichte und Religion schrieb.

»Der jüdische Krieg« beginnt mit einem Abriß der jüdischen Geschichte von 175 v. Chr. an und umfaßt auch die Makkabäischen Kriege. Das Buch berichtet weiter grausige Einzelheiten aus dem Krieg 66–70 n. Chr. und den anschließenden Säuberungsaktionen wie der Belagerung der Zelotenfestung von Masada 73. Viele Berichte beruhen auf eigenen Kriegserfahrungen des Schreibers. Manchmal sind seine Berichte subjektiv gefärbt, weil Josephus seinen eigenen Ruf wahren wollte oder gewisse Leute nicht leiden konnte. Doch sie sind eine wichtige Informationsquelle

und außerdem spannend zu lesen.

Zwischen 93–94 n. Chr. veröffentlichte er ein größeres Werk, »Jüdische Altertümer«. Dies ist die Geschichte der Juden, von der Erschaffung der Welt bis 66 n. Chr. Dieses Buch enthält vor allem wichtige Informationen über die Zeit nach dem Aufstieg Alexanders des Großen. In einigen Passagen über das erste Jahrhundert nach Christus schreibt Josephus über Johannes den Täufer, Jakobus, den Bruder Jesu, und Jesus selbst. Das Buch sollte insbesondere dem römischen Adel zeigen, daß die Juden ein Volk mit bemerkenswerter Geschichte und hoher Kultur waren.

Weiter schrieb Josephus zwei kleinere Bücher. »Gegen Apion« ist die Verteidigung des jüdischen Volkes gegen den Lehrer Apion aus Alexandria. Josephus legt dar, daß sich das jüdische Volk eines größeren Alters rühmen kann als die Griechen. In seiner »Autobiographie« verteidigt er seinen eigenen Kriegsbericht gegen die Anschwärzung seines Charakters durch den Geschichtsschreiber Justus von Tiberias. Justus hatte am jüdischen Aufstand teilgenommen, war zum Tode verurteilt und von Vespasian begnadigt worden. Wie Josephus schrieb auch er einen Bericht über die Geschichte Israels und den Jüdischen Krieg.

Die jüdischen Kriege, die in biblischen Zeiten stattfanden, werden von dem Geschichtsschreiber Josephus genau berichtet. Dieses Denkmal auf den Golanhöhen erinnert an den Jom-Kippur-Krieg von 1973.

Steuern in Judäa

Alle jüdischen Männer über zwanzig sollten eine jährliche *Tempelsteuer* zahlen, von der der Tempel instandgehalten und die Gottesdienste einschließlich der Opfertiere bezahlt wurden. Zur Zeit Jesu war es ein halber Schekel oder eine griechische Doppeldrachme, die den gleichen Wert hatte.

Außerdem sollten die Juden den *Zehnten* für die Priester zahlen (ein Zehntel von dem, was sie auf ihrem Land produzierten), und ein *zweiter Zehnter* sollte in Jerusalem ausgegeben werden. Dieser zweite Zehnte war also keine Steuer im eigentlichen Sinne, sondern er sollte zum Wohlstand Jerusalems beitragen. Da diese Steuern nicht zwangsweise eingezogen wurden, zahlten viele Juden sie offenbar gar nicht, und so litten die Priester zuweilen Not.

Doch auch die Römer forderten Steuern, und das ärgerte die Juden. Es gab zwei Arten der Steuer. Als erstes gab es die direkte Steuer, die von römischen Beamten kassiert wurde.

Händler und Kunden auf dem Marktplatz von Nazareth

Die *Landsteuer* umfaßte beinahe ein Viertel der Produktion; und die *Geld- und Vermögenssteuer* war abhängig vom Reichtum des Steuerzahlers. In regelmäßigen Steuerschätzungen wurden die jeweiligen Beträge festgelegt.

Zweitens gab es die indirekten Steuern, z.T. den heutigen Zöllen vergleichbar. Es gab *Einfuhr- und Ausfuhrzölle, Straßengebühren* und *Umsatzsteuern,* die auf Sklaven, Landwirtschaftsprodukte und andere Dinge erhoben wurden, die auf dem Markt verkauft wurden.

Alle fünf Jahre wurden in Rom Finanzgesellschaften beauftragt, die Steuern zu kassieren, die ihrerseits Leute am Ort anstellten, das Geld einzutreiben. Unter diesen Steuereintreibern waren Leute wie Levi, der in Kapernaum Steuern kassierte (Markus 2,13–14) und Zachäus aus Jericho (Lukas 19,1–10).

Die Juden haßten es, einer fremden Macht Steuern zu zahlen. Die Pharisäer, die Jesus mit der Frage: »Ist es richtig, dem Kaiser Steuern zu zahlen?« (Markus 12,13–17) überlisten wollten, waren sicherlich gegen diese Abgaben. Alle römischen Steuern mußten mit römischem Geld bezahlt werden, das das Bild des Kaisers trug. Dies war ein Verstoß gegen das jüdische Gesetz, das solche Bilder verbot. Die Steuereintreiber wurden verachtet, teils weil sie für Verräter gehalten wurden, teils weil sie ihren Reichtum aus erhöhten, ungerechtfertigten Steuerforderungen bezogen.

Die ersten Christen

Apostelgeschichte 17,6

Die Feinde Jesu atmeten auf, als Jesu Leichnam, von Soldaten bewacht, im Grab lag. Der Ärger und die Unruhen, die Scharen, die ihm gefolgt waren, ja, die ihn zum Teil regelrecht angebetet hatten – all das war vorbei. Doch nur wenige Wochen später behaupteten seine Jünger kühn, daß ihr Führer vom Tode auferstanden und tatsächlich der Messias sei. Sie entwickelten eine solche Energie, daß man sie später als Menschen beschrieb, die die Welt auf den Kopf stellten (sie selbst hätten es wohl eher als ein »auf die Füße stellen« bezeichnet, da sie die Menschen zurück zum Glauben und Vertrauen zu Gott riefen).

Die Apostelgeschichte, der Bericht über die frühen Taten einer kleinen Gruppe von Männern und Frauen, wurde von Lukas geschrieben. Sein erstes Buch, eines der vier Evangelien, beschreibt das Leben Jesu. Er begleitete Paulus auf einigen seiner Reisen und hat sich als überaus genauer und sorgfältiger Geschichtsschreiber erwiesen.

Die Geburt der Kirche

Apostelgeschichte 2,1–4

Apostelgeschichte 2,14–47

Der Bericht beginnt mit den elf Jüngern (Judas hatte Selbstmord begangen), die sich regelmäßig mit etwa 100 anderen Nachfolgern Jesu trafen. Petrus, der beim Tod Jesu die Nerven verloren hatte, war, nachdem er Jesus lebend gesehen hatte, im Glauben neu bestärkt und führte die Gruppe an.

Sieben Wochen nach dem Tod und eine Woche nach der Himmelfahrt Jesu, bei der er endgültig in die Welt Gottes zurückkehrte, war das Pfingstfest. Es war das jüdische Erntefest, an dem Gott für seine Gaben gedankt wurde. Auch die ersten Christen hatten sich in Jerusalem getroffen, weil sie Gott danken wollten.

Während sie beteten spürten sie plötzlich, wie die Kraft Gottes, der Heilige Geist, ihr Leben erfüllte und sie fähig machte, Gott zu dienen und die Botschaft von Jesus zu verkünden. Sie beschrieben ihre Erfahrung als das »Brausen eines gewaltigen Windes« und »Zungen wie von Feuer«. Sofort schwand ihre Furcht, von den jüdischen Führern festgenommen zu werden, und Petrus predigte zu der Menge, die sich in der Stadt zum Fest versammelt hatte. Er sagte: »Gott hat gezeigt, daß Jesus der Messias ist, indem er ihn vom Tod auferweckt hat. Jetzt bietet er allen Menschen die Vergebung der Sünde und ein neues Leben in Gemeinschaft mit dem auferstandenen Jesus.« An diesem Tag, so berichtet Lukas, glaubten 3000 Menschen der Botschaft des Petrus, und so entstand die erste Gemeinde.

114

Herodes der Große gründete 22 v. Chr. zu Ehren des Kaisers Augustus die Stadt Cäsarea. Das Theater stammt aus der Zeit des Herodes, wurde jedoch im zweiten und dritten Jahrhundert n. Chr. neu aufgebaut. Cäsarea war ein wichtiger Treffpunkt der frühen Christen in Palästina.

Die Kirche beginnt zu wachsen

Viele der Zuhörer waren Besucher von außerhalb Palästinas. Sie kehrten heim mit der Nachricht, daß Gott durch das Kommen Jesu ganz neu zu den Menschen gesprochen hatte. Von Anfang an gaben die Christen die gute Nachricht von Jesus weiter, und ihre Zahl wuchs schnell.

Apostelgeschichte 2–5

Zunächst wurde die Botschaft nur den Juden gepredigt, und Lukas berichtet von Petrus' Wirken in Jerusalem. Eine Zeitlang nahmen die Christen weiter an den Gottesdiensten im Tempel teil und unterschieden sich nicht von den Juden. Doch dann begann Stephanus, ein Jude, der Christ geworden war, in Jerusalem mit seiner Verkündigung. Er klagte die Juden des notorischen Ungehorsams an. Ihr größter Ungehorsam sei der Mord an Jesus, Gottes Messias, gewesen. Dies konnten die jüdischen Führer nicht ungestraft lassen. Sie trieben ihn aus der Stadt und steinigten ihn zu Tode. Stephanus war der erste Märtyrer, der wegen seines Glaubens an Jesus getötet wurde.

Apostelgeschichte 7,54–60

Nach diesem Vorfall war das Leben der Christen in Jerusalem gefährdet, und viele flohen vor der Verfolgung. Doch dadurch wurde gleichzeitig die Botschaft weiter verbreitet. Nun waren Christen über das ganze Römische Reich verstreut und begannen, ihren Glauben auch mit Nichtjuden zu teilen.

So zog Philippus, ein Freund des Stephanus, nach Samarien und gewann viele Nachfolger Jesu unter den Samaritern. Als er dann südwärts nach Gaza zog, traf er einen Regierungsbeamten aus Äthiopien. Dieser Mann war ein »Gottesfürchtiger«, der sich für den jüdischen Glauben interessierte. Er hörte, was Philippus über Jesus erzählte, und kehrte als Christ nach Äthiopien zurück. Später ließ Philippus sich in Cäsarea nieder und setzte dort seine Arbeit als Prediger fort.

Apostelgeschichte 8,26–40

Apostelgeschichte 21,8

Auch Petrus unternahm von Jerusalem Reisen, um Menschen von Jesus zu berichten. In Lydda und Joppe schlossen sich viele der Gemeinde an, als sie sahen, wie Petrus Kranke heilte, und als sie ihn predigen hörten. Er wurde eingeladen, bei der Familie des Kornelius, eines gottesfürchtigen römischen Hauptmanns, der in Cäsarea stationiert war, zu predigen.

Apostelgeschichte 9,32–43

Apostelgeschichte 10,1–48

Die Bekehrung des Kornelius warf allerdings dann einige

Fragen auf. Bis dahin waren die meisten Christen Juden gewesen. Wie sollten sich nun die Judenchristen den Heidenchristen gegenüber verhalten? Konnten sie Tischgemeinschaft haben, oder sollten sie sich absondern? Was sagte das alte jüdische Gesetz? Schließlich entschlossen sich die Leiter der Jerusalemer Gemeinde, auch die Heiden aufzunehmen, ohne sie mit jüdischen Gebräuchen zu belasten. Später schrieb Paulus über den Abbau von rassischen und kulturellen Barrieren durch den Glauben an Christus: »Hier ist nicht Knecht noch Freier, hier ist nicht Mann noch Weib, denn ihr seid allzumal einer in Christus Jesus.«

Apostelgeschichte 15,1–35

Galater 3,28

Juden und Christen

Die ersten Nachfolger Jesu hatten für ihre Gottesdienste keine Kirchen. Sie besuchten zunächst weiterhin den Tempel in Jerusalem oder in anderen Orten die Synagogen, um dort zu beten. Doch mit der Zeit wurden die orthodoxen Juden den Christen immer feindlicher gesinnt und schlossen sie aus Tempel und Synagogen aus. Die Christen wollten zudem ohnehin lieber allein zusammenkommen, um mehr über Jesus zu lernen.

So trafen sie sich in ihren Häusern, und Christen, die große Häuser besaßen, luden andere ein, sich einmal in der Woche, möglichst am ersten Wochentag, dem Tag der Auferstehung, bei ihnen zu treffen. Die ersten Christen in Jerusalem trafen sich z.B. oft im Haus des Johannes Markus, der später das Markus-Evangelium schrieb (Apostelgeschichte 12,12).

Die Versammlungen fanden oft spät abends statt, wenn die Sklaven ihre Arbeit beendet hatten; und Lukas berichtet, daß während einer langen Predigt einmal jemand einschlief (Apg. 20,7–12). Man sang Psalmen aus dem Alten Testament und neukomponierte Loblieder auf Jesus. Außerdem wurde gebetet und aus dem Alten Testament vorgelesen (das Neue Testament war ja noch nicht geschrieben). Ein Apostel oder ein anderer christlicher Leiter erzählte von Jesus und legte seine Lehren aus.

Oft aßen die ersten Christen gemeinsam. Die Reichen teilten ihr Mahl mit den Armen und bewiesen so ganz praktisch ihre Fürsorge. Während dieses Gemeinschaftsmahls brachen sie Brot und reichten es zusammen mit einem Kelch Wein herum, wie Jesus es in der Nacht vor seinem Tod mit seinen Jüngern getan hatte (Markus 14,22–25). Dies sollte an den Tod Jesu erinnern, und sie dankten Gott, daß Jesus nicht nur für sie gestorben war, sondern lebte und bei ihren Gottesdiensten anwesend war.

Das jüdische Volk war stolz auf seine Geschichte und hielt sich für Gottes auserwähltes Volk. Es teilte die Menschen in die folgenden Klassen ein, die verschwanden, als diese Menschen Christen wurden, obwohl die Bezeichnungen zur bequemeren Beschreibung der Gruppen beibehalten wurden:

Juden: Menschen reiner jüdischer Abstammung, Nachfahren der Einwohner des alten Königreiches Juda.

Heiden: Menschen anderer Nationen, zum Beispiel Griechen und Römer, die keine jüdischen Vorfahren hatten.

Samariter: Bewohner Samariens, z.T. Nachfahren der Bewohner des Nordreiches Israel, das die Assyrer 721 v. Chr. erobert hatten. Sie hatten sich mit den Ausländern vermischt, die in das Land kamen, und waren so keine reinen Israeliten mehr. Deshalb verachteten die Juden zur Zeit Jesu sie, und einige weigerten sich sogar, durch ihr Gebiet zu reisen. Doch Jesus gewann in Samarien viele Anhänger (Johannes 4).

Proselyten: Nichtjuden, die an Gott glaubten und einen jüdischen Lebensstil führten. Sie nahmen an jüdischen Gottesdiensten teil, hielten das jüdische Gesetz und zogen ihre Kinder als Juden auf.

Gottesfürchtige: Heiden, die vom jüdischen Glauben angezogen waren und an den Gottesdiensten in den Synagogen teilnahmen. Sie waren aber nicht bereit, alle Einzelheiten des jüdischen Gesetzes – z.B. die Speisevorschriften – einzuhalten.

Die Reisen des Paulus

Saulus von Tarsus
Apostelgeschichte 8,1

Bei der Steinigung des Stephanus war ein Mann namens Saulus anwesend, der diesen Mord billigte. Er sollte bald einer der berühmtesten Evangelisten der Welt werden. Als Sohn jüdischer Eltern wurde er im Jahre 1 n.Chr. in Tarsus, der Hauptstadt der römischen Provinz Cilicien geboren. Da sein Vater das römische Bürgerrecht hatte, war auch Saulus römischer Bürger und hatte einen römischen Beinamen, Paulus, den er trug, wenn er von seiner jüdischen Heimat und seinen Freunden fort war.

Der junge Saulus wurde in Jerusalem zur Schule geschickt und studierte bei dem bekannten Rabbi Gamaliel. Er trat den Pharisäern bei und hielt eifrig das jüdische Gesetz. Zur Zeit Jesu lebte er wahrscheinlich in Jerusalem, doch es gibt keine Hinweise, daß er Jesus begegnet ist.

Als Saulus die Predigt des Stephanus hörte, wurde ihm sein Haß gegen die Nachfolger Jesu bewußt. Seiner Überzeugung nach ermunterten sie das Volk, das Gesetz Gottes zu brechen. Und wie konnte ein Mann, der als Verbrecher gekreuzigt worden war, Gottes Messias sein? Die Christen, entschied er, mußten ausgerottet werden, bevor sie größeren Einfluß bekamen. Vom Hohepriester holte er sich die Erlaubnis, die Christen, die nach Damaskus geflohen waren, aufzustöbern und sie in Jerusalem vor Gericht zu bringen.

Apostelgeschichte 9,1–9

Kurz vor Damaskus geschah dann etwas, was sein Leben auf den Kopf stellte: Jesus erschien ihm und rief ihn. Blitzartig erkannte er, daß sein Kampf gegen die Christen ein Kampf gegen Gott selbst war. Er erkannte Jesus als den Messias, der nicht tot war, sondern lebte.

Apostelgeschichte 9,19–25

So nahm er in Damaskus die Christen nicht fest, sondern betete mit ihnen Jesus an. Zu jedermanns Erstaunen ging er in die Synagogen, nicht um die Christen anzuprangern, sondern um über seinen neuen Glauben an Jesus zu berichten. Bald darauf verschworen sich einige Juden, ihn zu töten; aber er entkam, indem man ihn in einem Korb die Stadtmauer von Damaskus hinabließ. Der Christenverfolger wurde nun selbst verfolgt.

Apostelgeschichte 9,26–30;
Galater 1,18–24

Drei Jahre, nachdem Saulus Christ geworden war, suchte er einige Jünger Jesu in Jerusalem auf. Sie hatten zuerst Angst, da sie glaubten, er gebe sich als Christ aus, um sie festnehmen zu können. Doch Barnabas schloß Freundschaft mit ihm und stellte ihn einigen Aposteln vor, die erkannten, daß er sich von Grund auf verändert hatte. Sie luden ihn ein, mit ihnen in Jerusalem die gute Nachricht von Jesus zu verkündigen. Doch ein

weiteres Mal planten Feinde, ihn zu töten, und er mußte fliehen. So reiste er nach Cäsarea und segelte von dort aus in
seine Heimat Tarsus, wo er die nächsten zehn Jahre wahrscheinlich mit Predigen und Zeltmacherei verbrachte. Von dieser Zeit an wird er im Neuen Testament stets bei seinem römischen Beinamen Paulus genannt, der seinen nichtjüdischen Zuhörern viel vertrauter klang.

Die erste Reise 46—47

Apostelgeschichte 11,19—26

Apostelgeschichte 13,1—3

Apostelgeschichte 13,4—12

Antiochien in Syrien war mit einer Bevölkerung von etwa
500 000 Menschen die drittgrößte Stadt des Römischen Reiches.
Sie hatte eine wachsende Gemeinde, die bald nach dem Tod
Jesu von Christen, die aus Jerusalem geflohen waren, gegründet worden war. Als erste Gemeinde nahm sie auch Nichtjuden
in großer Zahl auf. Barnabas, der aus Jerusalem kam, war sehr
erfreut über das, was er sah. Er ging sogleich nach Tarsus, um
Paulus zu holen, und gemeinsam unterwiesen sie ein Jahr lang
die Christen in Antiochien.

Doch die Gemeinde sah, daß es notwendig war, die Apostel
mit ihrer Botschaft weiterzusenden. So reisten die beiden mit
Barnabas' Neffen Johannes Markus ab. Sie fuhren mit dem
Schiff von Seleucia nach Cypern, das Barnabas, der dort geboren war, sehr gut kannte.

Sie landeten in Salamis und predigten dort in den jüdischen
Synagogen. Von dort aus reisten sie nach Paphos, der Hauptstadt der Insel. Sergius Paulus, der Gouverneur Cyperns, war

Nachdem Jesus Paulus auf der Straße nach Damaskus erschienen war, setzte dieser seine Reise fort und wurde in ein Haus an der Geraden Straße gebracht, die man hier durch das Osttor der Stadt sehen kann.

Paulus' erste Reise

Salamis auf der Insel Zypern war die erste Station für Paulus und Barnabas. Diese Überreste des Gymnasiums erinnern an die mächtige römische Zivilisation, der die beiden Missionare im ersten Jahrhundert n. Chr. gegenüberstanden.

von ihrer Predigt so beeindruckt, daß er trotz des Einflusses, den ein Zauberer auf ihn hatte, Christ wurde.

Von Cypern aus zogen die Missionare in die heutige Türkei. Obwohl Barnabas der Ältere war, übernahm der begabtere Paulus die Führung. Sie kamen in Perge an und reisten dann

Apostelgeschichte 13,13–14

nordwärts in die Berge, in die römische Provinz Galatien. Dort entschloß sich Johannes Markus plötzlich, sie zu verlassen und nach Jerusalem zurückzukehren. Die Gründe sind unklar; entweder fürchtete er die Gefahren, oder er hatte einfach Heimweh. Später jedoch erwies er sich als wertvoller Führer. Als

Kolosser 4,10;
2. Timotheus 4,11;
Philemon 24

Paulus kurz vor seinem Tod im Gefängnis war, bezeichnete er Markus als seinen Freund und Arbeitskameraden. Er war wahrscheinlich der Verfasser des Markus-Evangeliums.

In Antiochien in Pisidien wurde Paulus eingeladen, in der Synagoge zu predigen; und viele Gottesfürchtige wurden Christen. Doch die Juden wurden ärgerlich, weil er lehrte, die Nichtjuden brauchten nicht alle Einzelheiten des Gesetzes zu

Apostelgeschichte 13,50

halten, um von Gott angenommen zu werden, und sie vertrieben Paulus und Barnabas aus der Stadt.

Apostelgeschichte 14,2

Das gleiche passierte in der nächsten Stadt, Ikonion, so daß Paulus und Barnabas nach Lystra flohen. Dort heilte Paulus einen Krüppel. Die abergläubischen Einwohner waren so erstaunt, daß sie Paulus und Barnabas für die menschliche Ver-

Apostelgeschichte 14,12

körperung der Götter Zeus und Hermes hielten. Die beiden hatten große Mühe zu erklären, daß sie Boten des Gottes waren, der die Welt geschaffen hatte.

Doch auch hierher kamen Juden aus Antiochien und Ikonion

Apostelgeschichte 14,19

und setzten die Verfolgung fort. Sie steinigten Paulus fast zu Tode. Doch er erholte sich soweit, daß er noch in einem weiteren Ort, Derbe, predigen konnte. Er und Barnabas gingen dann mutig zurück, um Lystra, Ikonion und Antiochien noch einmal zu besuchen. Sie wollten die jungen Christen ermutigen und Gemeindeleiter einsetzen. Als sie nach Antiochien in Syrien zurückkehrten, waren sie zwei Jahre lang fort gewesen und hatten in dieser Zeit 2240 Kilometer auf dem Land und auf dem Meer zurückgelegt.

Die zweite Reise 50–52

Apostelgeschichte 15,22–41

Apostelgeschichte 16,1

Apostelgeschichte 16,9–10

Die nächste Reise war doppelt so lang. Sie begann drei Jahre später, als Paulus die Gemeinden, die er in Galatien gegründet hatte, besuchen wollte. Er reiste mit seinem Freund Silas von Antiochien aus, und sie zogen über Land durch Syrien und Cilicien. Die Gemeinden in Derbe, Lystra, Ikonion und Antiochien in Pisidien blühten. In Lystra trafen sie den jungen Griechen Timotheus und nahmen ihn mit auf die Reise.

Paulus wollte in die Provinz Asia und ihre Hauptstadt Ephesus. Doch die Umstände hinderten ihn daran, und Paulus und Silas zogen stattdessen nach Troas an der nordwestlichen Küste Kleinasiens.

Dort befahl Gott Paulus durch einen Traum, nach Europa zu gehen und dort zu predigen. Er und Silas wurden nun von Lukas begleitet, und sie nahmen ein Schiff nach Neapolis in Griechenland. Von dort aus zogen sie durch die Städte entlang

Paulus' zweite Reise

Paulus verbrachte achtzehn Monate mit Predigen und Lehren in Korinth. Der Apollotempel aus dem 6. Jh. v. Chr. steht an der Stelle der alten Stadt. Im Hintergrund die Festung Akrokorinth.

der brühmten Via Egnatia, einer römischen Straße durch Nordgriechenland. Sie gründeten Gemeinden in Philippi und Thessalonich, und in den folgenden Jahren gewann Paulus besonders die warmherzigen Christen in Philippi lieb. Doch es gab auch Widerstand. Ein kurzer Gefängnisaufenthalt wurde durch ein Erdbeben beendet, und die abergläubischen Stadtväter entließen ihre Gefangenen. Die Missionare zogen weiter nach Beröa, doch erneut wurde Paulus von Feinden verfolgt und mußte fliehen. In Athen wartete er auf seine Kameraden.

Paulus hatte nicht geplant, in Athen zu predigen, doch erschüttert über die Menge der Götzen und Altäre sprach er mit den Leuten auf dem Marktplatz über Jesus und forderte die Philosophen zu Diskussionen heraus. Er wurde aufgefordert, sich vor dem Ältestenrat, der sich auf einem Hügel, dem Areopag, traf, zu erklären. Als er über die Auferstehung Jesu berichtete, waren einige verwirrt, andere lachten, einige wenige glaubten und wurden Christen, bevor Paulus nach Korinth weiterzog.

Paulus, wieder in Begleitung von Silas und Timotheus, blieb achtzehn Monate in Korinth. Die Gemeinde wuchs rasch, obwohl in der Stadt schlimme moralische und gesellschaftliche Verhältnisse herrschten. Auch die Gemeinde wurde davon beeinflußt, und Paulus' spätere Briefe an die Gemeinde enthüllen schlimme Mißstände bis hin zu Trunkenheit in Gemeindeversammlungen. Doch waren wichtige Leute Christen geworden, unter ihnen der reiche Titius Justus, in dessen Haus sich die

Apostelgeschichte 16,19—40

Apostelgeschichte 17,1—15

Apostelgeschichte 17,16—34

Apostelgeschichte 18,1—17

Paulus' dritte Reise

Ephesus war ein wichtiger Seehafen an der Westküste Kleinasiens, der heutigen Türkei. Das Theater bot zur Zeit des Paulus sicher einen prächtigen Anblick.

Apostelgeschichte 18,18–23

Gemeinde traf, und Erastus, der Schatzmeister der Stadt.
Schließlich reisten Paulus und seine Begleiter mit einem Schiff vom Hafen Kenchreä ab. Sie beendeten ihre Reise mit dem 1600 Kilometer langen Weg nach Antiochien über Ephesus, Cäsarea und Jerusalem. Die Kirche war jetzt nicht nur in Palästina und Kleinasien fest gegründet, sondern auch in einigen wichtigen Städten Griechenlands.

Athen war eine sehr religiöse Stadt. Die Akropolis, ein Hügel mit flachem Gipfel, war das Zentrum des religiösen Lebens. Die Ruinen der im vierten Jahrhundert v. Chr. erbauten Tempel können bis heute besichtigt werden.

Hier eine Rekonstruktion, wie Athen zur Zeit des Paulus ausgesehen haben könnte. Das große Gebäude oben ist der Parthenon, und die große Statue stellt Athene, die Schutzgöttin Athens, dar.

Die Religionen des Römischen Reiches

Als Paulus in Athen predigte, begann er: »Ich sehe, daß ihr in allen Stücken gar sehr die Götter fürchtet.« Die Religion spielte im ganzen Römischen Reich eine große Rolle und hatte viele Formen.

Zunächst gab es die *traditionelle Religion* der Griechen und Römer mit den Göttern Zeus (Jupiter), Apollo, Aphrodite (Venus) und vielen anderen. Im ersten Jahrhundert glaubten viele Menschen nicht mehr an diese Götter, aber sie nahmen an den religiösen Zeremonien teil, um zu zeigen, daß sie dem römischen Staat und seinen Traditionen treu waren. Kaiser Augustus versuchte ohne viel Erfolg, diese alte Religion wieder zu beleben.

Unter Augustus entwickelte sich die *Kaiserverehrung.* Das Volk war Augustus dankbar, da er nach hundert Kriegsjahren für Frieden gesorgt hatte, und nannte ihn »Retter des Staates«. Besonders im Osten des Reiches erhielt er Titel wie »Retter«, »Sohn Gottes« und »Göttlicher Vater«. Er förderte die Verehrung von »Rom und Augustus«.

Der Kaiserkult hatte eher einen politischen als einen religiösen Zweck; er schweißte die sehr verschiedenen Völker des Reiches zusammen. Die Weigerung, sich an der Kaiserverehrung zu beteiligen, war Zeichen der Untreue oder sogar der Rebellion. Unter einigen späteren Kaisern mußten die Christen wählen, entweder ihren Glauben zu verleugnen, indem sie den Kaiser anbeteten, oder ihr Leben zu riskieren, wenn sie sich weigerten, an den Zeremonien teilzunehmen.

Wer dem Kaiser so Ehre zollte, der durfte darüber hinaus auch an anderen religiösen Praktiken teilnehmen. Viele fühlten sich von der *Zauberei* angezogen, weil sie sich Macht über böse Kräfte erhofften, die die Welt regierten. Paulus brachte vielen in Zauberei und Okkultismus verwickelten Menschen die gute Nachricht von Jesus (Apostelgeschichte 13,6–12; 16,16–18; 19,19).

Viele Leute glaubten, daß ihr Leben vom Schicksal abhinge, und für sie schien die *Astrologie* der geeignete Weg, die Geheimnisse der Zukunft zu entschlüsseln, damit das Schicksal sie nicht so hart traf.

Dann gab es die *Mysterienreligionen.* Diese Geheimkulte drangen zumeist vom Osten her ins Reich ein. Sie vermittelten angeblich Unsterblichkeit und Freiheit von Schuld. Die streng geheimen Gottesdienste verliefen dramatisch und brachten die Beteiligten bis zur Raserei. Oft wurden Alkohol oder psychedelische Lichteffekte zur Bewußtseinserweiterung eingesetzt. Die bekanntesten Kulte waren der Isis- und der Serapiskult (Ägypten), der Kybelekult (Kleinasien) und der Mithraskult (Persien). Der Mithraskult war besonders unter den römischen Soldaten beliebt, die ihn bis nach Nordengland brachten.

Unter den Gebildeten hatte die *Philosophie* einen großen Stellenwert. Der Einfluß Platos war immer noch stark. Er hatte behauptet, daß die Seele unsterblich sei und daß es nur einen Gott gäbe und nicht viele wie in der griechischen Mythologie. Inzwischen gab es auch die Stoiker. Sie lehrten, daß der Mensch geduldig sein Schicksal tragen müsse, weil es ihm vom Ursachenprinzip, das das Universum regierte, auferlegt sei. Die Epikureer waren weniger streng. Sie wollten das Glück durch Befolgen des Lustprinzips erreichen, und lehrten, daß es kein Leben nach dem Tod gebe. Die Zyniker wiederum hinterfragten den Wert von Gesetzen und Bräuchen. Sie forderten zu einem einfachen Leben auf (ihr Held war Diogenes, der für sein Leben in einer Tonne berühmt war) und lehnten das Streben nach Reichtum ab.

Die römischen Religionen forderten nicht zu einer Hebung der Moral auf, sondern wollten ihre Anhänger vor Gefahr und Übeln bewahren. Es wurden viele Götter und Göttinnen, unter ihnen Jupiter als höchster Gott, angebetet.

Rechts: Die römischen Kaiser wurden oft als göttlich angesehen. Trajan, der von 98 bis 117 n. Chr. Kaiser war, war ein genialer Kriegsführer, der Dacien (Rumänien) eroberte. Als er starb, hatte das Reich seine größte Ausdehnung.

Unten: Eine römische Plastik aus dem frühen ersten Jahrhundert n. Chr., die zeigt, wie Opfertiere zu einem religiösen Fest gebracht werden.

Es gab viele Wege, auf denen die Menschen versuchten, den Sinn des Lebens zu entdecken und der Angst vor dem Schicksal und dem Tod zu entgehen. Doch damals wie heute gab es auch Menschen, die das Glück suchten, ohne sich einer bestimmten Religion oder philosophischen Lehre anzuschließen. Hier ist die Lebensphilosophie, die der römische Dichter Martial um 100 n. Chr. niederschrieb:

Dies sind die Dinge, die das Leben glücklicher machen –

Reichtum, der durch Geburt gewonnen wird, nicht durch Arbeit;

fruchtbares Land und ein Herd, der immer brennt;

Freiheit von Prozessen und Prozeßführung,

ein zufriedenes Gemüt und ein starker, gesunder Körper;

Freunde, mit denen man sich entspannen kann,

einfaches Essen, doch genug davon;

Abende, die mit genug Wein verbracht werden, daß er die Sorgen nimmt, aber nicht trunken macht;

eine Frau, die einfach ist, aber Glück bringt; Schlaf, der die Dunkelheit verkürzt.

Glück bedeutet zufrieden zu sein mit dem, was man ist;

ein glücklicher Mensch kann seinem Todestag entgegensehen, ohne Furcht zu haben

oder ihn beschleunigen zu wollen.

Die dritte Reise 52−56

Endlich konnte Paulus Ephesus besuchen, was schon lange sein Ziel war. Die Stadt mit ihren 250 000 Einwohnern war berühmt für ihren Diana-Tempel. Silberhandwerker machten ein Vermögen, indem sie kleine Statuen der Göttin herstellten und sie an die Leute verkauften, die zum jährlichen Fest der Diana nach Ephesus kamen.

Apostelgeschichte 19,1−20

Paulus verbrachte über zwei Jahre in Ephesus und predigte zuerst in der Synagoge, dann in der Vortragshalle des Tyrannus, die er gemietet hatte. Kranke wurden geheilt. Leute, die schwarze Magie betrieben hatten, wurden Christen und brachten ihre Zauberbücher, um sie öffentlich zu verbrennen. Die Gemeinde wurde so groß und stark, daß sie erbitterten Widerstand in der Stadt provozierte.

Apostelgeschichte 19,23−41

Die Menschen glaubten nicht mehr an Diana, und die Geschäfte der Silberschmiede gingen zurück. Aus Furcht, ein blühendes Gewerbe würde ruiniert, wenn Paulus weiter predigen dürfe, rief der Silberschmied Demetrius eine Volksversammlung zusammen. Zornentbrannt folgten die Handwerker dem Aufruf, und eine große Volksmenge, die Gajus und Aristrarchus, zwei Begleiter des Paulus, mit sich zerrte, folgte ihnen zum Theater. Zwei Stunden lang war das Theater in Aufruhr, und der Pöbel schrie: »Groß ist die Diana der Epheser!«

Schließlich konnte ein Stadtbeamter sie beruhigen. Er wies darauf hin, daß die Christen nichts verbrochen hatten und Klagen gegen Paulus vor den Gerichtshof gebracht werden müßten. Wenn die Menge nicht schnell nach Hause ginge, bestände die Gefahr, daß sie von den Römern wegen des Aufruhres bestraft würden.

Paulus reiste nach Rom auf Getreideschiffen, die regelmäßig im Mittelmeerraum segelten. Sie hatten einen Hauptmast, ein großes, quadratisches Hauptsegel und ein kleines Focksegel. Die Ruder am Heck dienten zur Steuerung.

Der Mann und seine Methoden

Paulus war äußerlich ein unscheinbarer Mann. Eine frühe Überlieferung beschreibt ihn: »Klein, kahlköpfig, krummbeinig; körperlich gesund; Augenbrauen, die über seiner Hakennase zusammengewachsen sind; freundliches Gesicht.« Er konnte Leute vom Glauben überzeugen, war ein guter Organisator und konnte den von ihm gegründeten Gemeinden helfen, trotz äußerer Verfolgung und innerer Spannungen zu überleben. Er kannte das Alte Testament gut und führte es häufig bei Diskussionen an. Da er im griechischen Kulturkreis aufgewachsen war und auf seinen Reisen oft mit Griechen zusammentraf, kannte er auch die griechische Denkweise. So konnte er in einer Art über Jesus predigen, die die Nichtjuden ansprach, zu denen er als Missionar kam. Er sprach Aramäisch und Griechisch und wurde daher fast im ganzen Römischen Reich verstanden. Paulus äußerte einmal den Wunsch »allen alles zu werden«, um alle für den christlichen Glauben zu gewinnen (1.Korinther 9,22).

Auf seinen Reisen wurde er als römischer Bürger geachtet, und einige Male verdankte er sein Leben nur dem Schutz römischer Soldaten, die ihn als Bürger unterstützten.

Nichts war Paulus wichtiger, als so vielen Menschen wie möglich die gute Nachricht von Jesus zu bringen. Dafür war er zu allen Leiden bereit. Im zweiten Korintherbrief zählt er einiges davon auf: Fünfmal wurde er von Juden, dreimal von Römern ausgepeitscht; einmal wurde er gesteinigt; dreimal war er schiffbrüchig, wobei er einmal 24 Stunden auf dem Meer trieb; oft wurde er von Räubern und Gegnern seiner Botschaft angegriffen; oft litt er Hunger und Durst, fror und war heimatlos. Dazu kam die Last der Sorge für die Gemeinden, die er überall im Reich zurückgelassen hatte (2.Korinther 11,24–28). Er wartete oft monatelang auf Nachrichten seiner Freunde und Mitarbeiter.

In seiner Missionsarbeit verfuhr Paulus nach einem festen Plan. Zunächst gründete er Gemeinden in großen Städten wie Philippi, Korinth und Ephesus. Von dort reisten andere Christen in die benachbarten Orte, um dort mit der Gemeindearbeit zu beginnen. Er setzte in jeder Gemeinde Leiter ein, die die Gottesdienste leiteten und für jüngere Christen sorgten.

Von Zeit zu Zeit kehrte er in seine Gemeinden zurück, um sie zu ermutigen oder bei der Lösung anfallender Probleme zu helfen. Doch er blieb auch dadurch mit ihnen verbunden, daß er ihnen Helfer schickte, Männer wie Titus und Timotheus, denen er Briefe schrieb. Im Neuen Testament finden sich dreizehn Briefe, die Paulus geschrieben hat.

Apostelgeschichte 20,1–6

Die Leute nahmen den Rat an und gingen nach Hause. Doch Paulus mußte die Stadt verlassen und reiste ein weiteres Mal nach Griechenland. Dort hatte es in der Gemeinde von Korinth Spaltungen gegeben. Paulus hatte Titus geschickt und brieflich Ratschläge erteilt, doch jetzt wollte er selbst gehen. Nachdem er durch Philippi, Thessalonich und Beröa gereist war, kam er nach Korinth, wo er drei Monate blieb. Er ordnete die Probleme der Gemeinde, und als er von einer neuen Verschwörung gegen ihn erfuhr, kehrte er über Land nach Philippi zurück.

Apostelgeschichte 21,1–15

Von dort aus reiste er mit dem Schiff nach Troas, wo er Freunde aus Gemeinden in Griechenland und Kleinasien traf. Sie sammelten Geld in ihren Gemeinden für die armen Christen in Jerusalem. Auf diese Weise zeigte Paulus den Judenchristen in Palästina, daß die nichtjüdischen Christen für sie sorgten und daß sie alle Teile der einen Gemeinde Jesu Christi waren.

Von Jerusalem nach Rom
60–61

Apostelgeschichte 21,27–39

Paulus war erst wenige Tage in Jerusalem, da bekam er schon wieder Schwierigkeiten. Feindliche jüdische Pilger erkannten ihn im Tempel. Sie klagten ihn an, er habe Nichtjuden in den Innenhof des Tempels gebracht, den nur Juden betreten durften. Ihr Bericht war erlogen, aber er verursachte einen Aufstand. Paulus wurde durch gerade rechtzeitig eintreffende Soldaten gerettet, die ihn in der Festung Antonia in Sicherheit brachten.

Apostelgeschichte 23,16–24,27

Zu seiner eigenen Sicherheit wurde Paulus heimlich in das Hauptquartier des Gouverneurs von Cäsarea gebracht. Dort blieb er zwei Jahre lang gefangen, während der Gouverneur Felix überlegte, was er mit ihm machen sollte. Sein Nachfolger Festus entschied, Paulus in Jerusalem vor Gericht zu bringen, wo die jüdischen Ankläger ihren Fall darlegen konnten. Paulus, der sich von einem jüdischen Gericht kein gerechtes Urteil erhoffen konnte, berief sich auf sein Recht als römischer Bürger, vor dem obersten Gerichtshof in Rom gehört zu werden.

Apostelgeschichte 25,6–12

Apostelgeschichte 27,1–44

Paulus wurde der Obhut des Zenturionen Julius anvertraut, der ihn gut behandelte und seinen Freunden Lukas und Aristarchus erlaubte, mitzureisen. Die Seefahrt nach Rom endete fast mit einer Katastrophe, als das Schiff nach zwei Wochen während eines Sturmes vor Malta auf Grund lief. Die 276 Reisenden und die Mannschaft konnten jedoch an Land schwimmen.

Paulus' Reise nach Rom

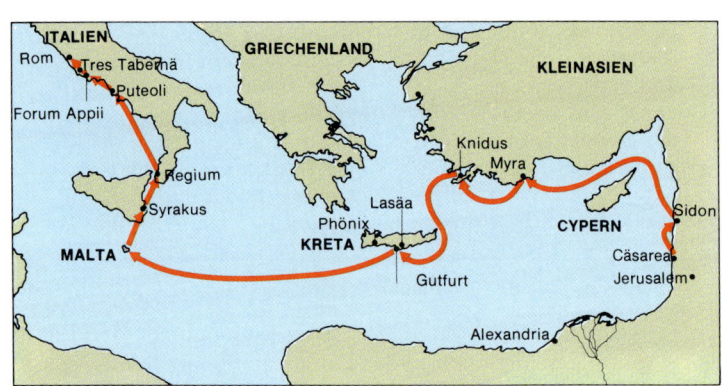

Apostelgeschichte 28,1–15

Nach drei Monaten Aufenthalt in Malta, in denen Paulus weiter von Christus predigte, fuhren sie mit einem anderen Schiff zum italienischen Hafen Puteoli. Dort durfte Paulus eine Woche mit Christen zusammenbleiben. Die letzten 240 km nach Rom reisten sie die berühmte Via Appia entlang.

Apostelgeschichte 28,16–30

So gelangte Paulus nach Rom, einem langersehnten Ziel. Doch er kam als Gefangener. Ein Soldat bewachte ihn, allerdings durfte er in Privatquartieren wohnen. Dort konnte er Briefe an seine Gemeinden schreiben, Gäste empfangen und allen, die zum Zuhören kamen, predigen. Er blieb dort zwei Jahre, und damit endet Lukas' Bericht. Was weiter passierte, wissen wir nicht; doch wurde Paulus wahrscheinlich vor Kaiser

Nero verhört und freigesprochen. Möglicherweise hat er zwei weiteren Jahre mit Reisen und Predigen zugebracht, bevor er 64 n.Chr. in Rom den Märtyrertod erlitt, in einer Zeit gesellschaftlicher Unruhen, in der die Christen hart verfolgt wurden.

Dreißig Jahre lang war Paulus dem Anruf gefolgt, den er auf der Straße nach Damaskus gehört hatte. Er erlitt Gefahren, Verfolgung, Schiffbruch und Widerstand. In vielen Provinzen des Römischen Reiches gründete er Gemeinden. Seine Briefe an diese Gemeinden machen ein Viertel des Neuen Testaments aus. Kurz vor seinem Tode schrieb er seinem Freund Timo-
2.Timotheus 4,7 theus: »Ich habe den guten Kampf gekämpft, ich habe den Lauf vollendet, ich habe Glauben gehalten.« Er war der erste und größte Apostel der Heiden.

Die sieben Gemeinden in Asien

Das Buch der Offenbarung wurde etwa 90 n. Chr. von dem Christen Johannes während einer Verbannung auf der Insel Patmos geschrieben. Es ist voller Zukunftsvisionen und Symbolik. Johannes blickt voller Zuversicht in die Zeit, in der Gott eine neue Welt ohne Schmerz, Trauer, Verfolgung und Gewalt errichten wird. Die ersten drei Kapitel enthalten kurze Briefe an sieben Gemeinden in Kleinasien. Sie spiegeln das Verhalten der Gemeinden gegen Ende des ersten Jahrhunderts wider, indem sie Verfehlungen und Tugenden nennen.

Ephesus hatte eine große Gemeinde und war eine der größten hellenischen Städte der alten Welt (Offenb. 2,1–7).

Smyrna ist der heutige türkische Hafen Izmir. Die römische Wasserleitung und der römische Marktplatz bestehen bis heute (2,8–11).

Pergamon war, so schreibt Johannes, Satans Thron. Dies bezieht sich wahrscheinlich auf den Zeustempel, eines der sieben Weltwunder (2,12–17).

Thyatira war bekannt für Tuchwaren, Töpferei und Metallarbeiten (2,18–29).

Sardes war gleichfalls Zentrum für die Herstellung und Färbung von Tuchwaren, daher der Hinweis des Johannes auf weiße und besudelte Kleider (3,1–6).

Philadelphia war die einzige der sieben Gemeinden, bei der Johannes keine Sünde fand (3,7–13).

Laodicea war eine reiche Stadt, deren Bankleute bis Rom bekannt waren. Johannes vergleicht die Gemeinde mit ihrer Wasserversorgung. Das Wasser wurde mit Leitungen von der heißen Quelle in Hierapolis in die Stadt gebracht. Es war dann lauwarm, nicht mehr heiß genug, um eine heilsame und lindernde Wirkung zu haben, aber auch nicht kalt genug, um zu erfrischen (3,14–21).

Die Überreste des alten Pergamon mit seinem Theater und dem Dionysostempel. Die Kaiserverehrung hat in dieser Stadt begonnen.

Wie das Neue Testament zusammengestellt wurde

Es gibt kaum Zeugnisse darüber, wie die neutestamentlichen Bücher zu einem Buch vereinigt wurden. Sicher geschah dies ganz allmählich, und erst im vierten Jahrhundert bestätigte ein Kirchenkonzil die Liste (Kanon) der Bücher, die als verbindlich aus allen anderen christlichen Schriften herausragen.

Die ersten Christen lasen wie die Juden bei ihren Gottesdiensten aus dem Alten Testament. Doch als Nachfolger Jesu redeten sie auch über dessen Leben und Lehren. Manche Gemeindeglieder hatten Jesus vielleicht noch zu seinen Lebzeiten gekannt.

Doch als die Gemeinden zahlreicher wurden und die Augenzeugen starben, wurde es notwendig, die Berichte niederzuschreiben. So wurden im ersten Jahrhundert die vier Evangelien zusammengestellt. Sie nahmen in Leben und Gottesdienst der Christen einen wichtigen Platz ein.

Wie die Juden, glaubten auch die Christen, an eine göttliche Inspiration ihrer Schriften. 200 n. Chr. erkannten alle Gemeinden die vier Evangelien als offizielle Berichte über Leben und Lehren Jesu an. Auch einige der Paulusbriefe an einzelne Gemeinden wurden als notwendig für die Entwicklung der Gesamtgemeinde angesehen. Erst später wurden auch die übrigen Bücher allgemein akzeptiert.

Das Buch der Offenbarung war zwar im zweiten Jahrhundert bekannt, wurde aber erst im dritten Jahrhundert benutzt. Auch der Hebräerbrief wurde erst im vierten Jahrhundert als »Schrift« anerkannt, unter anderem, weil die Frage nach dem Verfasser nicht beantwortet werden konnte.

Nach drei Jahrhunderten der Diskussionen, in denen die Gemeinden übereinkamen, welche Schriften eine besondere Autorität und Führungsaufgabe für den christlichen Glauben hatten, wurde der »Kanon«, die Liste der anerkannten Bücher, auf einem Treffen der Kirchenführer festgelegt. Das Konzil von Laodicea (363) erkannte das Neue Testament in seiner heutigen Form an, mit Ausnahme der Offenbarung. Im Jahre 367 führte der Bischof von Alexandrien Athanasius in einem Brief eine Liste von Büchern auf, die unserem Neuen Testament entspricht. Diese Liste wurde offiziell auf dem Konzil von Karthago 397 n. Chr. angenommen.

Die frühen Texte

Im Gegensatz zum Alten Testament gibt es vom Neuen Testament Tausende alter Handschriften. Ursprünglich war es in Griechisch geschrieben, doch es gab frühe Übersetzungen ins Lateinische, Syrische, Ägyptische und in andere Sprachen.

Die meisten griechischen Handschriften haben einen einheitlichen Textbestand, der im 5. Jh. zum Standardtext erklärt wurde. Von dem niederländischen Gelehrten Erasmus stammt die erste gedruckte Ausgabe des griechischen Textes (1516). Vor dieser Zeit hatte niemand nach der Genauigkeit des Standardtextes gefragt. Doch einige Ausgaben des 16. und 17. Jahrhunderts enthielten Fußnoten, die auf Unterschiede in anderen Handschriften hinwiesen. Die wichtigsten Ausgaben sind die griechische Ausgabe des Stephanus (1611), auf der die englische »King James' Vision« beruht, und die Ausgabe von Elzevir (1633), die die Grundlage der übrigen europäischen Übersetzungen bildet.

Während des 18. und 19. Jahrhunderts erforschten Gelehrte die Geschichte des Standardtextes und entdeckten, daß viele ältere Handschriften in Einzelheiten von ihm abwichen. Es wurde nun wichtiger, Alter und Qualität der Handschriften festzustellen, als sich durch die Vielzahl der überlieferten Manuskripte beeindrucken zu lassen. Andere Gelehrte fanden heraus, daß die Handschriften nach gemeinsamen Merkmalen in »Familien« zusammengefaßt werden konnten. Schließlich wurde der Standardtext des fünften Jahrhunderts durch ältere und genauere Texte ersetzt.

Die ältere erhaltene Abschrift des gesamten Neuen Testaments ist der *Codex Sinaiticus* aus dem vierten Jahrhundert. Der etwas ältere *Codex Vaticanus* enthält alle Schriften bis zum neunten Kapitel des Hebräerbriefes. Beide sind die Grundlage zu dem griechischen Text aus dem 19. Jahrhundert. Während der letzten 100 Jahre sind Bruchstücke noch älterer Abschriften auf Papyrus gefunden worden, die es den Wissenschaftlern ermöglichen, noch genauere Ausgaben des Neuen Testaments herauszugeben.

Bis zur Erfindung des Buchdrucks im 15. Jahrhundert mußten alle Abschriften von Hand hergestellt werden. Dies machten gewöhnlich Schreiber, denen ein Vorschreiber diktierte. Durch Hörfehler und Nachlassen der Konzentration schlichen sich unvermeidlich Fehler in die Abschriften ein. Auch ein Schreiber der für sich allein arbeitete, brachte durch falsches Lesen des Textes unbeabsichtigte Fehler hinein. Da handgeschriebene Texte für den allgemeinen Gebrauch zu teuer waren, besaßen die Kirchen im allgemeinen eine einzige Abschrift, die sich alle Mitglieder der Gemeinde teilten.

Zunächst wurden die Bücher des Neuen Testaments auf Papyrusrollen niedergeschrieben, später auf Pergament. Doch bereits im zweiten Jahrhundert führten die Christen die Buchform ein (»Codex«), wie wir sie bis heute kennen.

Teil II

Die Welt der ersten Christen

Edwin Yamauchi

R. BROCKHAUS

Redaktion und Zusatzmaterial:
Ruth Connell, Derek Williams

Illustrationen:
Evelyn Bartlett (S. 112, 115, 119, 120, 121)
Roger Dicks (S. 104)
David Reddick (S. 23)
Edward Ripley (S. 49, 55, 85, 88)
Ray Wright (S. 46, 86, 92, 110, 114)

Karten:
Roy Lawrance, Lesley Passey

Übersetzung:
Margarete Drißen, Tobias Kriener

Die Fotos sind mit freundlicher Genehmigung folgender Personen bzw. Organisationen abgedruckt:
Archivio Fotografico del Musea di Roma (82 oben)
Britisches Museum (16 unten, 38 oben, 40, 48, 67, 77 links)
Cabinetto Fotografico Nationale (109)
Camera Press (3, 10, 16 oben, 22)
David Harris (14, 15)
Sonia Halliday Photographs (F.H.C. Birch: 9, 30, 33, 41, 52, 71 rechts, 77, 80 links, 82 unten; Pru Grice: 29; Sonia Halliday: 1, 5, 7 rechts, 18, 20, 28, 35, 37, 38 unten, 45, 47, 50, 57, 65, 69, 71 links, 80 rechts, 81, 95, 102, 106, 107, 112, 116, 118, 122; Jane Taylor: 6, 12, 13, 27, 32, 60)
Lion Publishing, David Alexander (21)
Mansell Collection (4, 8, 31, 39, 44, 49, 51, 54, 56, 61, 66, 72, 74, 75, 78 links, 89, 91, 96, 100, 101, 108, 113 unten, 121, 123, 124, 125, 126, 128)
W. Metz (7 links unten, 25)
Ann u. Bury Peerless (26)
Ronald Sheridan (42, 78 rechts, 97, 99, 113 oben)
Stephen Travis (7 oben, 17)

Inhalt

Vorwort

Im ersten Jahrhundert nach Christus trafen höchst unterschiedliche Welten zusammen. Das römische Reich befand sich auf der Höhe seiner Macht. Seine Legionen eroberten mit Waffen und Ideen neue Länder. Sie nahmen Religionen und Bräuche mit und hinterließen Straßen und Städte. Die Grundlagen der modernen Welt wurden gelegt.

In einem entlegenen Winkel des Reiches wurden zur gleichen Zeit Grundlagen anderer Art gelegt. Unbemerkt – abgesehen von einer Handvoll wutentbrannter Gegner und einem bunten Haufen von Anhängern – hatte eine neue religiöse Bewegung begonnen. Ein Jahrhundert später hatte sie sich schon über ganz Südeuropa und bis nach Afrika und Asien verbreitet. Dreihundert Jahre später sollte sie zur Reichsreligion werden.

Über alles Erwarten hatte das Christentum genau das vollbracht, was seine früheren Gegner ihm als Ziel unterstellt hatten: Es hatte die Welt auf den Kopf gestellt. Im Laufe der Zeit war es zu einem wirksameren und dauerhafteren Moment des Wandels geworden als das Weltreich selbst, in dem es entstanden war.

In seinen Anfängen war das Christentum eng mit den politischen Ereignissen der Zeit verzahnt. In der Weihnachtsgeschichte gibt es »keinen Raum in der Herberge«, weil der Kaiser eine Volkszählung angeordnet hatte, die die Rückkehr der Familien in die Heimatstadt ihrer Vorfahren erforderte. Etwa dreißig Jahre später wurde Jesus als angeblicher Führer einer Erhebung gegen die Besatzungsmacht nach römischem Recht gekreuzigt. Und der erste große christliche Missionar, Paulus von Tarsus, setzte geschickt seine Kenntnis zeitgenössischer Literatur und seine römische Staatsbürgerschaft zur Verkündigung seiner Botschaft ein.

Die Politik der Römer war nicht der einzige Faktor, der den Glauben in seinen Anfängen beeinflußte. Ebenso entscheidend war die griechische Kultur – der Hellenismus. Hellenistisches Griechisch (»Koine«) wurde in der ganzen antiken Welt als Sprache für Handel, Verkehr und Kultur benutzt. Die neuen Städte mit Theater und Forum, Prachtstraßen, Tempeln und Verwaltungsgebäuden waren oft der Mittelpunkt einer ganzen Region und daher ein natürlicher Ausgangspunkt für die Mission. Wohl sprachen Jesus und seine Jünger aramäisch; doch das Neue Testament, an die gesamte damals bekannte Welt gerichtet, wurde folglich in griechischer Sprache geschrieben. Und inhaltlich hatte es die griechischen Kategorien in Betracht zu ziehen, in denen seine Leser zu denken gewohnt waren.

Als dann später die griechische Philosophie in die Lehre der Kirche integriert wurde, gefährdete sie den Kern des christlichen Glaubens. Aber sie enthielt auch die Elemente, die die Kirche dazu brachten, ihre eigenen Lehren genauer zu definieren.

Das Christentum kann also ohne Berücksichtigung seines geschichtlichen und kulturellen Hintergrundes nicht ganz verstanden werden. Die Absicht dieses Buches ist es, eben diesen Hintergrund zu skizzieren. Das Neue Testament wird nur da direkt angeführt, wo der Zusammenhang es erfordert. Zweck des Buches ist nicht, die Geschichte von Jesus, Paulus und ihren Genossen auf ihrem kulturellen Hintergrund noch einmal zu erzählen. Vielmehr beschäftigt es sich mit der Welt der Eroberer und Priester, der Architekten und Gelehrten, der Kriegsleute und Händler, in die Jesus und die Kirche hineinkamen und die sie stellenweise veränderten.

Dieses Buch will in die Welt des 1. Jahrhunderts n. Chr. einführen und so dann auch das Neue Testament erhellen. Es soll deutlich werden, wie entscheidend die Würdigung der Umwelt für unser Verständnis des Neuen Testaments ist. Die Ereignisse, die es berichtet, haben in der Realität stattgefunden, zu einem bestimmten Zeitpunkt in der Geschichte und an Schauplätzen, die noch heute besichtigt, photographiert und untersucht werden können.

DIE UMWELT DES JUDENTUMS

Palästina, die Heimat der Juden im Altertum, war ein kleines Land. Seine Ausdehnung erreichte nur 240 Kilometer von Dan im Norden bis nach Beerseba im Süden, und weniger als 80 Kilometer von Jaffa im Westen bis nach Jericho im Osten. Mit seiner Fläche von ca. 250 000 km² ist es etwas kleiner als Belgien.

Doch es war in seiner Eigenschaft als Landbrücke für den Verkehr zwischen Ägypten und Mesopotamien für die Großmächte von lebenswichtigem Interesse. Die Ebene von Megiddo war der Ort zahlloser Schlachten um die Kontrolle der Handelsstraße, die hier verläuft. Zwischen dem Tod Alexanders des Großen 323 und der Schlacht bei Ipsos 301 v. Chr. wurde Palästina sieben Mal von ägyptischen und syrischen Armeen durchzogen oder besetzt.

ILLYRIEN

MAZEDONIEN

KLEINASIEN

MESOPOTAMIEN

SYRIEN

Mittelländisches Meer

JUDÄA

AFRIKA   ÄGYPTEN

Ausschnitt der Hauptkarte
als rote Fläche

Sidon

ITURÄA   ABILENE

Damaskus

Tyrus

Hermon

Cäsarea Philippi

SYRO-PHÖNIZIEN

TRACHONITIS

GALILÄA   GAULANITIS

Kapernaum   Bethsaida

Magdala   *See Genezareth*   Raphana

Jotapata   Tiberias   Hippos

Kana   Abila

Nazareth   Gadara

DEKAPOLIS

Cäsarea   Skythopolis

Pella

Ebene von Saron   SAMARIA

Gerasa

Sebaste   *Jabbok*

Sichem

△ *Garizim*   *Jordan*

Joppe   PERÄA

Philadelphia

Jamnia

Jericho

Emmaus   Jerusalem   Bethanien

Bettar   Qumran

Bethlehem

Askalon   *Judäisches Gebirge*   Herodium

Machärus

JUDÄA   Hebron

Gaza

Judäische Wüste

Totes Meer

Arnon

Masada

Beer-Seba

IDUMÄA

NABATÄERREICH

Palästina z. Zt. des Neuen Testaments

Die Juden
unter römischer Herrschaft

Der Makkabäeraufstand

Antiochus: 175–164 v.Chr.

Die Eroberungen Alexanders des Großen führten dazu, daß griechische Kultur und Sprache sich in weiten Gebieten ausbreiteten. Ptolemäus und Seleukos, die Nachfolger Alexanders in Ägypten und Syrien, suchten ihre Gebiete mit einer Politik zu einen, die griechische und lokale Elemente verband.

Der Seleukidenherrscher Antiochus IV. Epiphanes provozierte durch die Radikalität, mit der er die griechische Kultur durchzusetzen versuchte – ein Vorgang, den man Hellenisierung nennt – einen Aufstand der Juden. Er gewann allerdings die Unterstützung der jüdischen Oberschicht, die gern als »griechisch«-kultiviert gelten wollte. Der Bruder des Hohenpriesters änderte seinen Namen von Jesus in das griechische Jason und bestach Antiochus, um Hohepriester zu werden. Er schockierte andere Juden, indem er ein Gymnasium bauen ließ, wo in Sichtweite des Tempels nackt Wettkämpfe ausgetragen wurden.

Antiochus verbot die Einhaltung der Sabbatgesetze und die Beschneidung und zwang die Juden, Speisen zu essen, die ihnen als unrein galten. Als eine Mutter und ihre sieben Söhne sich weigerten, sich durch den Genuß von Schweinefleisch zu verunreinigen, starben sie den Märtyrertod. Mit der syrischen Göttin verbundene rituelle Prostitution wurde im Tempelbezirk

Noch heute feiern die Juden jedes Jahr im Kreise der Familie das Lichterfest. Achtarmige Leuchter werden angezündet, denn die Überlieferung besagt, daß nach der Wiedereinweihung des Tempels 165 v. Chr. die Tagesration an Öl für den siebenarmigen Leuchter für acht Tage gereicht habe.

Daniel 11,31

praktiziert. Als im Dezember 167 v. Chr. ein Schwein auf einem Zeusaltar geopfert wurde, hielt man das für den von Daniel prophezeiten »Greuel der Verwüstung«.

Ein Priester namens Mattathias führte die jüdische Opposition an. Sein ältester Sohn war Judas, genannt Makkabäus – »der Hammer«. Der Makkabäeraufstand endete erfolgreich mit der Wiedereinnahme des Tempels. In Erinnerung an dieses Ereignis feiern die Juden noch heute Hannuka, das »Lichterfest«.

Nachdem Judas im Jahre 161 v. Chr. umgebracht worden war, übernahm sein Bruder Jonathan die politische Führung. 153 wurde er auch zum Hohenpriester ernannt, dem ersten in der Reihe der Hasmonäer – so benannt nach Simon, dem letzten überlebenden Bruder des Judas –, die dieses Amt bis 36 v. Chr. innehatten. Viele fromme Juden waren von dieser Konzentration der politischen und religiösen Führung in einer Familie nicht sehr erbaut.

Johannes Hyrkanus, ein Neffe von Judas und Jonathan, errang 129 v. Chr. die politische Unabhängigkeit. Sie dauerte nur bis 63 v. Chr., als Rom Palästina annektierte.

Die Eroberung durch die Römer

Im Jahre 66 v. Chr. wurde Pompejus unbeschränkte Macht übertragen, um das Mittelmeer von Piraten zu befreien. In nur drei Monaten erledigte er diese Aufgabe gründlich. Sozusagen nebenbei marschierte er danach in Palästina ein, wo zwei Brüder sich um das Amt des Hohenpriesters stritten. Gegen den ehrgeizigen Aristobul ergriff er Partei für Hyrkanus, den älteren Bruder. 63 v. Chr. eroberte er Jerusalem. Dabei besaß er die Frechheit, das Allerheiligste im Tempel zu betreten, das selbst der Hohepriester nur einmal im Jahr betreten durfte. Daß er die Tempelschätze nicht antastete, konnte die Entrüstung der Juden nicht mindern.

Pompejus organisierte ferner die Provinz Decapolis, einen Zusammenschluß von zehn griechischen Kolonialstädten, dem er noch Skythopolis (Beth-Schean) südlich des Sees Genezareth und neun andere Städte in Syrien und östlich des Jordan zuordnete, darunter Damaskus, Philadelphia, Pella, Gerasa und Gadara.

Pompejus, der römische General, der der Unabhängigkeit Palästinas ein Ende setzte

Die Herodianer

Der Stamm der Idumäer war von den nabatäischen Arabern nach Westen, in den Süden Judäas, verdrängt worden. Dort hatten die Hasmonäer sie gezwungen, zum Judentum überzutreten. Sie waren also erst seit kurzer Zeit Juden und daher vielen verdächtig. Zudem waren sie verschlagen und paktierten skrupellos mit den Römern, wenn es ihnen vorteilhaft erschien.

Ihr Haupt war seit etwa 47 v. Chr. Antipater. Als Berater diente er auch dem Hyrkanus, und er gewann das Vertrauen des Pompejus. Als Cäsar im Jahre 48 v. Chr. in Alexandria belagert wurde, war es Antipater, der die Juden überredete, Cäsar zu unterstützen. Aus Dankbarkeit räumte dieser den Juden wichtige Privilegien ein.

Herodes der Große, Antipaters Sohn, war ein Opportunist

ersten Ranges. In den wirren Jahren des römischen Bürgerkrieges verbündete er sich geschickt nacheinander mit Pompejus dann Cäsar, später Antonius und schließlich Oktavian (Augustus). Wegen seiner militärischen Fähigkeiten schätzten die
Römer seine Dienste. Er schirmte das Reich gegen die Nabatäer im Süden und die Parther im Osten ab.

Im Jahre 40 v. Chr. wurde Herodes von den Römern zum
König über Judäa ernannt und von ihren Truppen in seinem
Kampf um die Herrschaft über Palästina im Jahre 37 unter-
stützt. Fortan stützte er sich auf heidnische Soldaten. Er wan-
delte die alte Stadt Samaria für seine ausländischen Söldner in
Sebaste um. Und er ließ Palästinas ersten Tiefwasserhafen in
Cäsarea bauen.

Zwar war Herodes als Politiker erfolgreich, sein Privatleben

**Durch den Tiefwasserhafen, den Hero-
des hier bauen ließ, wurde Cäsarea
zu einem bedeutenden Handelszen-
trum. Zwei große Wellenbrecher
schützten einst ein Gelände von
135000 m².**

aber verlief äußerst unglücklich. Er heiratete zehn Frauen, darunter die bildschöne hasmonäische Prinzessin Mariamne. Obwohl er sie leidenschaftlich liebte, ließ er sie hinrichten, weil
er sie der Untreue verdächtigte. Später ließ er ihre beiden
Söhne hinrichten. Als er entdeckte, daß sein Lieblingssohn Antipater sich gegen ihn verschworen hatte, ließ er auch ihn hinrichten. Dieser paranoide Monarch war es auch, der das Massaker an den Kindern von Bethlehem anordnete.

Matthäus 2,13–18

Unsere Zeitrechnung wurde im 6. Jahrhundert von einem
Mönch entwickelt, der sich jedoch bei der Berechnung der Re-

gierungszeit des Kaisers Augustus um vier Jahre irrte. Jesus
muß vor dem Tod des Herodes im Jahre 4 v. Chr. geboren sein.
Dieses Datum ist aufgrund astronomischer Berechnungen gesichert.

Das Königreich des Herodes wurde unter seine drei Söhne
aufgeteilt: Archelaus erbte Judäa, Antipas Galiläa und Peräa
und Philippus weitgehend heidnische Gebiete östlich des Sees
Genezareth.

4 v.Chr.–34 n.Chr.   Philippus' Herrschaft war gerecht und verlief relativ ereig-
Markus 9,2–8   nislos. In seinem Gebiet, an den Hängen des Hermon, wurde
Jesus verklärt. In Cäsarea Philippi am Fuß des Hermon be-
Markus 8,29   kannte Petrus Jesus als den Christus.

Antipas wurde wegen seiner Schläue von Jesus als »Fuchs«
bezeichnet. Johannes der Täufer klagte ihn an wegen seiner
ehebrecherischen Beziehung zu Herodias, der ehemaligen Frau
Markus 6,29   seines Halbbruders. Nach einem verführerischen Tanz ihrer
Tochter, wahrscheinlich Salome, versprach Antipas unbeson-
nen, dieser jeden Wunsch zu erfüllen. Widerstrebend erfüllte
er dann ihre Bitte, der Herodias den Kopf Johannes' des Täufers auf einer Schale zu präsentieren. Ihr andauerndes Drängen
wurde Antipas zum Verhängnis. Als er Rom ersuchte, ihn vom
Tetrarchen zum König zu befördern, wurde er stattdessen im
Jahre 39 n. Chr. mit seiner Frau verbannt.

Archelaus war aus dem gleichen Holz geschnitzt wie sein Vater. Seine erste Regierungsmaßnahme war die Ermordung von
3000 Gegnern. Als Maria und Joseph aus Ägypten zurückkehrten, mieden sie wohlweislich sein Gebiet und ließen sich in Galiläa nieder. Die Herrschaft des Archelaus war so drückend,
daß Juden und Samariter im Jahre 6 n. Chr. erfolgreich seine

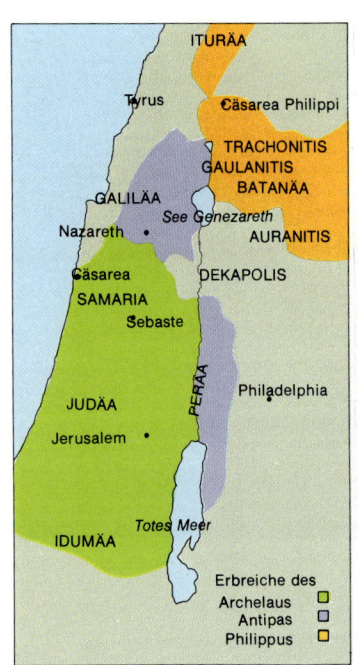

**Die Teilung
des herodianischen Reiches**

Herodeion, eine Festung, die Herodes
auf einem Hügel 12 km südlich von Jerusalem errichten ließ, aus der Vogelperspektive

Apostelgeschichte 12,1

Apostelgeschichte 12,21–23

Apostelgeschichte 24

Absetzung forderten. Dies ebnete den W[eg] römischen Landpfleger.

Ein weiterer wichtiger Herrscher, Agrippa [I., ein En]rodes des Großen, wurde im Umkreis der kaise[rlichen Familie] in Rom erzogen. Aufgrund seiner Freundschaft m[it Ca]ligula wurden ihm zunächst die Gebiete des Philipp[us übertra]gen, 39 n. Chr. dann auch Galiläa und Peräa. Nach d[er Ermor]dung Caligulas im Jahre 41 unterstützte Agrippa den Cl[audius] bei der Wahl zum Kaiser. Als Gegenleistung wurde er zum [Kö]nig von Judäa und Samaria gemacht. Um sich die Beliebthei[t] bei seinen Untertanen zu erhalten, verfolgte er die Christen und ließ Jakobus, den Sohn des Zebedäus, einen der zwölf Apostel, töten. Eine tödliche Krankheit streckte ihn im Theater von Cäsarea nieder.

Sein Sohn Agrippa II. trug zwar den Titel eines Königs, doch die Macht lag in Wirklichkeit wiederum beim römischen Landpfleger. Mit seiner Schwester Drusilla, die mit dem Landpfleger verheiratet war, hörte er die großartige Verteidigungsrede des Apostels Paulus. Da er seinen Thron den Römern verdankte, bekämpfte er den jüdischen Aufstand von 66 n. Chr. Berenice, eine weitere Schwester, wurde die Geliebte des Titus, des Generals, der im Jahre 70 n. Chr. Jerusalem einnahm.

Herodes als Bauherr

Ganz oben: Auf dieser Inschrift aus Cäsarea wird Pontius Pilatus erwähnt.

Oben links: Die Klagemauer besteht zu einem großen Teil aus Steinen, die das Fundament für den herodianischen Tempel bildeten:

Oben rechts: Der von Herodes erbaute Aquädukt, der Wasser vom Karmelgebirge nach Cäsarea leitete

Neuere Ausgrabungen haben gezeigt, daß Herodes ein eifriger Bauherr war. Nach Mk. 13 bewunderten Jesu Jünger seinen Tempelneubau in Jerusalem, der im Jahre 19 v. Chr. begonnen worden war. Erst sechs Jahre vor seiner Zerstörung durch die Römer im Jahre 70 n. Chr. wurde der Tempelbau vollendet. Bis heute hat nur sein mächtiges Fundament überdauert, dessen Westseite die Klagemauer bildet, an der die Juden noch heute die

Zerstörung des Tempels beklagen. Auch von den Festungen Masada an der Westseite des Toten Meeres und Machaerus an dessen Ostseite sind imposante Ruinen freigelegt worden. Machaerus war die Festung, in der Johannes der Täufer gefangen gehalten wurde. Andere großartige Gebäude aus der Zeit des Herodes fand man in Jericho, wo er starb, und auf dem Herodeion, wo er begraben wurde.

Die römische Besatzung

Die Römer erlegten den Juden hohe Steuern auf. Dieses Relief aus dem 4. Jh. n. Chr. zeigt Bauern bei der Entrichtung ihrer Abgaben.

Mit Ausnahme der kurzen Herrschaft Agrippas I. (41–44 n. Chr.) herrschten in Judäa von 6. v. Chr. bis zum Ausbruch des ersten jüdischen Krieges 66 n. Chr. vierzehn römische Landpfleger.

Der Landpfleger (oder Prokurator) über Judäa kam aus dem römischen Ritterstand; er war dem Legaten von Syrien mit Sitz in Damaskus unterstellt. Judäa galt als kleine Provinz, und dem Landpfleger stand daher nur eine kleine Truppe von etwa 3000 Mann zur Verfügung, die großenteils in Cäsarea stationiert waren. An hohen jüdischen Festen, z.B. dem Passa, dürften etwa 500 Soldaten nach Jerusalem in die Burg Antonia neben dem Tempelbezirk verlegt worden sein.

Pontius Pilatus regierte von 26 bis 36 n. Chr. Er war ein Günstling des mächtigen Führers der Prätorianergarde in Rom, Sejanus. Mehrmals beleidigte Pilatus die Juden durch ungeschicktes Verhalten. So baute er aus Tempelsteuergeldern einen Aquädukt und verletzte jüdische Traditionen, als er militärische Standarten mit dem Bild des Kaisers durch die Straßen Jerusalems tragen ließ. Er unterdrückte jegliche Opposition mit skrupelloser Härte. Anderseits beugte er sich jüdischem Druck,

Matthäus 27,15–26

als er Jesus als politischen Aufrührer kreuzigen ließ. Dies ereignete sich 30 oder, wie einige Historiker argumentieren, erst 33 n. Chr., als Pilatus' Position nach dem Sturz des Sejanus unsicher geworden war.

Der Landpfleger von 52–60 n. Chr. war, wie schon sein Name Felix (»der Glückliche«) andeutet, ein ehemaliger Sklave. Der Historiker Tacitus schreibt über ihn: »Mit jeder nur erdenklichen Grausamkeit und Lust führte er königliche Aufga-

Apostelgeschichte 24,26

ben im Geiste eines Sklaven aus.« In der Hoffnung auf Bestechungsgelder hielt er den Apostel Paulus lange in Cäsarea gefangen.

Als Festus (60–62) die Nachfolge von Felix antrat, machte Paulus von seinem Recht als römischer Bürger Gebrauch, sich direkt an den Kaiser (Nero) zu wenden.

Die römische Besatzung in jüdischer Sicht

Die Juden empfanden die Verletzung ihres Nationalstolzes am schlimmsten. Sie glaubten an ihre Erwählung als Volk Gottes und erwarteten den Tag, an dem die Völker der Welt nach Jerusalem kommen und ihren Gott anbeten würden. Stattdessen entweihten die Römer und ihre Marionettenkönige ihre heiligen Stätten und verhöhnten ihre Gesetze und Bräuche.

Herodes der Große baute dem Augustus in Cäsarea einen Tempel. Darin standen Statuen, die Augustus als Zeus und Rom als Hera verkörperten – für die Juden eindeutig Götzenverehrung. In Cäsarea und Jerusalem baute Herodes Theater und Arenen. Hier wurden alle vier Jahre Spiele zu Ehren von Augustus abgehalten. Die nackten Kämpfer und die kultischen Riten erregten großen Anstoß bei frommen Juden. Am schlimmsten aber war der goldene Adler, das Symbol römischer Herrschaft, den Herodes über dem großen Tor des Jerusalemer Tempels anbringen ließ.

Römische Soldaten waren in Judäa stationiert, um die Parther nordöstlich von Syrien unter Kontrolle zu halten. Daneben hatten die Soldaten für Ruhe in Judäa zu sorgen, Aufstände zu verhindern und die Sicherheit der Handelsrouten zu gewährleisten.

Das Hauptquartier befand sich in Cäsarea, doch eine Abteilung lag auch in Jerusalem. Soldaten taten Dienst im Außenbezirk des Tempels, und sie erhielten zur Zeit des Passa Verstärkung, wenn Pilger in die Stadt strömten.

Die Juden konnten sich nicht darüber hinwegtäuschen, wer ihr Land beherrschte. Soldaten gehörten zum Straßenbild. Sie selbst waren allerdings vom Militärdienst freigestellt, weil ihr Gesetz ihnen das Waffentragen am Sabbat verbot und Soldaten an heidnischen Riten teilzunehmen hatten.

Zu den verhaßtesten Aspekten der römischen Herrschaft gehörten die schweren Steuern. Die Provinzen mußten den größten Teil der Kosten für die Verwaltung des Reiches tragen. In der Provinz Syrien betrug die Einkommensteuer zwar nur ein Prozent, aber es gab zahlreiche Sondersteuern, z.B. 10 % der Getreideernte oder 5 % der Wein-, Obst- und Olivenernte und viele andere.

Ein römischer Beamter, der Zensor, war für die Eintreibung der Steuern verantwortlich, verkaufte dieses Recht jedoch meistbietend. Die Steuereintreiber verlangten nun mehr Geld, als eigentlich zu zahlen war, und steckten die Differenz in die eigene Tasche. Wahrscheinlich nahmen sie Bestechungsgelder von den Reichen, so daß am Ende die Armen für die römische Besetzung zahlten.

Die Unterdrückung löste häufig jüdische Aufstände aus. Während der Amtszeit des Prokurators Ventidius Cumanus (48–52 n.Chr.) warf ein Soldat eine Gesetzesrolle ins Feuer. Die Juden waren so aufgebracht, daß Cumanus den Soldaten hinrichten lassen mußte. Unter Judas Galiläus rebellierten die Juden gegen die maßlosen Steuern, aber der Aufstand wurde brutal niedergeschlagen, und alle Aufständischen wurden hingerichtet (vgl. Apostelgesch. 5,37). Gruppen wie die Zeloten rebellierten offen, weil sie nach Freiheit vom römischen Joch strebten, während die Essener sich in ihrer autarken Gemeinschaft von der Gesellschaft absonderten.

Die Besatzung brachte aber auch Vorteile. Die Römer sorgten für Ruhe und bauten ein Straßennetz, das dem Handel zugute kam. Sie respektierten oft einheimische Bräuche, gewährten das Recht zur Ausübung der eigenen Religion und ein gewisses Maß an Selbstverwaltung. Der Sanhedrin – der jüdische Rat der 70 Ältesten und der Hohenpriester – entschied in religiösen Angelegenheiten und nahm unter der Aufsicht des Prokurators bestimmte juristische und administrative Aufgaben wahr. Er hatte aber offenbar kein Recht, die Todesstrafe zu verhängen. Deshalb mußte Jesus von Pilatus zum Tod verurteilt werden.

Soldaten tragen den Siebenarmigen Leuchter aus dem Tempel im Triumphzug des Titus.

Widerstand gegen eine herrschende Macht nimmt oft die Form des Guerillakrieges an. Die Zeloten benutzten ähnliche Mittel in ihrem Kampf um die nationale Unabhängigkeit der Juden.

Die Zeloten

In der Weihnachtsgeschichte wird eine Volkszählung erwähnt, die Augustus durch seinen Legaten Quirinius anordnete. Dadurch sollte das Steueraufkommen geschätzt werden. Augustus ordnete ähnliche Steuerschätzungen regelmäßig in Ägypten an.

6 n. Chr. befahl Quirinius für Judäa eine weitere Zählung. Damit provozierte er einen von Judas dem Galiläer angeführten Aufstand, der fehlschlug, der aber den Anfang der Widerstandsbewegung national gesinnter Juden markierte, die man später Zeloten nannte. Diese Gruppe weigerte sich, den Römern Steuern zu zahlen, und war bereit, jüdische Kollaborateure ebenso wie Römer zu töten.

Einer der Jünger Jesu, Simon, war ein ehemaliger Zelot, und Jesus selbst wurde später wegen angeblicher politischer Agitation gekreuzigt. Daher nehmen manche an, Jesus habe den Zeloten nahegestanden. Sie lassen allerdings außer acht, daß Matthäus, ein anderer Jünger, Steuereintreiber gewesen war. Ganz unzelotisch waren auch die Worte Jesu, als man ihm eine Münze mit dem Bildnis des Kaisers vorhielt: »Gebt dem Kaiser, was des Kaisers ist.«

Matthäus 22,15–22

Die Söhne Judas' des Galiläers zettelten einen neuen Aufstand an und wurden gekreuzigt. Während der Amtszeit des Felix als Landpfleger scharte ein falscher Prophet aus Ägypten auf dem Ölberg mehrere tausend Anhänger um sich. Der römische Offizier, der Paulus aus einem Aufruhr im Tempelbezirk rettete, verwechselte ihn mit diesem Ägypter.

46–48 n.Chr.

44-46 n.Chr.

Apostelgeschichte 21,38

Ebenfalls unter Felix traten erstmals radikale Zeloten – wegen der verborgenen Dolche (lat. Sicarii), die sie bei Attentaten verwendeten, Sikarier genannt – in Erscheinung und verübten einen Anschlag auf den Hohenpriester. Das Anwachsen der zelotischen Nationalbewegung und auf der anderen Seite die immer kompromißlosere Politik der Landpfleger Albinus (62–64) und Florus (64–66) führten im Jahre 66 n. Chr. zum ersten jüdischen Aufstand.

Revolution

Josephus: 37 –
ca. 100 n.Chr.

Unser Wissen über die Geschichte der Juden im 1. Jh. n. Chr. stützt sich hauptsächlich auf den Historiker Josephus, einen Priester aus der Dynastie der Hasmonäer. *Die jüdischen Altertümer,* erstmals 94 veröffentlicht, erzählt die Geschichte der Juden von der Zeit des Alten Testaments bis in seine Zeit. In *Contra Apion* verteidigt er das Judentum gegen die Angriffe eines antisemitischen Intellektuellen aus Alexandria. Seine *Autobiographie* sowie der unschätzbar wertvolle *Jüdische Krieg* sind zweifellos subjektiv gefärbt, da Josephus beide Werke schrieb, um sein eigenes Verhalten zu rechtfertigen. Er führte ursprünglich die jüdischen Streitkräfte in Galiläa an, unterwarf sich 67 aber unter mysteriösen Umständen den Römern.

Nicht nur wegen der Übermacht der römischen Legionen, sondern auch wegen der erbitterten Rivalität zwischen verschiedenen zelotischen Fraktionen, war der jüdische Aufstand zum Scheitern verurteilt. Die Christen flohen aus Jerusalem nach Pella, einer Ortschaft südlich des Sees Genezareth und östlich des Jordan. Als sich die Nachricht von dem Aufstand verbreitete, kam es auch in Syrien und Ägypten zu Kämpfen zwischen Juden und Heiden. Zehntausende von Juden wurden abgeschlachtet.

In Palästina selbst waren die Juden zunächst überraschend erfolgreich. Sie vernichteten die 12. Legion auf ihrem Anmarsch von Syrien bei Beth-Horon. Alarmiert von dieser Nachricht entsandte Nero Vespasian, seinen besten General. Seiner 5. und 10. Legion aus Britannien schloß sich sein Sohn Titus mit der 15. Legion aus Ägypten an. Diese vereinigte Streitmacht vermochte Galiläa zu unterwerfen.

Nach der Ermordung Neros im Juni 68 herrschte während der Herrschaft dreier Kaiser innerhalb eines Jahres Chaos. Ein Jahr später wurde Vespasian von seinen Truppen zum Kaiser ausgerufen. Er verließ Palästina und übertrug Titus den Oberbefehl. Nach fünfmonatiger Belagerung wurden 70 n. Chr. die Mauern Jerusalems gestürmt und der Tempel zerstört. Er sollte nie wieder aufgebaut werden. Zwischen 1968 und 1976 brachten Ausgrabungen die großartigen Architekturfragmente zum Vorschein, die beim Angriff auf den Tempel von der Zinne der Tempelmauer herabgeworfen wurden.

Josephus berichtet, daß etwa eine Million Juden getötet und 100 000 gefangengenommen wurden. Die Römer feierten ihren Sieg mit einer Münzenprägung, auf der eine weinende Frau unter einer Palme abgebildet war. Sie sollte Judäa symbolisieren. Die 10. Legion wurde auf Dauer in Jerusalem stationiert.

Im ganzen Reich wurden die Juden gezwungen, ihre frühere Tempelsteuer jetzt als »Jüdische Steuer« für den Jupitertempel nach Rom zu zahlen. Kaiser Domitian ließ zum Beispiel einmal einen neunzigjährigen Mann öffentlich entkleiden, um festzustellen, ob er ein beschnittener Jude und damit steuerpflichtig sei.

Masada

Die Festung Masada liegt auf einem Felsplateau 434 m über dem Westufer des Toten Meeres. Nach der Überlieferung befestigte als erster Jonathan, der Bruder des Judas Makkabäus, während der Kämpfe gegen die Seleukiden diese Erhebung. Herodes der Große wählte sie sich als Zufluchtsort. Rings um das Plateau zog sich eine Mauer mit 30 Türmen und vier Toren.

Zwei Aquädukte und eine große Anzahl Zisternen wurden gebaut, um die Wasserversorgung dauerhaft sicherzustellen. Darüber hinaus versorgten sie Springbrunnen, mehrere Bäder und sogar Gärten.

Bei Ausgrabungen fand man vier große Gebäudegruppen. Manche waren wahrscheinlich der Sitz hoher Beamter, Verwaltungszentralen, Bäder, Lagerräume, Werkstätten und Unterkünfte. Besonders prächtig war der auf drei Ebenen angelegte Palast an der Nordecke des Felsens. Er diente der Unterhaltung und Entspannung. Eine Treppe

verband die drei Terrassen miteinander. Die Dächer der Bauten ruhten auf Säulenreihen, die Wände waren mit Fresken oder geometrischen Formen und Blumenmustern verziert und die Fußböden oft mit Mosaiken ausgelegt.

Nach dem Tod Herodes' des Großen wurde eine römische Garnison auf Masada stationiert. Zu Beginn des jüdischen Aufstandes 66 n.Chr. wurde die Festung von den Zeloten eingenommen. Sie machten die Palastgebäude zu Unterkünften und Befehlsständen. Nutzlose ornamentale Bau-

für rituelle Waschungen sowie eine nach Jerusalem ausgerichtete Synagoge, ein rechteckiges Gebäude mit vier Sitzreihen entlang den Wänden.

Als der Aufstand seinem Ende zuging, brachten sich viele Familien nach Masada in Sicherheit. Hütten aus Lehm und kleinen Steinen wurden gebaut, zumeist an bereits bestehende Gebäude angelehnt. Nach dem Fall Jerusalems 70 n.Chr. blieb den Aufständischen Masada als letzte Zuflucht. Aber 72 n.Chr. rückte die 10. Legion mit Tausenden von Hilfstruppen an.

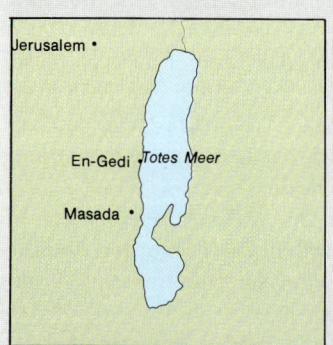

elemente wurden abgerissen und als Baumaterial für weitere Gebäude verwendet. In große Räume wurden Zwischenwände eingezogen, um Wohneinheiten für mehrere Familien zu schaffen. Sogar die Räume in den Mauern wurden als Wohnraum genutzt. In den meisten wurden Reste von Öfen gefunden.

Manche Zeloten stammten aus wohlhabenden Gesellschaftsschichten. In einem Gebäude entdeckte man Überreste von Alabaster- und Goldgefäßen sowie Geldschätze. Die Zeloten bauten Bäder

Acht Lager wurden aufgeschlagen und eine 4,5 km lange Belagerungsmauer rund um Masada gebaut, um die Aufständischen am Entkommen zu hindern. Eine gewaltige Angriffsrampe wurde mit Erde aufgeschüttet, und im Jahre 73 n.Chr. schließlich stürmten die Römer die Mauern. Statt sich zu ergeben, trugen die Zeloten jedoch ihren Besitz zusammen und verbrannten ihn. Dann wählten sie zehn Männer, die alle 960 Verteidiger töteten. Nur zwei Frauen und fünf Kinder überlebten in einer Höhle.

Oben rechts: Der in drei Terrassen angelegte Sommerpalast des Herodes auf Masada aus der Vogelperspektive.

Der Fall Jerusalems

Zwischen 115 und 117 n. Chr. gab es in Cyrenaica (in Libyen), Ägypten und auf Zypern größere jüdische Erhebungen während der Regierungszeit Trajans. Auf Zypern sollen die Juden 240 000 Heiden getötet haben. Daraufhin wurden sie von der Insel verbannt.

Während der Regierung Kaiser Hadrians führte Bar Kochba den letzten großen Aufstand. Von diesem Krieg sind uns leider keine Augenzeugenberichte überliefert. Der Schriftsteller Dio Cassius berichtet, Hadrian, ein Liebhaber griechischer Kultur, habe Jerusalem zu einer hellenistischen Stadt machen wollen und die Beschneidung verboten.

Trotz des Aufstandes und anhaltenden jüdischen Widerstandes wurde Jerusalem 134 von den Römern genommen, und 135 fiel Bettar, die letzte Festung, südwestlich von Jerusalem. Hadrian baute Jerusalem als heidnische Stadt mit dem Namen Aelia Capitolina wieder auf und verbot Juden wie Judenchristen, sie zu betreten.

361–363 n.Chr.

Als Juden später nach Jerusalem zurückkehren durften, taten sie es, um an der Klagemauer die Zerstörung des Tempels zu beklagen. Unterstützt von Kaiser Julian gab es einen Versuch, den Tempel wiederaufzubauen. Er wurde jedoch von einem Erdbeben oder einer Explosion vereitelt. Archäologen haben ein Zitat aus Jesaja 66,14 gefunden, das in dieser Zeit in die Mauer geritzt wurde: Es ist ein Zeichen der Hoffnung auf die Wiedererrichtung des Tempels.

Blick vom Ölberg auf Jerusalem. Die Szenerie wird vom Felsendom beherrscht, der Moschee, die an der Stelle errichtet wurde, wo der herodianische Tempel stand.

Der Bar-Kochba-Aufstand

Unter Bezugnahme auf die alttestamentliche Prophezeiung, daß ein »Stern aus Jakob« die Feinde Israels zerschmettern werde, erklärte der berühmte Rabbi Akiba den Messiasprätendenten Bar Kosiba zum Bar Kochba, »Sternensohn«. Der Aufstand des Bar Kochba griff so weit um sich, daß die Römer Truppen von den Grenzen Germaniens und der Donau abzogen und die 3. und 22. Legion zur Unterstützung der 6. und 10. Legion nach Palästina verlegten. Im Verlauf der Kämpfe wurde die 22. Legion aufgerieben. Kaiser Hadrian schickte seine besten Generäle zu Hilfe. Statt Bar Kochbas Truppen in offener Feldschlacht zu stellen, kreisten

Unter der Führung Yigael Yadins wurde 1960 und 1961 die »Höhle der Briefe« ausgegraben.

Unten: Den Haupteingang zu der Höhle erreichte man über Strickleitern, die von einem Mitglied des Ausgrabungsteams abgesichert wurden.

Unten rechts: Mitglieder des Ausgrabungsteams in Halle A, einer der drei Hallen in der Höhle.

die Römer kleinere aufständische Gruppen ein und schnitten sie vom Nachschub ab. Tausende verhungerten und verdursteten. Der Historiker Dio Cassius (3. Jh.) berichtet, daß die Römer 985 Siedlungen und 50 Festungen zerstörten.

Der Aufstand wurde mit solcher Brutalität niedergeschlagen, daß ganze Familien flohen und sich in Höhlen verbargen. Diese

Tatsache war Hieronymus (345–419) bekannt und ist in jüngster Zeit von archäologischen Expeditionen bestätigt worden, die 1960/61 Höhlen in der judäischen Wüste erforschten. Sie fanden im Hügelland südlich von En-Gedi Überreste römischer Lager. Dort waren Soldaten postiert, um die Flucht aus den Höhlen zu verhindern.

Die Höhle der Briefe

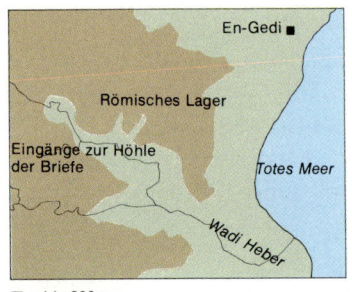

En-Gedi ■

Römisches Lager

Eingänge zur Höhle
der Briefe

Totes Meer

Wadi Heber

☐ bis 300m
☐ 0 m

Maßstab: 1 km

Etwa 100 Meter unterhalb des römischen Lagers liegen die beiden Eingänge zur »Höhle der Briefe«. Genau genommen sind es drei durch natürliche Gänge verbundene Höhlen. Die Funde in ihnen geben ein Bild vom Leben während des Aufstandes.

Der erste klare Beweis dafür, daß die Höhle zur Zeit Bar Kochbas bewohnt war, war eine Münze an einem der Eingänge. Auf der einen Seite war »Simeon« eingeprägt – Bar Kochbas Vorname –, auf der anderen »der Freiheit Jerusalems«. Die Höhle muß der Zufluchtsort mehrerer

Familien gewesen sein. Man fand ihre Knochen zu Haufen zusammengelegt, vermutlich von Verwandten gesammelt, die nach dem Abzug der Römer zur Höhle kamen.

Der spektakulärste Fund waren 15 Briefe von Bar Kochba selbst. Die meisten waren in der ersten Person abgefaßt, waren aber offensichtlich diktiert worden – in den drei in Judäa geläufigen Sprachen Aramäisch, Hebräisch und Griechisch. Ein Brief war auf eine Holztafel, die anderen alle auf Papyrus geschrieben.

Bis auf einen Brief waren alle

Familien, die während des Bar-Kochba-Aufstandes in die Höhlen flohen, nahmen ihre Wertgegenstände mit. Die wunderschöne Glasschüssel (unten) war zum Schutz in Palmblätter verpackt. Weitere Funde (rechts) waren unter anderem ein Weidenkorb, Flickwolle, ein Glasbehälter für Kosmetiköl, ein Halsband aus Halbedelsteinen sowie ein Spiegel in einem Holzrahmen. Die Schüssel und die Krüge (ganz unten rechts) stammen aus einer Sammlung von 19 römischen Bronzegegenständen, die in einem Korb entdeckt wurden (ganz unten links). Heidnische Zeichnungen von Gesichtern auf den Henkeln der Krüge waren entfernt worden, um Juden ihren Besitz zu ermöglichen.

an Bar Kochbas Truppenführer in der Gegend von En-Gedi gerichtet. Ihnen wurde befohlen, jeden, der ihnen nicht gehorchte, zu bestrafen. Er bat darum, ihm Verstärkung zu schicken und ihn mit Salz und Getreide zu versorgen.

Aber die Loyalität und Unterstützung dieser Truppenführer scheint schwankend gewesen zu sein. Als sie einmal mit einer Schiffsladung in En-Gedi nicht weisungsgemäß verfuhren, schrieb er ihnen: »Ihr lebt bequem, eßt und trinkt, was dem Hause Israel gehört, und gedenkt nicht eurer Brüder.«

Hebräisch und Aramäisch

Zwischen der Abfassung des Alten und des Neuen Testaments wurde **Hebräisch** als Alltagssprache der Juden durch Aramäisch ersetzt. Doch benutzten die Rabbinen in ihren Lehrdisputen weiterhin das Hebräische, wie aus der *Mischna* ersichtlich ist. Die meisten Schriften der Essener, die man unter den Schriftrollen vom Toten Meer fand, waren in Hebräisch geschrieben. Redezitate im Neuen Testament sind oft Aramäisch, nicht Hebräisch.

Aramäisch ist eine semitische Sprache, die ursprünglich von den Aramäern in Syrien benutzt wurde. Sie fand im Vorderen Orient als internationale Sprache weite Verbreitung. Weil mit seinem Alphabet leichter umzugehen war als mit der schwerfälligen Keilschrift, die die Assyrer und Perser benutzten, übernahmen sie das Aramäische auf den Gebieten von Diplomatie und Handel.

Reichsaramäisch (700–200 v. Chr.) war ein recht einheitlicher Dialekt. Man fand ihn auf Inschriften in so entlegenen Gegenden wie Anatolien und Afghani-

Ganz oben: Ein moderner hebräischer Schreiber
Unten: Fragment eines aramäischen Schriftstückes aus dem 5. Jh. v. Chr.

stan. Einige Passagen der alttestamentlichen Bücher Esra und Daniel sind in diesem Dialekt geschrieben. Weitere Perioden und Dialekte sind:

Mittleres Arramäisch (200 v. Chr. – 200 n. Chr.) Nach der Eroberung des Vorderen Orients durch Alexander den Großen und damit der weiten Verbreitung des Griechischen, entwickelten sich verschiedene regionale Dialekte. Aus dieser Zeit stammt das Aramäisch des Neuen Testaments, der Schriftrollen vom Toten Meer, der Bar-Kochba-Texte, der Nabatäer und Palmyrer.

Spätes Aramäisch (200–700). Während dieser Zeit gab es einen westlichen Dialekt mit dem Samaritischen und dem Christlich-Palästinensischen, sowie einen östlichen mit dem Syrischen, dem Mandaischen und dem Aramäisch des babylonischen Talmud.

Als Jesus am Kreuz schrie: »Mein Gott, mein Gott, warum hast du mich verlassen?« *(Eloi, Eloi, lama sabachthani),* geschah dies in Aramäisch. Viele Worte im Neuen Testament sind Transskriptionen aus dem Aramäischen. Der Name des Petrus, Kephas, kommt von *kepha,* »Stein«, Thomas von *toma,* »Zwilling«; *Bar,* das aramäische Wort für »Sohn« erscheint in Namen wie Bartholomäus, Barrabas oder Bartimäus. Golgatha kommt von *golgolta,* »Schädel«; und Maranatha von *maran,* »unser Herr«, und *esta,* »komm«.

Neben einigen Schriftrollen vom Toten Meer und den Bar-Kochba-Texten ist nur ein längeres aramäisches Schriftstück aus dem Palästina der neutestamentlichen Zeit erhalten geblieben: *Megillat Takanit,* die »Fastenrolle«. Beinahe alle anderen erhaltenen Texte sind kurze Inschriften auf Sandsteinbehältern für die Bestattung von Totengebeinen (Ossuarien) aus der Zeit zwischen 100 v. und 70 n. Chr. Elf der 29 Ossuarien, die ein Archäologe auf dem Ölberg fand, trugen aramäische, sieben hebräische und elf griechische Inschriften.

Einige Zeit nach dem babylonischen Exil wurden für Juden, die besser Aramäisch als Hebräisch verstanden, aramäische Übersetzungen oder Zusammenfassungen der alttestamentlichen Bücher erstellt, sogenannte *Targume.* Wir haben *Targume* für alle Bücher außer Daniel, Esra und Nehemia. Die ältesten erhaltenen *Targume* kommen aus Qumran am Toten Meer. In einer Höhle fand sich ein ausführlicher *Targum* zu Teilen von Hiob, der um 120 v. Chr. datiert wird. Der wichtigste *Targum* zum Pentateuch, den Fünf Büchern Mose, wird *Onkelos* genannt. Er ist eine recht wörtliche Übersetzung aus dem Hebräischen und scheint in Palästina entstanden zu sein. Der bedeutendste Targum der Prophetenbücher heißt *Jonathan.* Er ist eine weniger genaue Übersetzung als *Onkelos.*

Jüdische Sekten

Die Samariter

Als die Assyrer 722 v. Chr. das Nordreich Israel eroberten, deportierten sie viele Einwohner. Aus Mesopotamien und Syrien wurden Fremde an ihrer Stelle angesiedelt. Diese Leute vermischten sich mit den übriggebliebenen Juden und bildeten das Mischvolk der Samariter. 445 v. Chr. wies Nehemia das Angebot der Samariter zur Hilfe beim Wiederaufbau der Mauern Jerusalems zurück. Er machte sich damit ihren Herrscher Sanballat zum Feind, bewältigte seine Aufgabe jedoch, indem er eine bewaffnete Truppe in Bereitschaft hielt.

Nehemia 4

Der Riß zwischen Juden und Samaritern vertiefte sich, als die Samariter auf dem Garizim einen eigenen Tempel bauten. Sie unterschieden sich von den Juden nicht nur dadurch, daß sie auf dem Garizim Gottesdienst hielten, sondern auch darin, daß sie nur die ersten fünf Bücher des Alten Testaments als Heilige Schrift anerkannten. 128 v. Chr. zerstörte der jüdische Führer Johannes Hyrkanus ihren Tempel.

Zur Zeit Jesu herrschte zwischen Samaritern und Juden erbitterte Feindschaft. Die Samariter überfielen zuweilen jüdische Pilger auf dem Weg durch ihr Gebiet. Ein »barmherziger Samariter« war also für die meisten Juden ein Widerspruch in sich selbst.

Lukas 10,29–37

Heutzutage sind die Samariter, deren Zahl nur etwa 500 beträgt, die einzige quasi-jüdische Sekte, die zum Passafest noch Schafe schlachtet; Juden können dies ohne ihren Tempel nicht tun.

Juden aus Galiläa mußten durch das hügelige Samarien, wenn sie nach Jerusalem wollten.

Die Pharisäer

Der Name »Pharisäer« bedeutet wörtlich »Abgesonderte«. Sie wurzeln in der Bewegung der »Frommen« (Hebr.: *Hasidim*), die sich mit den Makkabäern im 2. Jh. v. Chr. gegen die Einführung hellenistischer Elemente in die jüdische Kultur stemmten. Später wandten sie sich gegen die Makkabäer, weil diese weltliche und religiöse Ämter miteinander verbanden.

Jonathan: 160–143 v.Chr.

Während der Hohenpriesterschaft Jonathans werden die Pharisäer erstmals als besondere Gruppe erwähnt. Anders als die Essener, die das Reich eines neuen Zeitalters erwarteten, waren die Pharisäer bereit, Kompromisse einzugehen, um als Gruppe zu überdauern. Für die Essener galten sie damit als »Heuchler«. Anderseits gerieten die Pharisäer aufgrund ihres Auferstehungsglaubens mit den Sadduzäern aneinander. Sie meinten, daß »der, welcher sagt, es gebe keine Totenauferstehung, keinen Anteil an der kommenden Welt haben wird«. Die Sadduzäer waren vor allem Priester, die sich um den Tempelkult kümmerten; die Pharisäer waren in erster Linie Schriftgelehrte, die die Schriften anhand der mündlichen Überlieferungen auslegten, die ihrer Überzeugung nach ebenso alt waren wie das schriftliche Gesetz.

Bei der Auslegung des Gesetzes ging es ihnen darum, das ewige Gesetz auf die ständig sich wandelnden Situationen ihrer Zeit anzuwenden. Erst in zweiter Linie versuchten sie, »einen Zaun um das Gesetz zu legen«, d.h., Vorsorge zur Verhinderung von Gesetzesübertretungen zu treffen. Wenn z.B. das Gesetz vorschrieb, eine Aufgabe bis zum Morgen zu erfüllen, gingen die Pharisäer vorsichtshalber einen Schritt weiter und forderten ihre Erfüllung schon zur vorhergehenden Mitternacht.

Matthäus 23,1–28

Dieser Übereifer um den Buchstaben des Gesetzes wurde von Jesus als Heuchelei verurteilt.

Doch nicht alle Pharisäer waren Heuchler. Eine Generation

Orthodoxer Jude beim Morgengebet. In dem Kästchen auf seiner Stirn befinden sich Abschnitte aus dem Gesetz – so wörtlich wird das Gebot ausgelegt: »Sie (die Gebote) sollen dir ein Merkzeichen zwischen deinen Augen sein.«

vor Jesus sagte Hillel, ein berühmter Rabbi aus Babylonien: »Tue anderen nichts, was dir verhaßt ist.« Hillels Enkel Gamaliel war der berühmteste Rabbi seiner Zeit. Der Apostel Paulus studierte bei ihm und war bis zu seiner Bekehrung zum Christentum ein eifernder Pharisäer.

Die Pharisäer waren auch gegen die revolutionäre Politik der Zeloten. Der pharisäische Führer Jochanan ben Zakkai holte sich die Erlaubnis Kaiser Vespasians zur Eröffnung einer Rabbinenschule in Jamnia (Jabneh) bei Jaffa, die das Überleben des Pharisäismus im jüdisch-römischen Krieg ermöglichte.

Mischna und Talmud

Die pharisäischen Rabbinen verwandten viel Zeit darauf, das Gesetz zu kommentieren. Die mündlichen Kommentare der ersten zwei Jahrhunderte n.Chr. wurden von Juda Hanasi zur bedeutenden Sammlung der *Mischna* zusammengestellt. Man nannte die Rabbinen *Tannaim*, Lehrer. Sie waren hauptsächlich damit befaßt, Ordnungsfragen zu entscheiden. Eine weniger bedeutende Sammlung ihrer Kommentare ist die sog. *Tosefta*, »Erweiterung«.

Spätere Auslegungen der Mischna durch die *Amoraim*, die Ausleger, Palästinas und Babyloniens wurden in ihrer Gesamtheit *Gemara*, »Vervollständigung«, genannt. *Gemara* und *Mischna* zusammengenommen bilden den *Talmud*.

Diese pharisäischen Überlieferungen sind die Grundlage des heutigen orthodoxen Judentums.

Auch Kommentare der Schriften, *Midraschim* genannt, wurden gesammelt. Die älteren tannaitischen *Midraschim* befassen sich in erster Linie mit Ordnungsfragen. Sie enthalten Kommentare zu Exodus, Leviticus, Numeri und Deuteronomium (2.–5. Buch Mose).

Die späteren amoraischen *Midraschim* enthalten viel volkstümliches und legendäres Material. Die größte Sammlung, der *Midrasch Rabbah*, wurde nicht vor dem 5. oder 7. Jh. n. Chr. zusammengestellt. Er enthält Kommentare zu den fünf Büchern des Gesetzes, dem *Pentateuch*, und zu den fünf »Rollen« Hohes Lied, Ruth, Klagelieder, Prediger und Esther.

Die Essener   Die Essener werden im Neuen Testament nicht namentlich erwähnt, sind aber aus den Schriften von Josephus, Philo und Plinius bekannt. Sie gelten als identisch mit der klösterlichen Gemeinschaft von Qumran, von der die Schriftrollen stammen, die 1947 am Toten Meer gefunden wurden.

Obwohl hier und da in Dörfern verheiratete Essener lebten, galt die ehelose Gemeinschaft in Qumran als höchstes Ideal. Die in die Gemeinschaft aufgenommenen Mitglieder lebten in Gütergemeinschaft. Sie kannten wiederholte rituelle »Taufen« und nahmen an einem Gemeinschaftsmahl teil. Sie hielten die Sadduzäer für korrupt und meinten, die Pharisäer hielten sich nicht sorgfältig genug an die rituellen Gebote. Der »Damaskusschrift« zufolge waren die Essener nur dann bereit, am Sabbat einen Menschen aus einer Grube zu retten, wenn sie das ohne Werkzeuge tun konnten. Die Pharisäer dagegen schätzten den Wert eines Menschenlebens höher ein als das Halten des Sabbatgebotes. Jesus hat sich möglicherweise auf die Essener bezogen, als er von denen sprach, die lehrten, man solle seine Feinde hassen.

Matthäus 5,43

Die Gruppe, auf die die Schriftrollen vom Toten Meer zurückgehen, erwartete offensichtlich zwei Messiasse: den priesterlichen aus dem Stamm Levi und den königlichen aus dem Stamm Juda. Sie glaubten in der Endzeit, vor dem letzten Kampf zwischen den Söhnen des Lichts und den Söhnen der Finsternis, zu leben. Ihr unbekannter Führer war der »Lehrer

In diesen Höhlen versteckten die Essener von Qumran im ersten jüdischen Krieg Handschriften aus ihrer Bibliothek – die sogenannten Schriftrollen vom Toten Meer. Zufällig entdeckte sie ein Hirtenjunge im Jahre 1947.

der Gerechtigkeit«.

Ausgrabungen in Qumran zwischen 1951 und 1956 haben gezeigt, daß sich die Gemeinschaft in der Zeit des jüdischen Führers Hyrkanus dort niederließ. Höchstens 400 Menschen lebten in Qumran. Auf dem Friedhof mit seinen über 1000 Gräbern fanden sich auch die Skelette von Frauen und Kindern, möglicherweise Familienmitglieder verheirateter Essener.

Hyrkanus: 134 – 104 v.Chr.

Unter den Schriftrollen vom Toten Meer befinden sich Handschriften des Alten Testaments, die 1000 Jahre älter sind als die masoretischen Abschriften, des hebräischen Textes aus dem 9. Jh. n. Chr., auf die Übersetzer sich bis dahin stützen mußten. Ein Vergleich mit den späteren Handschriften zeigt, wie genau die Texte überliefert worden sind. Andere Rollen deuten darauf hin, daß die *Septuaginta,* die griechische Übersetzung des Alten Testaments, aus anderen hebräischen Vorlagen erstellt wurde. Einige wenige Handschriften entsprechen dem nacherzählenden Stil des samaritanischen *Pentateuch.*

Unter den Rollen wurden erstmals hebräische und aramäische Handschriften apokrypher Schriften wie *Tobit (Tobias)* und *Ekklesiastikus (Sirach)* gefunden, von denen bislang nur griechische Versionen bekannt waren. Andere Funde waren Werke wie *Henoch, Jubiläen* und eine apokryphe *Genesis.* Auch Schriften, die inhaltlich mit der Sekte selbst zu tun haben, wurden entdeckt, z.B. die »Damaskusschrift«, Danklieder, Kommentare und die *Kriegsrolle.* Auf einer rätselhaften Kupferrolle befindet sich eine regelrechte Schatzkarte zu fabelhaften Gold- und Silberschätzen.

Für die beliebte Hypothese, der Lehrer der Gerechtigkeit sei vor Jesus gekreuzigt und auferweckt worden, gibt es keine Anhaltspunkte. Da Johannes der Täufer in der Nähe Qumrans lebte und seine Hörer taufte, vermuteten viele, es habe zwischen ihm und den Essenern Verbindungen gegeben. Aber seine Taufe war ein einmaliger Akt im Unterschied zu den wiederholten Waschungen im Qumran.

Im Jahre 66 n. Chr. wurde das Kloster und mit ihm die ganze Essenergemeinschaft von den Römern zerstört.

Die Siedlung der Essener am Ufer des Toten Meeres. Bei Ausgrabungen kamen eine Schreibstube, Zisternen, Bäder für rituelle Waschungen, eine Küche und verschiedene weitere Räume zum Vorschein.

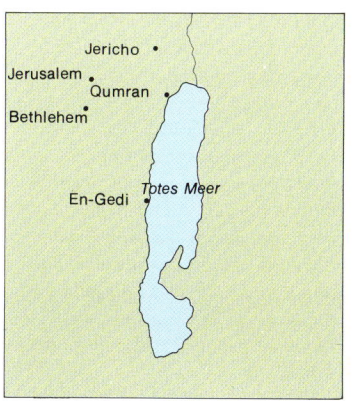

Die Sadduzäer Ihren Namen haben die Sadduzäer daher, daß sie behaupten, von Zadok, dem Hohenpriester zur Zeit Davids und Salomos, abzustammen. Diese Gruppe bestand aus den wohlhabenden Aristokratenfamilien, die das Amt des Hohepriesters innehatten. Sie glaubten weder an Engel noch an die Auferstehung, waren aber keine liberalen Rationalisten, sondern eher erzkonservativ: Sie hielten sich an das Gesetz der fünf Bücher Mose (Pentateuch) und lehnten spätere Auslegungen, das »mündliche Gesetz«, ab.

Die Sadduzäer waren erbost über die Tempelreinigung Jesu und seine Lehre von der Auferstehung. Die sadduzäischen Hohenpriester verurteilten Jesus in einem nächtlichen Prozeß und übergaben ihn dem Pilatus. In erster Linie waren die Sadduzäer für die Versuche verantwortlich, die Verkündigung des Petrus und der anderen Apostel von der Auferstehung Jesu von den Toten zu unterdrücken. Als im Jahre 70 n. Chr. die Zerstörung des Tempels ihren Existenzgrund vernichtete, konnten die Sadduzäer als Gruppe nicht überleben.

Gottesdienst in einer Synagoge in Israel

Die Synagoge Im babylonischen Exil (6. Jh. v. Chr.) begannen die Juden, sich zu Gebet und Schriftstudium in der Synagoge zu versammeln. Mindestens zehn Männer waren zur Gründung einer Synagoge erforderlich. Frauen saßen in einem abgeteilten Raum und durften sich nicht am Gottesdienst beteiligen.

Zahlreiche Synagogen wurden in Jerusalem eingerichtet, darunter eine für ehemalige Sklaven. Die gut erhaltene Synagoge von Kapernaum stammt zwar aus dem 3. oder 4. Jh. n. Chr., steht aber wahrscheinlich an der Stelle des Gebäudes, in dem Jesus lehrte. Die einzige heute zu besichtigende Synagoge aus dem 1. Jh. wurde auf Masada ausgegraben.

Auf all seinen Reisen predigte Paulus überall zuerst in der Synagoge den Juden die Botschaft von Christus. Als ausgebildeter Rabbiner wurde er wohl eingeladen, die wöchentliche Lesung aus der *Thora* und den Propheten auszulegen.

Einige Synagogen waren riesig.

Rekonstruktion der Synagoge in Kapernaum aus dem 2. Jh. n. Chr. Am einen Ende stand die Gesetzeslade und in der Mitte die Kanzel, von der das Gesetz verlesen und ausgelegt wurde. Die Männer saßen unten auf Bänken entlang der Wände, die Frauen oben auf einer Galerie.

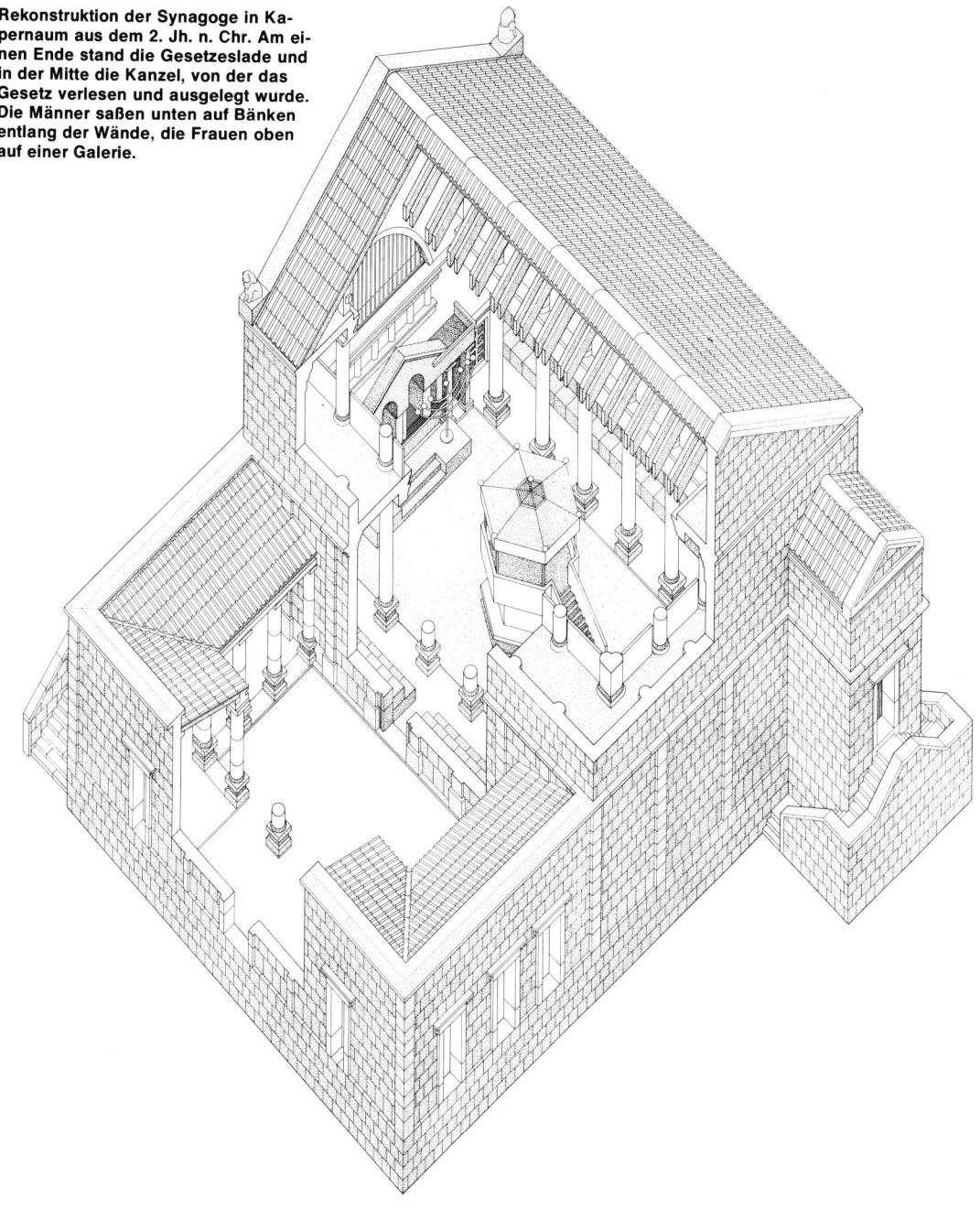

In Sardes (westliche Türkei) wurde eine Synagoge ausgegraben, die von 200–600 n. Chr. benutzt wurde. Die Haupthalle war 60 Meter lang, der Vorhof mit Vorhalle weitere 40 Meter. Die Diploston-Synagoge in Alexandria war so groß, daß ein Mann in der Mitte des Saales den Menschen am Ende des Gebäudes mit einer Flagge den richtigen Moment für das »Amen« signalisieren mußte.

Die jüdische Diaspora

Der jüdische Historiker Josephus schreibt, daß drei Millionen Juden zu den Passa-Feiern nach Jerusalem gekommen und über eine Million im ersten jüdisch-römischen Krieg getötet worden seien. Diese Zahlen sind möglicherweise maßlos übertrieben; ein moderner Wissenschaftler schätzt die Zahl der Pilger auf 125–150 000 und die Einwohnerschaft Jerusalems auf 25–65 000; ein anderer schätzt die Einwohnerschaft Jerusalems auf 150 000; und ein dritter vermutet, daß in ganz Palästina insgesamt etwa eine halbe Million Juden gelebt haben. Man schätzt die Bevölkerung des römischen Reiches auf 55 bis 80 Millionen Menschen, wobei die Bevölkerungsdichte in den Städten des Ostens am größten war.

Apostelgeschichte 2,5–13

Mit Sicherheit lebte die große Mehrheit der Juden außerhalb Palästinas. Zum Pfingsttag kamen viele verschiedene Juden aus dem ganzen Reich als Pilger nach Jerusalem, und diese Leute nennt man oft Juden in der Zerstreuung oder in der *Diaspora*.

Die jüdische Diaspora

Selbst die Grabsteine in Jerusalem und Beth Shearim legen Zeugnis ab von der weltweiten Zerstreuung der Juden. Inschriften erwähnen Juden aus Palmyra in Syrien, Cyrene in Libyen, Lakedaimon in Griechenland, Delos im Ägäischen Meer, Capua in Italien und vielen anderen Orten.

Juden in Ägypten

Der Schriftsteller Philo behauptete, unter den insgesamt 8 1/2 Millionen Ägyptern seiner Zeit gebe es eine Million Juden. Diese Zahl mag übertrieben sein. Sicher ist jedoch, daß in der großen Stadt Alexandria zwei von fünf Bezirken jüdisch waren. Alexandria, die zweitgrößte Stadt nach Rom, hatte eine Bevölkerung von über 300000 Einwohnern.

Philo: 20–50 n.Chr

Aus dieser Stadt, dem geistigen Mittelpunkt der hellenistischen Welt, stammte der große jüdische Schriftsteller Philo. Er konnte kein Hebräisch und legte das Alte Testament nach den Prinzipien griechischer Philosophie aus, wozu er es allegorisch interpretierte. Es gebe, so lehrte er, einen Mittler zwischen Gott und den Menschen, das »Wort« *(Logos)*. Diese Vorstellung hat möglicherweise den Verfasser des Johannes-Evangeliums und mit Sicherheit spätere christliche Denker beeinflußt.

Trotz der gegenteiligen Behauptung des Josephus hatten die Juden in Alexandria zwar kommunale Selbstverwaltung, aber nicht die vollen Bürgerrechte. Zwischen den Juden und den »Griechen« Alexandrias gab es dauernd Reibereien. Als Agrippa I. die Stadt im Jahre 38 n. Chr. besuchte, brachen offene Unruhen aus, in deren Verlauf 400 jüdische Häuser zerstört wurden. Philo protestierte bei Kaiser Caligula gegen das Verhalten des Stadthalters Flaccus. Caligula verwarf die jüdische Beschwerde verächtlich: »Mir scheint, Leute, die dumm genug sind, nicht zu glauben, daß ich zum Gott geworden bin, sollten eher bemitleidet als verdammt werden.«

Unter Kaiser Claudius entstanden weitere Unruhen zwischen

Blick auf Kairo, die Hauptstadt des heutigen Ägypten

Claudius: 41–54 n.Chr.

den Juden und den anderen Alexandriern. Er warnte in einem Brief: »Ich befehle den Alexandriern, sich den Juden gegenüber, die viele Jahre in derselben Stadt gewohnt haben, tolerant und freundlich zu erweisen … Ich befehle den Juden ausdrücklich, nicht für mehr Privilegien zu agitieren … sich nicht den Zugang zu Wettbewerben in den Gymnasien zu erzwingen.«

Philos Bruder, Alexander der Alabarch, war Steuereintreiber. Er war einer der reichsten Männer der Welt, und er besorgte goldene und silberne Platten für die Tore des Jerusalemer Tempels.

Alexanders Sohn, Tiberius Julius Alexander, wandte sich von seiner jüdischen Kultur und Religion ab, um die höchste Stellung bei den Römern erreichen zu können. Von 46 bis 48 n. Chr. war er Gouverneur von Judäa, und beim Ausbruch des jüdisch-römischen Krieges im Jahre 66 der von Ägypten. Er stellte sogar die römischen Soldaten gegen seine jüdischen Landsleute auf, von denen etwa 50000 getötet wurden. Er war der erste bedeutende römische Beamte, der Vespasian im Jahre 69 als Kaiser anerkannte, und er diente bei der Belagerung Jerusalems unter Titus als Generalstabschef.

Syrische Juden

Apostelgeschichte 9,1–3

Mit Briefen des Hohepriesters an verschiedene Synagogen machte sich Paulus vor seiner Bekehrung zu Christus in seinem Eifer, die Christen zu verfolgen, nach Damaskus auf. Seine Bekehrung verhinderte das beabsichtigte Massaker; allerdings wurden während des ersten römisch-jüdischen Krieges 10500 seiner jüdischen Landsleute in Damaskus getötet (nach einem anderen Abschnitt bei Josephus 18000).

Schätzungsweise 12 Prozent der 300 000 Einwohner von Antiochien am Orontes, der drittgrößten Stadt des Reiches, waren Juden. Ausgrabungen zwischen 1932 und 1938 förderten jedoch nur eine Inschrift und ein Marmorbruchstück zu Tage, die von der jüdischen Gemeinschaft zeugten. Acht Kilometer südlich von Antiochien, in der Vorstadt Daphne, fanden Archäologen das Theater, das Kaiser Vespasian an der Stelle errichten ließ, an der die jüdische Synagoge gestanden hatte.

In römischer Zeit lebte eine große Anzahl von Juden in Palmyra, einer Oasenstadt an einer wichtigen Handelsstraße durch die syrische Wüste. Dies sind Ruinen der prachtvollen Säulenstraße und des Triumphbogens aus der Zeit Hadrians.

Juden in Kleinasien und Griechenland

Die erste größere jüdische Siedlung in Anatolien (Türkei) geht auf den Seleukiden Antiochus III. zurück, der 200 v. Chr. 2 000 jüdische Familien von Mesopotamien nach Lydien und Phrygien umsiedelte. Er versprach ihnen religiöse Freiheit, gab ihnen Land und befreite sie zehn Jahre lang von der Erntesteuer.

62 v. Chr. konfiszierte Lucius Valerius Flaccus, der Statthal-

Der Zeusaltar in Pergamon, einer der kleinasiatischen Städte, in der Juden lebten. Obwohl sie mit anderen Religionen in Berührung kamen, bewahrten die Juden ihren Glauben.

ter der Provinz Asia, das Gold, das die Juden gesammelt hatten, um es nach Jerusalem zu senden. Als er 59 v. Chr. wegen Erpressung angeklagt wurde, verteidigten ihn Hortensius und Cicero, der in seiner Rede von den Juden sagte: »Man weiß, was für eine große Gruppe sie sind, wie unzertrennlich sie zusammenhalten und wie einflußreich sie in der Politik sind.«

Paulus fand in Griechenland Juden in den drei größten Städten Mazedoniens vor – Philippi, Thessalonich und Beröa – und eine kleine jüdische Gemeinschaft in Athen. Der strategisch wichtigen jüdischen Gemeinschaft von Korinth widmete er besonders viel Zeit. Korinth hatte zwei Häfen an der Landenge, einen an der Westseite bei Lechäum und einen an der Ostseite bei Kenchreä. Schiffskapitäne zogen es vor, ihre Schiffe über die Landenge schleppen zu lassen, anstatt die gefährliche Fahrt um die Südspitze des Peloponnes zu riskieren.

1898 wurde auf der Agora Korinths eine Inschrift gefunden, die von einer »Synagoge der Hebräer« redet. Möglicherweise stand also da, wo Paulus predigte, auch später eine Synagoge.

Juden in Mesopotamien

Nach dem babylonischen Exil kehrten viele Juden nicht mit Serubabel oder Esra nach Palästina zurück, und so gehen die Anfänge der jüdischen Gemeinschaft in Mesopotamien auf das 6. Jh. v. Chr. zurück. Leider gibt es bis etwa 220 n. Chr. nur wenige Zeugnisse von der Entwicklung des Judentums in dieser wichtigen Gegend, aber es ist bekannt, daß die jüdischen Gemeinschaften unter parthische Herrschaft kamen, als diese Mesopotamien 140 v. Chr. eroberten. Manche Wissenschaftler haben vermutet, daß das Judentum in dieser Zeit unter den Einfluß der persischen Religion des Zoroaster geriet, doch gibt es dafür keine Beweise. Ihre jährliche Tempelabgabe sammelten die Juden Mesopotamiens im Süden in Nehardea und im Norden in Nisibis und sandten sie mit bewaffneten Transporten nach Jerusalem.

Artabanus III.: 16–44 n.Chr.

Zwei jüdische Brüder vermochten für 15 Jahre während der Herrschaft des schwachen Partherkönigs Artabanus III. einen halbwegs selbständigen Staat zu errichten, der dem König zu Ergebenheit verpflichtet war. Bei seiner Zerschlagung wurden jedoch über 50 000 Juden getötet.

Ein jüdischer Kaufmann in Charax-Spasinu am persischen Golf bekehrte Izates, den Prinzen von Adiabene (dem alten Assyrien) zum Judentum. Seine Mutter Helena, die auch zum Judentum bekehrt wurde, baute einen Palast in Jerusalem. Während der Hungersnot 46–48 n. Chr. kaufte sie Getreide in Ägypten und Feigen in Zypern, um die Bevölkerung Jerusalems zu ernähren. Sie wurde in einem prachtvollen Grab in Jerusalem beerdigt.

Über Juden in Persien ist sehr wenig bekannt.

Der Euphrat bildet die südliche Grenze Mesopotamiens

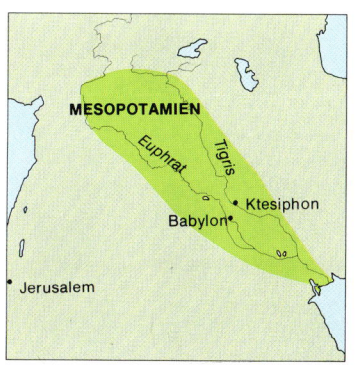

Juden in Italien   Zu ersten offiziellen Kontakten zwischen Juden und Römern kam es 161 v. Chr., als Judas Makkabäus ein Büdnis mit Rom schloß. 139 v. Chr. vertrieb der Chef der römischen »Fremdenpolizei« neben Astrologen auch »Juden, weil sie mit der Anbetung des Jupiter Sabasius die Moral der Römer untergraben«. Sabasius, der Name eines phrygischen Gottes, wurde wohl mit dem jüdischen *Jahwe Zebaoth* verwechselt.

61 v. Chr. brachte Pompejus jüdische Kriegsgefangene nach Rom. Philo zufolge wurden sie später freigelassen und bildeten den Kern der jüdischen Gemeinschaft in Rom. Das ist jedoch unwahrscheinlich, denn 59 v. Chr. schrieb Cicero, daß die Juden bereits zahlreich und einflußreich seien.

Während des Bürgerkrieges zwischen Pompejus und Cäsar unterstützten die Juden Cäsar. Zum Dank gewährte er ihnen besondere Privilegien als einer »anerkannten Religion«. Juden waren von der Wehrpflicht ausgenommen; ihnen wurde eine

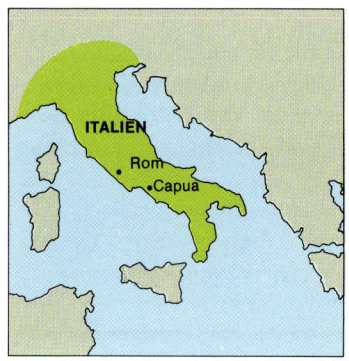

Im 1. Jh. n. Chr., als das Kolosseum in Rom gebaut wurde, machten die Juden mindestens 4 % der Einwohner Roms aus.

Gaius Caligula, der geisteskranke Kaiser, der von sich behauptete, göttlich zu sein

eigene interne Gerichtsbarkeit zugestanden; sie durften Beiträge von einem halben Schekel nach Jerusalem entrichten. Als die Römer den Kaiserkult entwickelten, wurden die Juden nicht gezwungen, an ihm teilzunehmen. – Sie mußten nur *für* den Kaiser beten.

Unter den eine Million Einwohnern Roms gab es im ersten Jh. n. Chr. schätzungsweise 40–60000 Juden. Nach dem Tode Herodes des Großen im Jahre 4 v. Chr. protestierten etwa 8000 in Rom lebende Juden gegen die Ernennung von Archelaus zu seinem Nachfolger.

19 n. Chr. lösten vier jüdische Betrüger Empörung aus, als sie eine wohlhabende jüdische Konvertitin dazu brachten, die Gaben, die sie für den Tempel stiften wollte, ihnen zu geben. Als Folge davon schickte Kaiser Tiberius 4000 jüdische Freigelassene zur Arbeit auf die berüchtigt ungesunde Insel Sardinien. Der geisteskranke Kaiser Caligula (37–41 n. Chr.) erschreckte die Juden mit seinem Vorhaben, trotz der Proteste seines Freundes Agrippa eine Statue seiner selbst im Jerusalemer Tempel aufzustellen. Dies wurde durch die Verzögerungstaktik des syrischen Landpflegers Petronius aufgeschoben und durch die Ermordung des Kaisers durchkreuzt.

Juden und Christen

Die ersten Christen waren Juden, die an Jesus als den Messias glaubten, auf den das jüdische Volk gewartet hatte. Ihre Botschaft gründeten sie auf die alttestamentliche Prophetie und predigten sie den Juden in Palästina und anderen Teilen des römischen Reiches.

Als die Christen im Zuge der Verfolgung nach dem Tod des Stephanus aus Jerusalem fliehen mußten, nahmen sie ihre Botschaft mit. Bald wurden aber auch Heiden Glieder der christlichen Gemeinden.

Als sich der Apostel Petrus in Jaffa aufhielt, kam er zu der Einsicht, daß die christliche Botschaft an alle Menschen gerichtet war, nicht nur an die Juden. Daraufhin taufte er Kornelius, einen römischen Hauptmann (vgl. Apostelgesch. 10). Als er davon in Jerusalem berichtete, stimmte die Gemeinde zu, Juden und Heiden aufzunehmen.

Als Paulus und Barnabas von ihrer Missionsreise durch Kleinasien zurückkehrten, waren so viele Heiden Christen geworden, daß manche Judenchristen sich bedroht fühlten. Da das Christentum im Judentum wurzelte, waren sie der Meinung, auch Heidenchristen sollten das jüdische Gesetz halten. Um 49 n.Chr. wurde zur Erörterung des Problems eine Konferenz in Jerusalem abgehalten (vgl. Apostelgesch. 15,1–21). Paulus setzte sich vehement dafür ein, nicht etwas von Heiden zu verlangen, was die Juden selbst als unmöglich erkannt hätten. Der Mensch könne Gott nicht finden, indem er das jüdische Gesetz halte, sondern nur, indem er sich Jesus Christus anvertraue. Man entschied, daß Heidenchristen nur auf bestimmte unreine Speisen ver-

Das jüdische Viertel in Jerusalem. Nach dem ersten jüdischen Krieg (66–70 n. Chr.) löste Rom Jerusalem als Zentrum des Christentums ab.

zichten und das Sittengesetz halten sollten. Von da an gab es keine Rassenschranken mehr in der Gemeinde.

Einige Jahre lang nahmen die Judenchristen noch am Gottesdienst am Sabbat (Samstag) in der Synagoge teil und versammelten sich zusätzlich am Sonntag, dem Tag der Auferstehung. Paulus begann seine Mission oft in der Synagoge, wenn er in eine neue Stadt kam. Die Christen lasen und zitierten das Alte Testament.

Aber viele Juden hielten die Christen für Ketzer, die das Judentum bedrohten. Als Herodes I. Agrippa einigen jüdischen Führern einen Gefallen tun wollte, ließ er Jakobus töten und Petrus verhaften. Paulus wurde in mehreren Städten von Juden angegriffen, die von der großen Zahl Missionierter alarmiert waren. Die Römer behandelten die Christen als jüdische Sekte und griffen in Auseinandersetzungen nur ein, wenn die öffentliche Ordnung bedroht war. Erst als Nero im Jahre 64 n.Chr. die Christen für den Brand verantwortlich machte, der einen Großteil Roms zerstörte, kam an den Tag, daß eine neue Religion entstanden war.

Im ersten Jüdischen Krieg (66–70 n.Chr.) flohen die Christen von Jerusalem nach Pella. Da sie sich weigerten, sich am Kampf gegen die Römer zu beteiligen, verachteten die Juden sie noch tiefer. Um 90 n.Chr. wurde ein neues Zentrum der jüdischen Lehre in Jamnia gegründet. Neue Regelungen verboten den Christen die Teilnahme am Synagogengottesdienst. Ja, sie wurden sogar in Gebeten verflucht. Judentum und Christentum hatten sich getrennt.

MYTHEN UND KULTE

In der Zeit des Hellenismus glaubten die meisten Menschen nicht mehr an die griechischen Götter in Menschengestalt. Doch noch im 1. Jh. n. Chr. war es möglich, daß die Bauern von Lystra in Kleinasien Paulus und Barnabas für Zeus und Hermes hielten. Mit dem Aufkommen der Philosophie im 6. Jh. v. Chr. begannen die gebildeten Griechen, die alten Mythen als Allegorien zu verstehen. Der Philosoph Xenophanes ging so weit anzunehmen, daß es nur einen einzigen Gott gebe, der keinerlei Ähnlichkeit mit den Menschen habe.

Aber neben diesem Rationalismus, der heutiger Denkweise nahesteht, gab es bei den Griechen immer Elemente des Irrationalismus. Seite an Seite mit Philosophie und Logik existierten mythische Kulte, die unbändige Gefühle freisetzten.

Die Religion der Griechen

Die ersten Mysterienkulte

Der älteste griechische Mysterienkult wurde in Eleusis, 20 km westlich von Athen, gefeiert. In seinem Mittelpunkt stand die Sage der Persephone, die von Hades entführt wurde und jedes Jahr vier Monate in der Unterwelt zubringen mußte. Wer in den Kult eingeweiht werden wollte, mußte Griechisch sprechen können und durfte kein Mörder sein.

Im September fand das große Fest statt. Zunächst badeten die Einzuweihenden im Meer, dann opferten sie eine Sau. Anschließend zogen sie in einer Prozession entlang des Heiligen Weges nach Eleusis, wobei sie *kykeon,* ein alkoholisches Getränk aus gerösteter Gerste, tranken. Seinen Höhepunkt erreichte das Fest in Eleusis. Nach Einbruch der Dunkelheit wurden die Einzuweihenden in ein riesiges Gebäude, das Telesterion, geführt. Inmitten einer Szene mit Rauch- und Lichteffekten zeigte ihnen der Führer einen Gegenstand, wahrscheinlich eine Getreideähre.

Wegen des hohen Ansehens der eleusinischen Riten baten Kaiser wie Augustus, Hadrian und Mark Aurel darum, zu ihnen zugelassen zu werden. Neros Bewerbung wurde allerdings abgewiesen. Die eleusinischen Feiern wurden bis zum Einfall des Barbaren Alarich nach Griechenland (395 n. Chr.) fortgesetzt.

Der älteste griechische Mysterienkult neben Eleusis war der

Griechenland

Die Stelle in Eleusis in Griechenland, an der jedes Jahr nach der Legende Hades die Persephone mit in die Unterwelt nahm

Kabeiridenkult auf Samothrake, einer Insel vor der Nordwest-Küste Kleinasiens. Die Kabeiriden waren Vulkangottheiten. Die Einzuweihenden trafen sich nachts. Sie trugen Kronen und Lampen, während sie sich ein geheimnisvolles Schauspiel ansahen. Vor allem gegen Schiffbruch wurde ihnen Schutz zugesagt.

Seit den Anfängen im 6. Jh. v.Chr. wurde der Kabeiridenkult in hellenistischer Zeit vor allem bei Thrakern und Mazedoniern beliebt. Philip und Olympias, die Eltern Alexanders des Großen, lernten einander bei einer der Feiern kennen. Alle Schichten, von römischen Statthaltern bis zu Sklaven, wurden aufgenommen. Mit der Beschädigung durch ein Erdbeben um 200 n. Chr. begann der Niedergang des Heiligtums auf Samothrake.

Die Orgien für Dionysos

Dionysos, von den Römern Bacchus genannt, war ein Gott der Pflanzen, besonders des Weines. Nach der griechischen Sage war er ein Sohn von Zeus und Semele. Kurz nach seiner Geburt wurde er von den Titanen in Stücke gerissen und mußte ein zweites Mal geboren werden. Nach späteren Überlieferungen reiste er bis nach Ägypten und Indien. Wer sich gegen ihn stellte, wurde entweder irrsinnig oder von seinen Verwandten in Stücke gerissen, ein Schicksal, das Euripides in dem Drama »Die Bacchanten« lebhaft beschreibt.

Die Jünger des Dionysos, hauptsächlich Frauen, waren die *Mänaden* oder »Irrsinnigen«. Im Weinrausch tanzten sie ekstatisch und liebkosten Schlangen. Der Höhepunkt ihrer Orgien war erreicht, wenn sie ein lebendiges Tier Stück für Stück zerrissen. Arnobius, ein christlicher Schriftsteller, protestierte:

»Um zu zeigen, daß ihr von der Erhabenheit und Würde des Gottes erfüllt seid, zerstört ihr mit blutigen Mäulern die Eingeweide von Ziegen.«

546–527 v.Chr.

Dramen wurden zunächst zu Ehren von Dionysos an den Abhängen der Akropolis in Athen aufgeführt. Sowohl Tragödien (*tragoidoi* oder »Ziegenlieder«) als auch Komödien (*komoidoi* oder »Dorflieder«) entwickelten sich aus dem Dionysoskult.

500–450 v.Chr.

Der älteste Nachweis für die Einführung des Bacchus nach Italien stammt von einem Friedhof bei Cumae, der Eingeweihten dieses Kultes vorbehalten war. Die Bewegung wurde zu Anfang des 2. Jh. v. Chr. bekannt, als 186 der Senat 7000 Anhänger festnahm, von denen viele wegen angeblicher Verbrechen hingerichtet wurden. Ein Erlaß reglementierte den Kult streng und begrenzte Versammlungen auf nur fünf Leute, und auch die nur nach vorheriger Erlaubnis des Senats.

Trotz solcher Verfolgung überdauerte die Bacchus-Verehrung. Der Kult ist auf den Fresken der Mysterienvilla in Pompeji lebhaft beschrieben. Sie bilden weibliche Eingeweihte ab, die ein geheimnisvolles Objekt, möglicherweise einen Phallus, betrachten und sich einer rituellen Peitschung unterziehen.

Im 4. Jh. n. Chr. berichtete der Schriftsteller Firmicus Maternus, daß die Kreter immer noch »einen lebenden Stier mit den Zähnen zerreißen und Verrücktheit vortäuschen, wenn sie mit mißtönendem Geschrei durch die verborgenen Plätze des

Das Griechenreich.
Die rote Linie zeigt die größte Ausdehnung von Alexanders Weltreich vor seinem Tode im Jahre 323 v. Chr. Nach seinem Tod kämpften seine Generale um die Herrschaft. Bis 198 v. Chr. regierten Ptolemäus und seine Nachfolger Ägypten und Palästina. Seleukos begründete eine Dynastie, die in Babylon, dem östlichen Teil des Weltreiches, und – nach 281 v. Chr. – in Kleinasien herrschte. 275 v. Chr. kam Mazedonien unter die Herrschaft des Antigonos Gonatas, des ersten der »Antigoniden«-Könige.

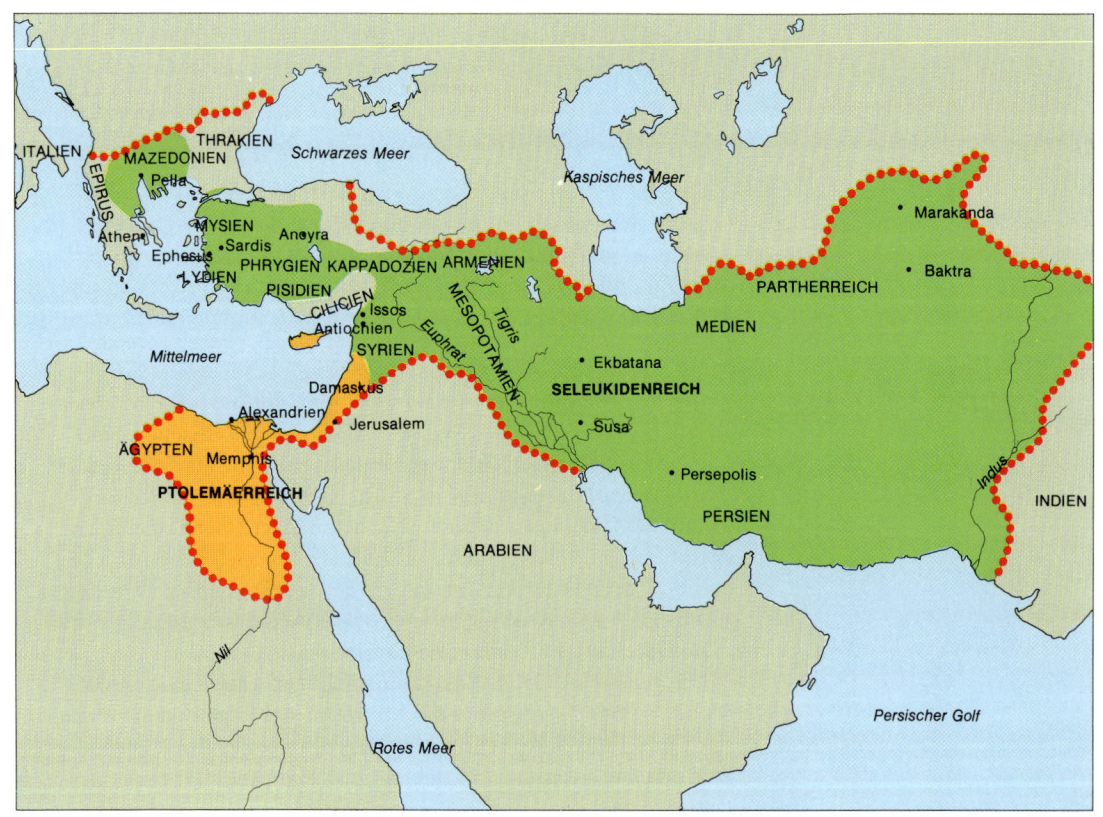

Orpheus spielt den Tieren und Vögeln auf der Leier vor. Dieses Mosaik aus dem 3. Jh. n. Chr. wurde in Tarsus gefunden.

Waldes kreischen«.

Diesem extremen Kult hat unsere Sprache eine Anzahl von Wörtern entlehnt. Dazu gehören: »Ekstase« (von *ekstasis* »außer sich stehen«), »Enthusiasmus« (abgeleitet von *entheos* »bewohnt von dem Gott«), »Orgien« (von *orgia* »Riten«) und »Triumph« (abgeleitet von dem griechischen *thriambos* »eine Hymne auf Bacchus«).

Orpheus und sein Kult

Eine eigene Religion, die als Orphismus bekannt war und auf einer erweiterten Dionysos-Legende gründete, war mit dem legendären Musiker Orpheus verbunden. Nach den orphischen Schriften aßen die Titanen Dionysos mit Ausnahme seines Herzens. Aus ihm schuf Zeus einen neuen Dionysos. Er vernichtete die Titanen und schuf aus ihrer Asche Menschen. Daher haben die Geschöpfe eine zweifache Natur: Ihre Körper, die von den Titanen herstammen, sind schlecht; aber ihre Seelen, die von Dionysos herstammen, sind gut. Um aus dem Kreislauf der Reinkarnationen erlöst zu werden, machten die Orphiker eine Läuterung durch und kontrollierten ihr Verhalten.

Der Orphismus entstand irgendwann im 7. oder 6. Jh. v. Chr. Er wurde in hellenistischer und römischer Zeit populär. Goldblätter aus dem 4. und 3. Jh. v. Chr., die man in Gräbern auf Kreta und in Süditalien fand, sind wahrscheinlich orphisch. Auf einem dieser Blätter steht: »Rein komme ich hierher aus dem Reinen . . . Durch gütiges Schicksal bin ich dem Kreislauf lastender Sorge entronnen.«

Die olympischen Götter

Die Namen vieler griechischer Götter sind allgemein bekannt. Mythen und Legenden rankten sich um ihre Intrigen untereinander und ihre Taten unter den Menschen. Einige der wichtigsten Götter der Griechen waren:

Aphrodite
Die Göttin der Liebe und Schönheit, die wahrscheinlich in Beziehung stand zu den asiatischen Liebesgöttinnen Ischtar und Astarte. Wo sie ging, blühten Blumen auf, und Vögel umflatterten sie. Sie konnte selbst die weisesten Götter betören. Sie gebar dem Ares mehrere Kinder, z.B. den »Schrecken«.

Apollo
Der Sohn des Zeus war der Gott des Lichts, der Wahrheit, der Musik und Weissagung. Er tötete die Schlange Python und stiftete das Orakel von Delphi, da er von Pan die Gabe der Weissagung erhalten hatte.

Artemis
Die Lieblingsgöttin vieler Frauen, die zu ihr um sichere Geburt beteten. Die Zwillingsschwester des Apollo war die Göttin des Mondes, in Homers

**Das Parthenon in Athen war der Tempel der Athena Parthenos, der Schutzgöttin Athens.
Oben rechts: Ein Ausschnitt aus dem Tempelfries mit (von links) Isis, Hera und Zeus.**

»Ilias« als Jägerin dargestellt. In Ephesus wurde eine asiatische Fruchtbarkeitsgöttin als Diana (= römische Entsprechung der Artemis) verehrt.

Demeter
Die Göttin von Obst und Getreide, wovon die Ernährung der Griechen abhing. Sie verursachte eine Hungersnot aus Kummer darüber, daß Hades ihre Tochter Persephone in die Unterwelt entführt hatte.

Hera
Die Gattin des Zeus und Göttin der Ehe und der Familie. Sie war eine furchterregende Gestalt und die Verbündete des Jason in der Argonautensage.

Hephaistos
Der Gott des Feuers und der Handwerker, der Zaubergegenstände für Götter und Menschen herstellte. Von seinen Eltern Zeus und Hera verstoßen, gewann er die Zuneigung seiner Mutter mit der Fertigung wunderschönen Schmucks zurück.

Poseidon
Der Bruder des Zeus war der Gott des Meeres und der Erdbeben. Er gab den Menschen das Pferd, ein Tier, das vor allem als Transportmittel nützlich war. Die Griechen beteten zu ihm um Schutz für die Seefahrer.

Zeus
Er war Herrscher auf dem Olymp, dem Wohnort der Götter, nachdem er seinen Vater Kronos mit Hilfe der Kyklopen, Giganten und Titanen gestürzt hatte. Er war der Gott des Wetters und lenkte die menschlichen Schicksale.

Die griechische Philosophie

Die Lehren des Pythagoras

Im 6. Jh. v. Chr. nahm die griechische Philosophie ihren Anfang in den Spekulationen der sogenannten Vorsokratiker über die Beschaffenheit des Universums. Viele dieser ersten Philosophen wie Thales, Heraklit und Anaxagoras kamen aus Ionien, den griechischen Kolonien an der Westküste Kleinasiens.

Sie nahmen an, das Universum sei aus einem einzigen ewigen Stoff oder der Kombination solcher Stoffe, wie Wasser, Luft oder Feuer, entstanden. Manche, z.B. Heraklit, dachten, die grundlegende Wirklichkeit sei der Wandel. »Man kann nicht zweimal in denselben Fluß steigen«, sagte er. Andere behaupteten, der Wandel sei eine Illusion; alle Dinge blieben gleich.

Pythagoras: 578–496 v.Chr.

Pythagoras von Samos, einer dieser frühen ionischen Philosophen, ist heute am bekanntesten für seinen Lehrsatz über das rechtwinklige Dreieck: Das Quadrat über der Hypotenuse (der längsten Seite) ist gleich der Summe der Quadrate über den beiden anderen Seiten. Er entdeckte auch die Beziehung zwischen Zahlen und Tonleitern und glaubte, er könne die Naturgeheimnisse erfahren, indem er die Ordnung der Himmel beachte. Pythagoräer waren die ersten, die vermuteten, die Erde sei rund.

Statue des Pythagoras aus dem 12. Jh. n. Chr. an der Kathedrale von Chartres in Frankreich

Aber Pythagoras war nicht nur Philosoph und Mathematiker; er war auch ein Mystiker. 538 verließ er Samos, ging nach Kroton in Süditalien und gründete eine religiöse Gemeinschaft aus Männern und Frauen. Die Pythagoräer glaubten an Reinkarnation. Um die Seele aus der Gefangenschaft im Körper zu befreien, aßen sie kein Fleisch und keine Bohnen und hielten andere Tabus ein, trugen z.B. keine wollenen Kleider.

Apollonius von Tyana, der 98 n. Chr. starb, versuchte, Pythagoras nachzuahmen. Sein Leben wurde von Philostrat aufgeschrieben. Obwohl es in diesem Bericht über die Wundertaten und den Tod des Apollonius viele erstaunliche Ähnlichkeiten mit dem Leben Christi gibt, hat Philostrat ihn wohl nicht absichtlich als Gegenstück zu den Evangelien geschrieben. Er war unhistorisch und wahrscheinlich von den Evangelien beeinflußt.

Apollonius war in Wirklichkeit ein modifizierter Pythagoräer, der Magie betrieb. Er gewann die Bewunderung einiger Heiden wie Kaiser Caracalla und Alexander Severus. Dieser ließ Statuen von Apollonius, Christus, Abraham und Orpheus aufstellen und verehrte sie alle gleichermaßen.

Im 2. Jh. n. Chr. zog Numenius von Apamea sowohl Pythagoras als auch Plato sowie das Alte Testament für sich heran.

Sokrates, dessen Denken sich in den Schriften Platos wiederfindet

Er sagte den bemerkenswerten Satz, daß »Plato nichts weiter als ein griechisch sprechender Mose war«. Die Schriften von Ägyptern, Magiern (persischen weisen Männern), Brahmanen aus Indien zitierte er ebenfalls.

Die Lehren von Numenius gleichen denen des berühmten Neuplatonikers Plotin. Er behauptete, es gebe einen höchsten Gott, den Einen. Neben ihm gebe es einen doppelgesichtigen zweiten Gott, der den ersten Gott betrachtet und die sichtbare Welt regiert. Anders als Plotin glaubte er an die ewige Existenz der Materie und an eine schlechte kosmische Seele. Wie Pythagoras glaubte er an den Kreislauf der Reinkarnationen. Numenius war einzigartig in seinem Glauben, daß der Mensch zwei Seelen habe: eine gute Seele aus dem zweiten Gott und eine unvernünftige aus der kosmischen Seele.

Plato

Sokrates (469–399 v. Chr.) ging dauernd in Athen umher und befragte Menschen. Er war kein Philosoph mit dogmatischen Ansichten, sondern er bestimmte ganz neu das Thema der Philosophie. Im Mittelpunkt stand nicht mehr das Universum, sondern der Mensch und sein Verhalten. Er meinte, rechtes Leben könne nur gelehrt werden, wenn man wisse, was das sei. Sokrates wurde wegen »Atheismus« und Verführung der Ju-

---

Philosophische Begriffe

Allegorie: Eine Erzählung, deren Bedeutung nicht im Wortlaut, sondern im Symbolgehalt liegt.

Amoralität: Eine Lebenshaltung, die sich um die Frage nach Recht oder Unrecht nicht kümmert.

Demiurg: Ein gnostischer Name für den Schöpfer der Materie. Er galt als ein weit unter dem höchsten Gott stehendes Wesen.

Dualismus: Die Vorstellung, daß es in der Welt zwei Kräfte gibt – Licht und Finsternis oder Gut und Böse –, die ständig miteinander ringen.

Ethik: Die Gesamtheit der Prinzipien, die Verhalten und Moral bestimmen.

Hedonismus: Ein Glaube, der den Genuß für das höchste Gut und den Lebenssinn hält.

Kosmos: Das Universum als geordnetes System, im Gegensatz zu Zerfall und Chaos.

Manichäer: Eine gnostische Gruppe, die behauptete, Gottes endgültige Offenbarung empfangen zu haben.

Mysterienkulte: Religionen mit geheimen Initiationsriten, die nur den Eingeweihten bekannt waren.

Mystiker: Menschen, die durch Meditation und Selbstdisziplin nach Selbsterkenntnis und geistlicher Offenbarung strebten.

Nous: Das Prinzip logischen Denkens, das allen Dingen Ordnung und Einheitlichkeit verleiht; die höchste Gottheit und Quelle aller Sinnhaftigkeit.

Pantheismus: Ein religiöses oder philosophisches System, das die gesamte Natur für die Verkörperung Gottes hält; Gott ist kein von den Dingen oder Menschen unterschiedenes Wesen.

Rationalismus: Der Glaube, daß menschliche Vernunft das Universum ohne zusätzliche Gottesoffenbarung begreifen kann.

Reinkarnation: Der Glaube, daß die Seele nach dem Tod in einen neuen Körper eingeht und Strafen oder Belohnungen durchlebt, die sie für die vorangegangenen Leben erhalten hat.

Seele: Der immaterielle Wesensteil des Menschen, dessen göttlicher Ursprung vermutet wird.

Syllogismus: Ein Argumentationsgang, in dem eine Folgerung aus zwei Behauptungen gezogen wird, die beide einen gemeinsamen Begriff beinhalten, der in der Folgerung nicht mehr enthalten ist.

Theosophie: Eine philosophische Richtung, die behauptet, Gotteserkenntnis könne durch Verzückung oder Intuition gewonnen werden.

**Viele griechische Denker waren Pan-
theisten: Sie glaubten, daß in allem
Gott gegenwärtig sei. Im Gegensatz
dazu glauben Christen, daß Gott von
der Welt, die er geschaffen hat, verschieden ist. Das Bild zeigt Salzabla-
gerungen der heißen Quellen bei Hierapolis in Kleinasien, die früher das
Wasser für die nahegelegenen römischen Bäder lieferten.**

Plato: 428–347 v.Chr.

gend angeklagt. (Manche seiner Schüler, z.B. Alkibiades und
Kritias, nahmen tatsächlich eine verhängnisvolle Entwicklung.)
Sokrates wurde vor Gericht gestellt und zum Tode durch den
Schirlingsbecher verurteilt.

Weil von Sokrates selbst nichts Schriftliches überliefert ist,
hängen unsere Informationen über ihn von den Schriften seiner Schüler wie Xenophon und vor allem Plato ab. Da Plato
seine eigenen Gedanken in Form von Dialogen mit Sokrates
formuliert, ist es nicht immer leicht, seine Ansichten von denen
seines Lehrers zu unterscheiden.

387 gründete Plato die erste »Universität«, Akademie genannt, in einem Gymnasium bei Athen. In begreiflicher Reaktion gegen die Demokratie, von der Sokrates verurteilt worden
war, entwarf Plato in seinem bekanntesten Werk *Die Republik*
einen Idealstaat, der eher den totalitären Staat von Sparta als
Athen als Muster nimmt. Er forderte die Zensur der homeri-
schen Epen, die Auflösung der Familien, die gemeinsame Erziehung von Frauen und Männern und eine selektive Erziehung, aus der Philosophenherrscher hervorgehen sollten.

Als sich in Syrakus (Sizilien) für Plato die Gelegenheit ergab,
seine politischen Ideen in die Praxis umzusetzen, scheiterte er

kläglich. Enttäuscht, aber klüger, kehrte er in seinem letzten
Werk, *Gesetze,* zu konservativeren Ideen zurück. So räumte er
z.B. der Familie wieder ihren Platz ein.

Plato diskutiert in *Timaeus,* einem Werk, das christliche
Theologie und Philosophie später grundlegend beeinflußte, die
Schaffung des Kosmos. Sein Schöpfer, von ihm *Demiurg* genannt, ist ein guter, aber nicht-allmächtiger Gott. Er schuf
nicht aus dem Nichts, sondern formte vorhandenes Chaos in
einen geordneten Kosmos um. Da das Universum von einem ra-
tionalen Prinzip beherrscht ist, sollen Philosophen Fächer wie
Mathematik und Astronomie studieren.

Platos grundlegender Beitrag zum griechischen Denken war
die Vorstellung, wahre Wirklichkeit sei nicht in der sichtbaren,
gegenständlichen Welt zu finden, sondern nur in unsichtbaren,
vollkommenen und ewigen Ideen, die weder im Raum, noch in
der Zeit existieren. So ist die Idee eines Würfels unabhängig
von allen tatsächlichen Würfeln. D.h., alles, was wir in der

Die Schüler Platos

Platos Nachfolger strebten unter Konzentration auf ethische
Fragen zunächst eine Systematisierung der Lehren Platos
an.

Aber Arkesilaos, der die
Akademie 270–240 v. Chr.
leitete, entwickelte unabhängig von dem Skeptiker Pyrrhon eine eigene Spielart des
Skeptizismus. Er vertrat die
Ansicht, daß das richtige Verständnis Platos dazu führen
müsse, jegliches Urteil aufzu-
schieben. Er vermied alle po-
sitiven Aussagen; vielmehr

**Plato, der Gründer der Akademie
in Athen**

behauptete er, daß er von
nichts Kenntnis besitze, nicht
einmal von seiner eigenen
Unkenntnis.

Die **mittleren Platoniker** (1.
Jh. v. Chr.–2. Jh. n. Chr.) waren von dem aristotelischen
Gedanken beeinflußt, daß der
göttliche Geist nur sein eigenes Denken denkt, weil es
kein anderes Objekt gibt, das
seines Denkens wert wäre. Sie
hielten Platos »Ideen« für Gedanken des göttlichen Geistes.
Da der göttliche Geist außerhalb der Welt existiert, wird
sie vom zweiten Geist geschaffen und regiert.

Der göttliche Geist kann nur
in Negationen beschrieben
werden, da alles, was wir über
ihn aussagen können, ihm
nicht gerecht wird. Die Ansicht der mittleren Platoniker,
Gott sei mit Worten nicht zu
erfassen, beeinflußte christliche Denker wie Klemens von
Alexandrien zutiefst.

Die letzte bedeutende Wei-
terentwicklung des Platonismus war der **Neuplatonismus,**
der Gedanken des Aristoteles
und der Stoiker aufnahm. Er
erlebte seine Blütezeit vom 3.

Jh. n. Chr. bis zur Schließung
der Philosophenschulen 529
unter Justinian.

Der Neuplatonismus wurde
von Plotin (205–270 n. Chr.)
begründet, einem Griechisch
sprechenden Ägypter. Man
hat ihn den größten Denker
zwischen Aristoteles und Des-
cartes genannt. Andere bezeichneten dagegen das Gewicht, das er der Verzückung
beimaß, als »Selbstmord der
Philosophie«.

Nach elf Jahren Studium unter Ammonius Saccus in Alexandria begleitete er Kaiser
Gordian III. auf einem Feldzug gegen die Perser. 245
gründete er eine Schule in
Rom. Sein asketischer Le-
benswandel trug ihm große
Hochachtung ein: Er ver-
schenkte sein Vermögen und
fastete jeden zweiten Tag.

Da Plotin selber nichts geschrieben hat, sind wir für die
Kenntnis seines Denkens auf
die *Enneaden,* eine Sammlung
seiner Reden von seinem berühmten Schüler Porphyrius,
angewiesen. Plotins System
beinhaltet ein einziges Sein,
weshalb man es auch dynami-

Welt sehen, ist nur ein schwacher Abglanz der Wirklichkeit, wie Plato in der Republik in der bekannten Allegorie von der Höhle ausführt. Die Menschen sind wie Höhlenbewohner, die nur tanzende Schatten an den Wänden und nicht das Licht draußen sehen.

Mit unseren Sinnen können wir die Ideen nicht erfassen. Doch können uns z.B. schöne Gegenstände zur Idee der Schönheit führen. Wie Pythagoras nahm Plato an, daß die Seele wiedergeboren werde; indem wir uns erinnern an das, was wir vor unserem jetzigen Leben gesehen haben, gelangen wir zu Ideenerkenntnis.

Aristoteles

Aristoteles: 384–322 v.Chr.

Aristoteles stammt aus Stagira östlich von Thessalonich. Da sein Vater Arzt am mazedonischen Hof war, wurde er der Erzieher des jungen Alexander, der später »der Große« genannt wurde. Man sagt, Aristoteles sei ein Schüler, aber kein Jünger Platos gewesen. Er war in beinahe jeder Hinsicht anderer An-

---

schen Pantheismus genannt hat. Er stellte sich eine dreifache Wirklichkeit vor, die in konzentrischen Kreisen vom höchsten Sein ausgeht, dem namenlosen Gott, der in dauernde Selbstbetrachtung versunken ist. Von ihm strahlt der göttliche Geist aus, der wiederum die kosmische Seele hervorbringt.

Die niedere Seite der kosmischen Seele bringt die Natur hervor, die aufgrund ihrer Ferne vom Guten unvollkommen ist. Der Mensch hat eine zweifache Wesenheit. Sie besteht aus dem »gewöhnlichen Menschen«, der der Sünde und dem Leiden unterworfen ist, und der »Seele«, die weder sündigen noch leiden kann. Der Mensch muß danach streben, sich durch asketisches Leben und geisterfüllte Ekstase mit dem Guten zu vereinigen.

Porphyrius (233–305 n.Chr.) stammte aus Tyrus. Neben der Herausgabe der Werke Plotins schrieb er selbst noch »Fünfzehn Bücher gegen die Christen«, einen der ersten Angriffe gegen die Bi-

bel. Er lehnte die Prophetie Daniels ab und kritisierte Unstimmigkeiten in den Evangelien. Sein Werk wurde 448 vom Konzil in Ephesus verdammt und verbrannt. Nur Fragmente sind noch erhalten.

Iamblichus von Chalkis (250–330 n. Chr.) studierte bei Porphyrius und gründete danach eine eigene Schule in Syrien. Er empfahl die Verwendung von magischen Riten und Astrologie. Zu Lebzeiten wurde er gerühmt und später von Kaiser Julian hoch geschätzt.

Proclus von Lycien (411–485 n. Chr.) war Leiter der Akademie. Auch er verband Magie und Mystik mit Philosophie. Er glaubte von sich selbst, er sei die Reinkarnation eines früheren Neupythagoräers. Die Vielzahl seiner Kommentare zu Plato und anderen Philosophen beeinflußte das Mittelalter nachhaltig.

Obwohl manche Neuplatoniker wie Porphyrius das Christentum bekämpften, wurden viele **christliche Denker** vom Neuplatonismus

nachhaltig beeinflußt. Origenes, der mit Plotin studierte, entwickelte die Trinitätslehre, die der Dreiheit des Einen, dem Nous und der Seele bei Plotin in überraschender Weise gleicht. Erst als das nicänische Glaubensbekenntnis entworfen wurde, wiesen die Theologen die neuplatonische Vorstellung zurück, es könne Stufen der Göttlichkeit geben.

Augustin (354–430 n. Chr.) schätzte die Schriften der Platoniker, da sie ihn von den dualistischen Vorstellungen der Manichäer befreiten. Er war der Ansicht, ihre Wertschätzung der unsichtbaren Welt und ihre Verachtung der Natur komme der christlichen Weltanschauung nahe. Er meinte, daß sie »mit nur wenigen Änderungen ihrer Worte und Ansichten alle Christen werden könnten, so wie viele Platoniker es in jüngster Zeit geworden sind«.

Die Betonung des Mystischen bei Plotin beeinflußte nachhaltig die Herausbildung des mittelalterlichen Mystizismus solcher Denker wie Bonaventura.

sicht als sein Lehrer. 335 gründete er in Athen seine eigene Schule, das Lyceum.

Unersättlich wißbegierig untersuchte Aristoteles alle denkbaren Fragen. Im Gegensatz zu Plato betonte er die Beobachtung und Ableitung allgemeiner Gesetze aus beobachteten Tatsachen (Induktion). Zu seinen Vorträgen gehören Studien über Zoologie, Anatomie und Physiologie. Er glaubte, daß die Wirklichkeit in Gegenständen vorhanden ist und nicht in unsichtbaren Ideen.

Für logische Beweise stellte er Regeln auf wie den Syllogismus. Er schrieb über Poesie, Rhetorik und Politik. In bezug auf die Ethik meinte er, daß der Mensch nach der »goldenen Mitte« streben solle, einem idealen Verhaltensmuster zwischen den Extremen. Aristoteles glaubte nicht an die Unsterblichkeit des Individuums; nur der unpersonale »tätige Geist« überdauere den Tod.

Aus Untersuchungen über die Bewegung schloß er, daß es eine unbewegte erste Ursache geben müsse. Dieser erste Beweger oder Gott sitzt auf der Himmelsschale. Er ist nur mit seinem eigenen Denken befaßt und hat keine Kenntnis von dem Universum unter sich.

Avicenna 980–1037 n.Chr.

Die Werke des Aristoteles wurden von islamischen Autoren wie Ibn Sina, auch bekannt als Avicenna, bis zum Mittelalter weitergegeben. Als sie im 12. Jh. ins Lateinische zurückübersetzt wurden, hatten sie eine ungeheure Wirkung. Sie haben

Thomas von Aquin: 1224–1274 n.Chr.

bleibenden Einfluß ausgeübt, besonders durch Thomas von Aquin, der sie großartig mit christlichen Vorstellungen verband und damit zur katholischen Theologie wesentlich beitrug.

Aristoteles

Die Schüler des Aristoteles

Der direkte Nachfolger des Aristoteles war **Theophrast** von der Insel Lesbos (371–288 v. Chr.). Der populäre Lehrer, der etwa 2 000 Schüler unterrichtete, beschäftigte sich hauptsächlich mit der Botanik. Unter den 270 Werken, die ihm zugeschrieben werden, finden sich eine Mineralienanalyse und eine Beschreibung von Persönlichkeiten mit dem Titel »Charaktere«, in der Menschentypen beschrieben werden wie »der Schmeichler« oder »der Schwätzer«.

Demetrios von Phaleros, ein anderer Schüler des Aristoteles, ging auf Einladung des Königs Ptolemäus I. nach Alexandrien und gründete dort das »Museum«, wörtlich »Palast der Musen«. Es entwickelte sich zu einem Forschungsinstitut, das die größte Bibliothek der Antike beherbergen sollte. Der Reichtum der Ptolemäer sorgte dafür, daß seit dieser Zeit Alexandria als Zentrum der Gelehrsamkeit an die Stelle Athens trat.

Hier behauptete **Aristarch von Samos** (280 v. Chr.), der Mittelpunkt des Universums sei die Sonne; **Eratosthenes** (274–192 v. Chr.) ermittelte den Erdumfang mit einer Abweichung von weniger als 320 km. **Euklid** verfaßte das Standardlehrbuch der Geometrie.

Die Skeptiker

Das Wort »skeptisch« kommt von einem griechischen Wort, das »sorgfältig beachten« bedeutet. Aber Skeptizismus wurde zu einem Begriff für den Unglauben oder den Agnostizismus in bezug auf die Möglichkeit des Erkennens.

Pyrrhon: 365–275 v.Chr.

Der Begründer des Skeptizismus war Pyrrhon aus Elis. Obwohl er selbst keine Schriften hinterließ, entnehmen wir aus anderen, daß er den Sinnen mißtraute. Er riet seinen Schülern, ruhig zu leben und ihr Leben auf das Wahrscheinliche zu gründen. Mit Männern wie Arkesilaos beherrschten die Skeptiker die platonische Akademie im 3. und 2. Jh. v. Chr. Ein späterer Leiter der Akademie und radikaler Skeptiker, Karneades von Cyrene, leugnete die Unsterblichkeit der Götter und die Gewißheit von Erkenntnis. Was wir wahrnehmen können, ist nur Augenschein. 155 blendete er die Römer mit seiner Rhetorik, verwirrte sie jedoch mit seiner Amoralität.

Karneades: 214–129 v.Chr.

Sextus: 2. oder 3. Jh. n.Chr.

Der letzte bedeutende Skeptiker war Sextus Empiricus, ein Arzt. Zu seinen Werken gehören: *Umriß des Pyrrhonismus, Gegen die Dogmatisten* und *Gegen die Professoren.* Er strebte nach einem Leben in Ruhe, und sein bevorzugter Ausspruch war: »Es macht keinen Unterschied.«

Die Kyniker

Die Kyniker hatten ihren Namen daher, daß sie das »Leben eines Hundes« führten (Kynisch ist griechisch für hundeartig). Sie behaupten, ihr Begründer sei Antisthenes gewesen, ein Anhänger des Sokrates, der die platonische Ideenlehre zurückwies und ein Leben ohne weltliche Genüsse betonte. Die meisten Wissenschaftler zweifeln jedoch an dieser Tradition.

Antisthenes 445–365 v.Chr.

Diogenes: 403–323 v.Chr.

Wahrscheinlich gebührt diese Ehre dem bekanntesten Kyniker, Diogenes von Sinope, der bei Antisthenes studierte. Er ist weithin bekannt als der Mann, der am hellichten Tag mit einer Lampe auf die Suche nach einem ehrlichen Menschen ging. Er wohnte in Korinth in einer großen Tonne. Das einzige, was er besaß, waren ein Mantel, ein Stab und eine Tasche.

Blick auf Athen vom Lykabettos. In der linken Bildhälfte die Akropolis, der befestigte Hügel, um den herum die Stadt wuchs.

Viele Szenen aus dem griechischen Leben sind auf bemalten Vasen und auf Steinreliefs festgehalten worden. Die Abbildung unten links stellt eine Sklavin dar, die ihrer reichen Herrin eine Halskette, die vermutlich aus Gold ist, überreicht. Unten rechts sind zwei Brüder zu sehen, die im zweiten Jahrhundert nach Christus lebten. Einer von ihnen war ein Bauer, der andere ein Handwerker.
Die Anbetung der Götter war ein wesentlicher Teil im Leben aller Griechen. Religiöse Feste waren ungeheuer beliebt. In Athen zog jedes Jahre eine Prozession mit Priestern und Musikern zur Akropolis. Während der Feierlichkeiten wurde eine Statue der Athene in neue Kleider gehüllt, was wahrscheinlich in der Säulenhalle des Erechtheion stattfand (linkes Bild).

Diogenes machte sich über die Aufmerksamkeit lustig, die dem Sport, der Musik und der Mathematik gewidmet wurde. »Die Geldgier ist das Zentrum allen Übels«, erklärte er. »Fürchte nichts, begehre nichts, besitze nichts«, war sein Motto. 335 v. Chr. besuchte ihn Alexander der Große und fragte, was er für ihn tun könne. »Geh mir aus der Sonne«, war seine einzige Antwort. Alexander soll bemerkt haben: »Wenn ich nicht Alexander wäre, wäre ich gern Diogenes.«

Krates: 365–324 v.Chr.

Der am meisten beachtete Schüler des Diogenes war Krates von Theben. Er wurde »Tür-Öffner« genannt, weil er ungebeten in Häuser zu gehen und mit seiner kynischen Philosophie auf die Leute einzureden pflegte. Er bekehrte seine Schwester Hipparchia zum Kynismus und heiratete sie anschließend.

Die kynischen Redner sprachen in kühnen Ansprachen, die als *diatribes* bekannt sind. Diese Reden mit ethischen Ermahnungen und Erläuterungen haben möglicherweise späteren christlichen Predigern als Vorbild gedient.

Die Stoiker

Zeno: 350–260 v.Chr.

Der Gründer der Stoa war Zeno aus Kition auf Zypern. Als armer Schiffbrüchiger kam er 314 v. Chr. nach Athen. Von der Philosophie angesteckt wurde er, als er Xenophons *Leben des Sokrates* in einem Buchladen fand. Auf seine Frage, wie er Philosophie studieren könne, antwortete man ihm, er solle dem gerade vorbeigehenden Kyniker Krates folgen. Seit 304 lehrte Zeno in der *stoa poikile,* der wegen der Gemälde des Polygnot

Links: Das griechische Stadtleben spielte sich hauptsächlich auf dem Markt *(agora)* ab, um den sich eine Säulenhalle zog. Händler, Philosophen, Soldaten und die ganz normalen Städter kamen hier zusammen. An religiösen Festtagen zogen Prozessionen über die *agora* zum Tempel.

Korinth, die Heimat des Diogenes, war ein wohlhabender Stadtstaat, der für seinen Handel und seine Handwerksproduktion bekannt war. Im Hintergrund liegt Akrokorinth, der Felsen, auf dem einst der Aphroditetempel stand.

Die griechische Sprache

Das Griechisch, das am Hof Alexanders des Großen gesprochen wurde, war das klassische attische oder athenische Griechisch. Eine Folge der Eroberungen Alexanders war die weite Verbreitung des Griechischen, besonders als mazedonische Generäle ihre eigenen Reiche im Vorderen Orient gründeten.

Im Laufe der Jahrhunderte entstand eine in bezug auf Aussprache, Grammatik und Wortschatz vereinfachte Variante, das sogenannte Koine-Griechisch. Das Alte Testament wurde um 250 v. Chr. in Ägypten von etwa 70 Gelehrten ins Koine-Griechisch übersetzt. Diese Übersetzung wird nach dem griechischen Wort für »70« Septuaginta genannt. Sie umfaßt nicht nur die Bücher des hebr. Alten Testaments, sondern auch etwa ein Dutzend »apokryphe« Schriften.

Die ersten Christen zitierten gewöhnlich aus der Septuaginta, wenn sie zeigen wollten, daß die Schrift erfüllt oder Jesus der Messias, der Christus, sei. Die jüdischen Rabbinen autorisierten eine andere Übersetzung, die Aquila um 130 n. Chr. erstellte. Da seine Übersetzung sehr wörtlich und daher ungelenk war, erstellten Theodotion und Symmachus weitere Übersetzungen des Alten Testaments.

Die Römer standen seit den Anfängen der Republik in Kontakt mit den griechischen Kolonien in Süditalien und Sizilien. Doch besonders während der Kriege gegen Mazedonien und Achaia wurde Rom von griechischen Kriegsgefangenen und Kunstgegenständen überschwemmt. Der Dichter Horaz drückte es so aus: »Griechische Gefangene nahmen Rom gefangen.« Erzkonservative Römer wie der Zensor Cato (234–149 v. Chr.) widersetzten sich der Überflutung durch griechische Kultur. Aber eine einflußreiche Gruppe von Griechenverehrern, unter ihnen Scipio Ämilianus, förderten die griechische Kultur und übernahmen die Gönnerschaft für Schriftsteller wie Polybius. Unter dem Einfluß der überlegenen griechischen Kultur entwickelten die Römer ihre eigene Literatur, Philosophie und Kunst. Selbst Cato versuchte am Ende seines Lebens, Griechisch zu lernen.

Der römische Schriftsteller und Redner Cicero (106–43 v. Chr.), der in Athen und Rhodos studiert hatte, beherrschte Griechisch so fließend wie Latein. Quintilian (40–118 n. Chr.), die große römische Autorität in Erziehungsfragen, war der Meinung, Kinder sollten Griechisch noch vor Latein lernen. Plutarch, der im 2. Jh. n. Chr. lebte, konnte kaum Latein und schrieb seine Biographien griechischer und römischer Persönlichkeiten in Griechisch. Dabei stützte er sich auf die Werke griechischer Historiker wie Polybius. Kaiser Mark Aurel schrieb um 180 n. Chr. seine stoischen Meditationen in Griechisch. Martial und Juvenal, zwei Satiriker im 2. Jh. n. Chr., beklagten sich darüber, daß römische Frauen sogar Griechisch liebten!

Griechisch und Latein waren die offiziellen Sprachen des römischen Reiches. Die autobiographische Schrift des Kaisers Augustus wurde in Ankara in Kleinasien auf Griechisch und Latein publiziert. Kaiser Vespasian begründete Lehrstühle für Griechisch und Latein. Außer in Italien war Griechisch im alten römischen Reich weiter verbreitet als Latein. Eine Untersuchung der annähernd 500 jüdischen Katakombeninschriften zeigt, daß 74 % in griechischer, 24 % in lateinischer und nur 2 % in hebräischer oder aramäischer Sprache abgefaßt waren.

Griechische Mädchen beim Spiel. Diese Tonfigur aus dem 3. Jh. v. Chr. wurde in Capua in Italien gefunden.

Oben: Vasengemälde mit Szenen
aus einer griechischen Schule.
Ein Knabe lernt, Leier zu spielen,
während ein anderer seine Aufgaben aufsagt.

Unten: Griechische Flöte. Musik
spielte im Leben der Griechen
eine wichtige Rolle.

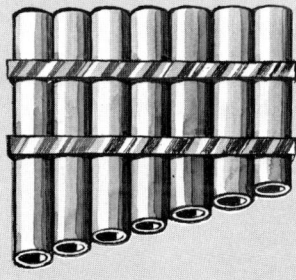

Griechisch war die bevor-
zugte Sprache der ersten Christen. Selbst Christen in Rom
hielten bis ins 4. Jh. n. Chr.
ihren Gottesdienst auf Griechisch. Frühe christliche
Schriftsteller wie Origenes,
Clemens von Alexandria oder
Irenäus schrieben allesamt
Griechisch. Mit der Herausbildung des »Kirchenlatein«
schied sich die christliche
Welt schließlich in den lateinischen Westen und den griechischen Osten. Die Tren-
nungslinie verlief östlich von
Dalmatien (Jugoslawien), Italien und Tripolitanien (westli-
ches Libyen).

Die griechische Erziehung

Die griechische Erziehung war
vor allem weitgehend aristo-
kratisch und athletisch und
beinahe ausschließlich auf
Knaben beschränkt. Nach 450
v. Chr. veränderten die Sophi-
sten die Erziehung völlig. Im
4. Jh. v. Chr. wurden in Athen
große Philosophenschulen errichtet.

In hellenistischer Zeit wurden in jeder von Griechen im
vorderen Orient gegründeten
Stadt Gymnasien eröffnet. Sie
dienten zur Bewahrung der
hellenistischen Tradition und
zur Eingliederung der Nicht-
Hellenistischen in die helleni-
stische Gesellschaft.

Die meisten Familien hatten
einen »Pädagogen«, der die
Schulausrüstung des Knaben
trug, ihn zur Schule begleitete
und ihn über seinen Unter-
richtsstoff prüfte.

Griechische Erzieher legten
gleichermaßen Wert auf den
nackt ausgeübten Sport (gym-
nasia) und die den Musen, den
Schutzgöttinnen der Kunst,
gewidmeten Künste (mousi-
kos). Unterricht in Schwerath-
letik wurde in privaten »Ring-
arenen« gegeben. Laufen und
Speerwerfen wurden in den
Gymnasien geübt.

Jeder Knabe wurde in Ge-
sang und Leierspiel unterrichtet. Er lernte das ABC, indem
er die Buchstaben von der
Vorlage seines Lehrers auf
seine eigene Wachstafel ab-
schrieb. Er lernte Lesen, was
im Altertum immer bedeutete,
laut zu lesen. Zu den Haupt-
werken gehörten Homer, Lyrik
und Drama, besonders die
Stücke des Euripides.

Im Alter von 18 Jahren
wurde ein junger Mann er-
wachsen und war endlich frei
von der strengen Fürsorge
seines Pädagogen. Im Alter
zwischen 18 und 20 Jahren
durchliefen athenische junge
Männer, die Epheben, eine
vom Staat durchgeführte militärische und athletische Ausbildung. Die Oberschicht bestand in hellenistischer Zeit
aus Absolventen dieser Ausbildung. In römischer Zeit waren die Epheben der Kern der
athenischen Universität.

Kleanthes: ?310–232 v.Chr.

Chrysipp: 281–207 v.Chr.

Panaetios: 185–109 v.Chr.

Posidonius: 135–51 v.Chr.

Die Stoa des Attalos in Athen aus dem 2. Jh. v. Chr. wurde kürzlich rekonstruiert.

so genannten »Bemalten Halle«. Die Stoiker haben ihren Namen von der Stoa oder Säulenhalle.

Kleanthes von Assos mußte als Gepäckträger arbeiten, um Zenos Vorlesungen besuchen zu können. 262 wurde er Leiter der Stoa. Das Universum betrachtete er als lebendes Wesen mit der Sonne im Zentrum. Er schrieb 40 Gedichte, darunter den *Hymnus auf Zeus.*

Sein Nachfolger als Leiter der Stoa wurde 232 Chrysipp aus Soli westlich von Tarsus in Kilikien. Ihm werden über 700 Werke zugeschrieben, von denen jedoch nur Fragmente erhalten sind. Seine große Leistung war die Systematisierung der stoischen Lehren.

Panaetios von Rhodos reiste nach Rom und sicherte sich den römischen General Scipio Aemilianus, einen Liebhaber griechischer Kultur, als Gönner. Er legte den Stoizismus in einer Weise aus, die den Römern eine Verteidigung ihres Imperialismus lieferte. Er behauptete, der Staat sei wichtiger als das Individuum und der römische Staat besitze die bestmögliche Verfassung. 129 wurde Panaetios Leiter der Stoa.

Sein Schüler Posidonius von Apamea gründete eine berühmte Schule auf Rhodos, an der auch Cicero studierte. Pompejus verehrte ihn, und umgekehrt lobte er Pompejus und pries Rom als Wächter über Recht und Ordnung. Posidonius reiste viel und beschrieb verschiedene Völkerstämme. Die Kelten stellte er in einem idealistischen Licht als »edle Wilde« dar. Als ein Mann mit demselben enzyklopädischen Interesse wie Aristoteles beschäftigte er sich mit Mathematik, Geometrie, Meteorologie und Astronomie. Er bemerkte z.B. die Beziehung zwischen den Mondphasen und den Gezeiten.

Römische Stoiker

Seneca von Cordoba (4 v.–65 n. Chr.) war der Sohn eines Rhetoriklehrers. Er war Kaiser Neros Erzieher und mit Burrus, dem Hauptmann der Prätorianer, für die ersten fünf »goldenen« Jahre von Neros Herrschaft verantwortlich.

Seine hohe Stellung war für den stoischen Philosophen unbequem. Sie zwang zu Kompromissen und machte es ihm unmöglich, seinen ethischen Idealen zu leben. Er sprach vom Armutsideal und war selbst Millionär. Seneca entschuldigte das folgendermaßen: »Ich bin nicht vollkommen, noch werde ich es jemals sein. Ich stecke tief in allen Arten von Lastern. Ich

Ein Reiterstandbild des Kaisers Mark Aurel, dessen *Meditationen* noch heute sehr geschätzt werden.

hoffe nur, besser zu sein als die Schlechten und jeden Tag besser zu werden.« – »Der berühmte Seneca, der so wehmütig danach strebte, sich mit der Wahrheit gut, und doch mit Nero nicht schlecht zu stehen, ist und bleibt nur unser vielleicht bestproportionierter Halbherziger, der glaubwürdigste Glaubwürdige, den wir kennen« (Thomas Carlyle).

Seneca hinterließ viele ethische Schriften und Briefe. Er schrieb neun Tragödien nach griechischem Vorbild, die jedoch eher zur Rezitation als zur Aufführung gedacht waren.

Bewundernswerter in seiner Lebensführung war der verkrüppelte ehemalige Sklave **Epiktet von Hierapolis** (50–138 n. Chr.). Er hatte Neros Leibwächter Epaphroditus als Sklave gedient. Nach seiner Freilassung wurde er Philosoph. Als Kaiser Domitian um 90 die Philosophen aus

Seneca, der Erzieher Neros

Rom vertrieb, gründete er eine Schule in Nikopolis in Epirus (Albanien). Unter seinen Hörern war der zukünftige Kaiser Hadrian. Epiktet hinterließ keine Schriften, aber seine Lehren wurden von seinem Schüler Arrian in den *diatribai,* »Vorträgen«, und einem *encheiridion,* »Handbuch«, festgehalten.

Epiktet beeinflußte den Kaiser **Mark Aurel** (121–180 n. Chr.), der seine berühmten *Meditationen* während eines Feldzuges gegen einfallende Markomannenvölker in Österreich niederschrieb. Er schrieb: »Beginne den Morgen, indem du dir sagst: Ich werde heute dem Geschäftigen, dem Undankbaren, Überheblichen, Betrügerischen, Neidischen, Unsozialen begegnen ... Keiner von ihnen kann mich verletzen, weil keiner das, was häßlich ist, an mich binden kann, noch kann ich über meinen Verwandten ärgerlich sein, noch ihn hassen.« Trotz solcher erhabener Regungen wie »Wir müssen einander von Herzen lieben« und »Es ist elender zu schaden, als Schaden zu erleiden«, hatte dieser stoische Kaiser wenig Geduld mit den Christen, die während seiner Regierungszeit verfolgt wurden.

**Der Hafen von Rhetymnon, der dritt-
größten Stadt auf Kreta. Die Kreter
wurden von den griechischen Dichtern
verachtet.**

Paulus und die Stoa

Tarsus in Kilikien, die Geburtsstadt des Apostels Paulus, war
wegen stoischer Philosophen wie Antipater und Zeno bekannt.
Paulus besuchte keine »Universität« in Tarsus, sondern ging
wohl im Alter von etwa 12 Jahren nach Jerusalem, um bei
Rabbi Gamaliel zu studieren.

Er erhielt nur eine Grundausbildung im Griechischen; daher
finden sich in seinen Reden und Briefen nur wenige Zitate
klassischer Autoren. (Dagegen zitierte Clemens von Alexandri-
en, der eine weiterführende griechische Ausbildung genoß, in
seiner *Ermahnung an die Griechen* 33mal Homer und neunmal
Euripides.)

Im Neuen Testament gibt es nur drei Stellen, die mit Sicherheit Zitate aus den Klassikern sind. An die Korinther zitiert
Paulus aus Menanders *Thais:* »Schlechte Gefährten verderben
einen guten Charakter.« Menander schrieb etwa 100 Spiele im
sogenannten Komödienstil, in denen typische Charaktere in
romantische Handlungen verwickelt sind. Dennoch braucht
Paulus kein Theater besucht zu haben, denn solche Zitate waren damals so bekannt wie heute Shakespeares »Sein oder
Nichtsein«.

Paulus bereitet seinen Mitarbeiter Titus auf die Begegnung
mit den schwierigen Kretern vor, indem er aus dem Werk *De
Oraculis* des kretischen Dichters Epimenides zitiert: »Die Kreter sind immer Lügner, böse Tiere und faule Bäuche.« Der Ori-

1.Korinther 15,33
Menander: 342–292 v.Chr.

Titus 1,12

ginalkontext lautet: »Sie bauten dein Grab, oh du Größter und Höchster, die Kreter, immer Lügner, böse Unmenschen und faule Vielfraße. Aber du starbst nicht, sondern lebst und bist ewig gegründet.« Der Clou dieses Gedichts besteht darin, daß der Autor, der alle Kreter als Lügner bezeichnete, selber Kreter war. Er mußte also ein Lügner und was er sagte mußte falsch sein; daraus folgte dann, daß die Kreter keine Lügner waren!

Apostelgeschichte 17,16–34

Als Paulus nach Athen kam, predigte er dem areopagitischen Gerichtshof. Der Areopag war ein kleiner Hügel unterhalb der Akropolis, auf dem im klassischen Athen der oberste Gerichtshof zu Gericht saß. In den Tagen des Paulus kam der areopagitische Gerichtshof in der königlichen Stoa zusammen, wo auch Sokrates gerichtet wurde.

In jedem Fall gehörten Stoiker wie Epikureer zur Hörerschaft des Paulus. In seiner Rede zitiert Paulus »Auch wir sind seine Kinder« wahrscheinlich aus den *Phenomena* des Aratus, eines Dichters, der um 270 v. Chr. in Kilikien lebte. (Diese Formulierung kommt auch bei Kleanthes im *Hymnus auf Zeus* vor. Der erste Teil dieses Verses, »Denn in ihm leben, weben und sind wir«, erinnert an eine Zeile, die sich ebenfalls bei Kleanthes findet, sowie in dem bereits angeführten Gedicht des Epimenides, in dem es weiter heißt: »In dir, leben, weben und sind auch wir.«)

2.Korinther 9,8
1. Timotheus 6,6

An zwei Stellen benutzt Paulus auch den stoischen Begriff *autarkeia*, allerdings nicht im stoischen Sinne einer unabhängigen Selbstgenügsamkeit. Vielmehr interpretiert er ihn neu als Zufriedensein mit Gottes Fürsorge.

Als Paulus in Korinth verhaftet wurde, wurde er vor dem Statthalter Gallio, einem Bruder Senecas, angeklagt. Eine in Delphi gefundene Steininschrift aus dem Jahre 52 n. Chr., die sich auf Gallio bezieht, ermöglicht es, den Aufenthalt des Pau-

Die Lehren der Stoa

Die Stoiker waren Pantheisten; sie lehrten, daß die Welt von einem Gott durchdrungen und beherrscht sei, der alles aus seinem eigenen Sein geschaffen habe, einem »intelligenten, feurigen Atem«. Obwohl der stoische Gott grundsätzlich unpersönlich war, redeten z.B. Kleanthes und Epiktet ihn als »Zeus« an. Der Stoizismus vermochte alle Arten von Volksreligionen und astrologischen Anschauungen zu integrieren, indem er sie als Allegorien interpretierte.

Die Stoiker glaubten, der Mensch selbst und insbesondere sein Geist, seien göttlich. Indem er seinen Willen der Vorsehung unterwarf, strebte der Stoiker danach, in Harmonie mit der Welt zu leben. Er bemühte sich darum, Selbstgenügsamkeit zu erreichen und Leidenschaften zu vermeiden.

So heißt es bei Epiktet: »Es ist besser, zu verhungern und so von Kummer und Furcht erlöst zu werden, als im Überfluß mit Beunruhigung zu le-ben; und es ist für deinen Sohn besser, glücklich zu sein, als für dich, unglücklich zu sein.« – »Wenn du dein Kind oder deine Frau küßt, sage, es ist einfach ein Mensch. Wenn sie sterben, wird es dich nicht angehen.«

Selbstmord war für die Stoiker der höchste Beweis menschlicher Freiheit. Sie glaubten nicht an die Unsterblichkeit, oder sie war ihnen gleichgültig. Sie glaubten, die Seele sei dazu bestimmt, am Ende der Welt wieder in die Weltseele aufgenommen zu werden.

lus in Korinth recht genau zu datieren. Theoretisch könnte Paulus Seneca selbst begegnet sein, aber für ein solches Zusammentreffen haben wir keinen Anhaltspunkt. Im 3. Jh. waren jedoch eine Reihe von Briefen im Umlauf, die zwischen Paulus und Seneca ausgetauscht worden sein sollen. Der christliche Führer Hieronymus hielt sie für echt.

Hieronymus: 348–420

Die Epikureer

Epikur: 341–270 v.Chr.

Unter den Hörern der Rede des Paulus in Athen waren die Epikureer, die Vertreter der zweiten bedeutenden hellenistischen Philosophie. 310 gründete Epikur von Samos ein Sanatorium in Mytilene auf Lesbos für an Nervenstörungen oder Depressionen Leidende. 306 kam er nach Athen und baute eine Gemeinschaft auf, die Frauen und Sklaven einschloß.

Epikur nahm die Ideen des Demokrit von Abdera auf, der meinte, die Welt und alles in ihr sei durch die zufällige Kombination kleiner unteilbarer Atome aufgebaut. Auch wenn es Götter gibt, sind sie doch weit weg und haben kein Interesse an den Angelegenheiten der Menschen. Wir müssen uns deshalb von Aberglauben und Todesfurcht freimachen.

Demokrit: 460–370 v.Chr.

Epikur, der selber an einem Magen- und Nierenleiden krankte, lehrte, daß man nach Annehmlichkeit und Ruhe streben solle. Wahres Glück bestehe in einem Leben frei von Schmerz, das man in stiller Zurückgezogenheit, umgeben von Freunden lebt. Er selbst war weit davon entfernt, ein Hedonist zu sein, der nur den fleischlichen Genüssen lebt. Er bemerkte, daß »die Freuden der Liebe keinem Manne jemals genützt haben und er glücklich ist, wenn sie ihm keinen Schaden tun«.

Doch als seine Lehren Rom erreichten, verbannte der Senat 173 v. Chr. zwei epikurische Philosophen, weil sie die Leute lehrten, ihrer »Lust« zu leben. Im 1. Jh. v. Chr. wurden epikureische Gedanken von dem Dichter Lucrez ausgedrückt.

Die Epikureer glaubten nicht an die Unsterblichkeit. Den Gedanken an die Auferstehung hätten sie als lächerlich abgetan. Sie glaubten, nach dem Tode fielen die Atome, aus denen ein Mensch besteht, einfach auseinander und fügten sich wieder zusammen. Eine epikureische Grabinschrift lautet: »Ich war nicht, ich war, ich bin nicht, es kümmert mich nicht.« Vulgäre Epikureer zogen die logische Folgerung, die eine andere Grabschrift so ausdrückt: »Iß, trink, spiel und komm hierher.«

1.Korinther 15,32

Dies kommt dem Zitat bei Paulus nahe: »Laßt uns essen und trinken, denn morgen sind wir tot.«

Die epikureischen Lehren waren für Christen ganz unannehmbar. Hieronymus behauptete, Lucrez habe an Irrsinnsanfällen infolge eines Liebestrankes gelitten. Ganz allmählich verschwand epikureisches Denken zwischen dem 2. und 4. Jh. n. Chr.

Vorderasiatische Religionen

Der römische Schriftsteller Juvenal klagte: »In den Tiber ergießt sich der Schlamm und Schmutz des Orontes; sein Lallen und Lärmen, seine unschönen Harfen und Pauken bringt er.« Alle Arten von nahöstlichen Strömungen ergossen sich in den Strom des römischen Lebens. Mit ihren farbigen Riten und dem Versprechen der persönlichen Unsterblichkeit übten die vorderasiatischen Mysterienreligionen auf die Römer große Anziehungskraft aus.

Die Sibyllinen Nach der römischen Sage prophezeite die Sibylle von Cumae nahe Neapel dem Helden Aeneas, dem Stammvater der Römer, die Zukunft. Ihre in den *Libri Fatales* aufgezeichneten Prophezeiungen sollen Tarquinius dem Stolzen, dem letzten etruskischen König vor der Gründung der römischen Republik 509 v. Chr., bekannt gewesen sein.

Die ursprüngliche Sibylle, eine Priesterin des Apoll und der Hekate, kam aus Marpessos oder Erythrae im westlichen Kleinasien und wurde nach Cumae, einer der ersten griechischen Kolonien in Italien gebracht. Ihre Nachfolgerinnen lebten in einer 122 m in den Felsen geschnittenen Grotte. Die Sibylle verfiel in Trance und sprach ihre Orakel in einem Kauderwelsch, das dann in metrische Verse übertragen wurde. Die Orakel wurden aufgeschrieben und nach Rom überbracht, wo

Vorderasiatische Religionen

ein Priesterkollegium sie überprüfte. Bis 400 n. Chr. bewahrte man Abschriften auf.

Die Orakel unterstützten die Identifikation der griechischen Götter mit ihren römischen Pendants ebenso wie die Einführung vorderasiatischer Gottheiten. 496 v. Chr. wurden Demeter und ihre Tochter Persephone der Ceres und Liberia gleichgesetzt. Während einer Seuche 293 v.Chr. empfahlen die Orakel die Einführung des griechischen Heilgottes Asklepios (römisch *aesculap*).

Die »Große Mutter« Als Hannibal in Italien einfiel, befanden sich die Römer in einer verzweifelten Lage, als sich herausstellte, daß ihre Armeen den Karthagern nichts entgegenzusetzen hatten. Die Orakel empfahlen die Einführung des Kultes der Kybele, der »Großen Mutter« aus Kleinasien. 204 v. Chr. wurde ihrem Kultobjekt, einem schwarzen Meteoriten, auf dem Palatin, innerhalb der heiligen Grenzen Roms, ein Tempel gebaut. Ausländische Götter wurden gewöhnlich außerhalb dieser Grenze gehalten.

Kybele ist eine sehr alte Gottheit; man fand eine Statue von

Kybele, die »große Mutter« der Götter

Die Göttin Diana

ihr bei Catal Hüyük aus der Zeit um 7000 v. Chr. Der lateinische Dichter Ovid schrieb, daß sie sich in Attis, einen jungen Schafhirten, verliebte. Als Attis untreu wurde und sich in eine Nymphe verliebte, tötete Kybele sie. In seiner Verzweiflung kastrierte Attis sich selbst. Deshalb kastrieren sich die Kybele- und Attispriester ebenfalls selbst. Römern war es bis 102 n. Chr. nicht erlaubt, an dem Kult teilzunehmen; und als Kaiser Claudius ihn legalisiert hatte, war der oberste Priester des Kultes ein unkastrierter Römer.

Im Kybele- und im Mithraskult war ein blutiges Ritual üblich. Während seiner Initiation stand der Novize in einer Grube, und über ihm würde ein Stier oder manchmal ein Widder geschlachtet, so daß sich ein Strom warmen Blutes über ihn ergoß.

Die Kultfestlichkeiten, die *Megalensien,* wurden im Frühjahr abgehalten. Dabei gab es eine Prozession der Attispriester, die sich bei ihrer Klage über den Tod von Attis zur Begleitung von Trommeln und Zymbeln selbst peitschten. Vielleicht aufgrund christlichen Einflusses wurde im 2. Jh. n. Chr. der Auferstehungsgedanke in den Kult eingeführt.

Die Artemis von Ephesus

Der Tempel der Artemis (Diana) in Ephesus zählte zu den sieben Weltwundern. Die Artemis von Ephesus war eine kleinasiatische Fruchtbarkeitsgöttin, die wenig mit der griechischen Artemis, einer jungfräulichen Jägerin, gemein hatte. Ihre Statuen haben viele Rundungen auf der Brust, die man oft für Brüste gehalten hat. Wahrscheinlicher jedoch stellen sie Straußeneier, Fruchtbarkeitssymbole, dar.

Apostelgeschichte 19,21–41

Die Verkündigung des Apostels Paulus in Ephesus bedrohte die Silberschmiede, die ihren Lebensunterhalt mit der Produktion von Statuen der Göttin verdienten. Ein Mob von 25000 erbosten Ephesern strömte in das Theater und schrie zwei Stunden aus vollem Halse: »Groß ist die Diana der Epheser!« Bei einer anderen Gelegenheit wurden 45 Einwohner von Sardes angeklagt, Botschafter, die der Artemis Mäntel brachten, mißhandelt zu haben, und für ihr Verbrechen zum Tode verurteilt.

Isis und Serapis

Der römische Historiker Plutarch überliefert alte ägyptische Mythen, wonach der Gott Osiris von seinem Bruder Seth getötet wird: Der fängt ihn in einer Kiste, die dann ins Meer geworfen wird. Isis, seine Frau, kann ihn bei Byblos (Libanon) finden und erweckt ihn wieder zum Leben. Danach schneidet Seth ihn in 14 Teile. Isis belebt ihn wiederum, woraufhin Osiris zum König der Toten wird.

Ptolemäus I.: 323–285 v.Chr.

Um seine Untertanen zu vereinen, schuf König Ptolemäus I. Serapis, einen ägyptisch-griechischen Bastardgott, der Isis als neuer Partner dienen sollte. Sein Gesicht glich dem des Zeus. Doch Isis war es, die in der griechischen und römischen Welt außerordentlich beliebt wurde.

**Isis und Serapis mit dem dreiköpfigen
Kerberus, dem Wachhund des Hades**

Um 105 v. Chr. war der Isiskult in Puteoli und Pompeji nach
Italien eingeführt worden. Zwischen 58 und 48 v. Chr. versuchte der Senat den ägyptischen Kult zu verbannen, Augustus
später ebenfalls. 19 n. Chr. verkleidete sich ein Römer als der
Gott Anubis und verführte eine Frau im Isistempel. Zur Strafe
ließ Kaiser Tiberius das Bild der Isis in den Tiber werfen und
ihre Priester kreuzigen.

Caligula: 12–41 n.Chr. Caligula begünstigte den Isiskult. In seiner Regierungszeit
wurde auf dem Campus Martius ein großer Tempel für Isis und
Serapis gebaut. Die Kaiser Domitian und Commodus verehrten
sie ähnlich.

Isis, die auch Panthea genannt wurde, bekam in Hymnen, die
zu ihrem Lob gesungen wurden, die Eigenschaften aller anderen Gottheiten verliehen: »Ich bin die Königin der Flüsse und
Winde und Meere. Ich bin die Königin des Krieges; ich bin die
Königin der Blitze.« Als Königin der Meere führte sie den
Vorsitz bei den Riten, die am 5. März die Eröffnung der
Schiffahrtsaison anzeigten. Die Bedeutung des Isiskultes ver-
um 150 deutlicht die Geschichte des Apuleius, *Metamorphosen* oder *Der
goldene Esel*. Lucius, der Held der Geschichte, wird durch Zau-
ber in einen Esel verwandelt und durch die Gnade der Isis
wieder zum Menschen.

Die ägyptischen Rituale waren exotisch und farbig. In den
Prozessionen gingen kahlrasierte Priester in weißes Leinen ge-
kleidet und Priesterinnen mit Rasseln. Der römische Schrift-

steller Juvenal verspottete die ägyptische Anbetung von Tier-
gottheiten: »Hier gebührt das höchste Lob dem hundsköpfigen
Gott Anubis, der mit seinen in Leinen gekleideten, glatzköpfi-
gen Mengen von Dienern herumläuft und sich über den
Schmerz der Menschen lustig macht.«

**Phönizische
und syrische Gottheiten**

Nach griechischem Mythos wurde Adonis, der anmutige junge
Geliebte der Aphrodite, von einem Eber durchbohrt. Man
glaubte, daß sein Blut jedes Jahr den Afqa, einen Fluß bei Byblos (Libanon) rot färbte. Frauen in aphroditischen Gewändern
säten »Adonisfrüchte« – Pflanzen, die kurz blühen und dann
vergehen – in Erinnerung an seinen Tod. Dem Kult des Ado-
nis-Tammuz weihte Hadrian die Höhle in Bethlehem, in der
nach der Tradition Jesus geboren worden war. Der Gedanke,
daß Adonis vom Tod auferstand, entwickelte sich nicht vor
dem 2. Jh. n. Chr.

Die oberste syrische Göttin war Atargatis aus der Stadt
Hierapolis am Euphrat. Sie wurde manchmal als Meerjungfrau
mit einem Fischleib dargestellt. Ihr Partner war der Sturmgott
Hadad.

Ihre Priester waren wie die des Attis kastriert. Sie waren berüchtigte Bettler, die sich geißelten, um Aufsehen zu erregen
und Almosen zu bekommen. Der Kult der Atargatis wurde in
hellenistischer Zeit (3.–2. Jh. v. Chr.) von Sklaven, Händlern
und Soldaten nach Griechenland und vielleicht auch Rom verbreitet. Der Historiker Sueton berichtet, daß Nero alle Riten
außer denen der Atargatis verachtete. Kaiser Alexander Severus (222–235 n. Chr.) baute ihr in Rom einen Tempel.

**Aphrodite war die Göttin der Liebe, der
Schönheit und der Fruchtbarkeit. Diese
Statue wurde auf Zypern gefunden und
stammt aus dem 2. Jh. v. Chr.**

Ein Teil der Säulenstraße aus dem 3. Jh. n. Chr., die die Stadt Palmyra durchzieht

Einer der beliebtesten syrischen Götter war Jupiter Dolichenus, der Stadtgott von Doliche zwischen der nordsyrischen Küste und dem Euphrat. Er wurde auf einem Stier stehend und die Symbole für Donner und Blitz in Händen haltend dargestellt. Im 2. und 3. Jh. n. Chr. verbreitete sein Kult sich vor allem durch Soldaten. Jupiter Dolichenus wurde in Rom auf dem Aventin in einem großen Tempel verehrt.

Ein weiterer wichtiger Gott war Jupiter Heliopolitanus aus Baalbek in der Beqa'a-Ebene im Libanon. Dort steht noch heute ein großer Gebäudekomplex, ein Zeugnis für den Genius der römischen Architekten. Die Kaiser Antoninus Pius, Septimius Severus und Caracalla ließen die Bauten errichten. Der riesenhafte, 106 m lange Jupitertempel ist der größte Tempel mit korinthischen Säulen, der je gebaut wurde. Von den 20 Meter hohen Säulen stehen noch sechs. Der kleinere Bacchustempel in Baalbek ist einer der besterhaltenen römischen Tempel.

Im Westen weniger bekannt waren die drei Götter Malakbel, Aglibol und Yarhibol aus der berühmten Oasenstadt Palmyra, dem biblischen Tadmor. Palmyra erreichte den Höhepunkt seiner Macht unter Königin Zenobia, die es 271 n. Chr. wagte, die Autorität Kaiser Aurelians herauszufordern. Die Stadt besitzt einige der ausgedehntesten und eindrucksvollsten römischen Ruinen im Nahen Osten. Der großartige Tempel der drei Götter in Palmyra steht in einem 225 Meter langen verwüsteten Säulenhof.

Elagabal: 218–222 n.Chr.

Die Frau des Kaisers Septimius Severus, Julia Domna, war die Tochter des Hohenpriesters des Sonnengottes von Emesa (Homs) in Syrien. Elagabal, ihr Großneffe, wurde als 14-jähriger Knabe Kaiser. Er war ein verweichlichter Hedonist, der Frauenkleider trug, auf Rosen ging und als besondere Delikatesse Straußenhirn aß. Er förderte den Sonnengott seiner Heimatstadt Emesa als höchsten Gott des Weltreiches. Mit diesem Vorhaben stieß er allerdings auf wenig Gegenliebe.

Aurelian: 270–275 n.Chr.

Kaiser Aurelian schlug Königin Zenobia und führte den Gott von Emesa als »die unüberwindliche Sonne« wieder ein. Er baute ihm einen prachtvollen Tempel in Rom. Der Geburtstag dieses Gottes, der gelegentlich mit Mithras identifiziert wurde, wurde am 25. Dezember, um die Zeit der Wintersonnenwende, des kürzesten Tages im Jahr, gefeiert. Der Geburtstag Jesu, der von manchen Kirchen am 6. Januar begangen worden war, wurde im 4. Jh. n. Chr. von den westlichen Kirchen auf den 25. Dezember gelegt. Augustin nötigte die Christen, nicht die Sonne anzubeten, sondern den, der sie gemacht hatte.

Der Mithras-Kult

Der persische Gott Mithras spielt in den zoroastrischen heiligen Schriften eine wichtige Rolle und erscheint auch in den vedischen Schriften. Sein Kult breitete sich 546 v. Chr. infolge der persischen Eroberungen unter Cyros nach Kleinasien aus. Die Königreiche von Pontus und Kommagene wurden in hellenistischer Zeit von Königen mit dem Namen Mithradates, »Geschenk des Mithras«, regiert. Die Vorstellung, daß sich der persische Kult durch die Tätigkeit der Magier direkt zu den römischen Mithras-Mysterien weiterentwickelte, läßt sich kaum belegen.

Der erste Kontakt zwischen Römern und Mithrasverehrern ergab sich aus der Unterwerfung der kilikischen Piraten durch

Ein Stier wird von dem Gott Mithras geopfert.

Pompejus 67–65 v. Chr. Viele Gelehrte haben vermutet, daß im Anschluß daran der Mithraskult in Rom eingeführt worden sei; doch das vorhandene Beweismaterial deutet auf ein wesentlich späteres Datum. Weder in Herculaneum, noch in Pompeji wurden mithraitische Denkmäler gefunden. Der Schreiber Statius erwähnt erst 80 n. Chr. die für die Mithrasmysterien zentrale typische Stierschlachtung.

Seit 140 n. Chr. wurde der Mithraskult vor allem durch Soldaten schnell in die Donauprovinzen, nach Germanien und bis nach Britannien verbreitet. Die höhlenartigen Heiligtümer enthielten gewöhnlich eine Statue, die eine Stierschlachtung durch Mithras darstellte. Die Kultteilnehmer glaubten, dieser Akt übertrage auf irgendeine Weise lebenspendende Kräfte. Andere Szenen in den Heiligtümern zeigen den Gott bei seiner Geburt aus einem Felsen. Mithras wird gewöhnlich von zwei Gestalten begleitet, die für die aufgehende und die untergehende Sonne stehen, Cautes und Cautopates. Männer, die in den Kult eingeweiht werden wollten, durchschritten sieben Stufen, die den sieben damals – einschließlich Sonne und Mond – bekannten Planeten entsprachen.

Im 3. Jh. n. Chr. war der Mithraskult zu einem der ernstesten Konkurrenten des Christentums geworden, obwohl es übertrieben ist zu behaupten, das Reich wäre mithraistisch geworden, wenn es nicht christlich geworden wäre. An manchen Orten standen Mithrasheiligtümer und Kirchen Seite an Seite. Kürzlich haben Archäologen bei Cäsarea in Palästina ein Mithrasheiligtum, wahrscheinlich aus der Zeit Kaiser Julians (361–363 n. Chr.), gefunden.

Ägyptische Astrologie

Eine bedeutende Sammlung astrologischer und theosophischer Schriften aus Ägypten sind die Hermetika. Sie stammen angeblich von Hermes Trismegistos (griechischer Name für den ägyptischen Weisheitsgott Thoth). Die »gewöhnlichen« Hermetika, von denen einige möglicherweise bereits im 3. Jh. v. Chr. geschrieben wurden, handeln von Astrologie und Magie.

Die bedeutsameren »gelehrten« Hermetika wurden im 2. und 3. Jh. n. Chr. verfaßt. Es sind religiöse und philosophische Schriften, die merklich von Platonismus und Stoizismus beeinflußt sind. Sie sind in griechischen, lateinischen und koptischen Handschriften überliefert. Eine von ihnen, der Mythos von *Kore Kosmou,* beschreibt, wie die Seelen der Menschen bis zu ihrer Befreiung durch Isis und Osiris in Körper eingeschlossen waren.

Manche Schriften deuten an, daß in der himmlischen Ordnung ein einziger, unsichtbarer Gott wahrgenommen werden könne. Andere behaupten, Gott habe einen Zweiten Geist, den *Demiurgos,* geboren, der die Planeten und den »Menschen« geschaffen habe, der durch seine Vereinigung mit der Natur die Menschheit hervorgebracht habe. Der Mensch ist demnach ein zweifaches Wesen; sein Körper hält seine Seele gefangen und unterwirft sie dem astrologischen Schicksal. Doch kann der Mensch wiedergeboren werden, wenn er Verstand empfängt und seine Sinne unterdrückt; ein Eingeweihter kann nach dem Tode zur Vereinigung mit den himmlischen Göttern aufsteigen.

Obwohl manche hermetischen Schriften beinahe gnostisch anmuten, wird die Schöpfung im Hermetizismus nicht als ihrem Wesen nach böse verstanden; und der Demiurg ist kein Gegenspieler, sondern der Sohn des höchsten Gottes.

Die Gnostiker

Die Gnostiker waren Anhänger verschiedener religiöser Bewegungen in den ersten nachchristlichen Jahrhunderten, die betonten, daß die Menschen durch eine geheime Erkenntnis oder *gnosis* (griech. »Erkenntnis«) gerettet werden könnten. Die deutlichsten Hinweise auf diese Gruppen finden sich in christlichen Schriften des 2. Jh. Sie betrachteten die verschiedenen gnostischen Gruppen als häretische Perversion des Christentums.

Heutzutage hält man den Gnostizismus als religiöse Bewegung für unabhängiger vom Christentum, ist sich aber nicht darüber einig, wie er entstand. Deutsche Wissenschaftler definieren den Begriff »Gnostizismus« ziemlich weit, so daß sie seine Spuren überall da finden, wo für die Erlösung Wert auf eine »Erkenntnis« gelegt wird, wie etwa in den Schriftrollen vom Toten Meer. Andere sprechen nur da von Gnostizismus, wo auch vom Gegensatz zwischen der reinen geistlichen und der bösen, unreinen materiellen Welt gesprochen wird. Sie halten die dualistische Weltsicht für grundlegend für den Gnostizismus.

Bis zum 19. Jh. beruhte das Wissen über die Gnostiker vollständig auf den Schriften christlicher Führer wie Justin Martyr, Irenäus, Origenes oder Tertullian. Manche von ihnen überlieferten Ausschnitte aus gnostischen Dokumenten, doch das meiste Material findet sich bei ihnen in Form von Gegenargumenten. Wissenschaftler waren deshalb nicht sicher, wie zuverlässig dieses Material ist. Neuere Entdeckungen, wie die Texte von Nag Hammadi, haben manches von dem bestätigt, was christliche Schreiber über die Gnostiker zu sagen hatten. Frühe Christen hielten Simon Magus, der von Petrus und Johannes die wunderwirkende Kraft des Heiligen Geistes kaufen wollte, für den Vater aller Häresien. Er wird jedoch nicht als Gnostiker, sondern als Magier beschrieben. Anders als die späteren Gnostiker behauptete er, göttlich zu sein, und lehrte, daß Erlösung etwas damit zu tun habe, *ihn* zu kennen und nicht sich selbst. Er besaß sogar die Vermessenheit, eine Prostituierte für die Reinkarnation der Helena von Troja zu erklären.

Simon hatte einen samaritischen Anhänger namens Menander, der gegen Ende des 1. Jh. in Antiochien lehrte. Er erzählte seinen Anhängern, daß die, die an ihn glaubten, nicht sterben würden. Sein eigener Tod erwies ihn natürlich als falschen Propheten.

Ebenfalls in Antiochien lehrte zu Beginn des 2. Jh. Saturni-

Apostelgeschichte 8,9–24

nus, der glaubte, daß Christus der Retter sei. Wie andere Gnostiker meinte er jedoch, Christus sei nur scheinbar Mensch gewesen.

In Kleinasien lehrte Cerinthus. (Irenäus erzählt, daß der Apostel Johannes aus einem Bad in Ephesus floh, als er hörte, Cerinthus sei dort.) Cerinthus lehrte, Jesus sei nur ein Mensch gewesen, auf den der Christus als Taube hinabgestiegen sei. Da Christus nicht leiden konnte, verließ er Jesus vor der Kreuzigung. (Dieselbe Tradition findet sich im Koran: »Weder erschlugen noch kreuzigten sie ihn, sondern so erschien es ihnen nur.«)

Marcion aus Pontus war ein wichtiger, wenn auch kein typischer Gnostiker; von 137 bis 144 n. Chr. lehrte er in Rom. Er beharrte auf dem Glauben an Christus, wies aber die Menschlichkeit Jesu und die Auferstehung des Leibes zurück.

Weitere gnostische Lehrer waren unter anderem Basilides und sein Sohn Isidor, Karpokrates und sein Sohn Epiphanes. Sie alle lehrten in Alexandrien in Ägypten. Der bekannteste gnostische Lehrer war Valentinus, der in Alexandrien lehrte und im Jahre 140 n. Chr. nach Rom kam. Er hatte eine Anzahl fähiger Anhänger, darunter Theodot im Osten und Ptolemäus und Herakleon im Westen. Herakleons Kommentar zum Johannesevangelium ist der älteste bekannte Kommentar zu einem Buch des Neuen Testaments.

Die Lehre der Gnostiker

Im gnostischen Glauben besteht ein schroffer Dualismus. Einem unsichtbaren Gott steht ein Demiurg oder Schöpfer gegenüber, oft eine Karikatur des alttestamentlichen Jahwe. Manche lehrten, daß die Schöpfung der Welt aus dem Fall der *sophia* (griech. »Weisheit«) resultierte. Alle Gnostiker hielten die Schöpfung für böse. Allerdings sind göttliche Funken in manche »geistliche« Menschen eingeschlossen, die zur Erlösung bestimmt sind.

Diese »Geistlichen« kennen ihren himmlischen Ursprung nicht. Gott sendet ihnen einen Erlöser herab, der ihnen Erlösung in Form einer geheimen Erkenntnis (*gnosis*) bringt. Dadurch erweckt, entkommen die »Geistlichen« bei ihrem Tod dem Gefängnis ihres Körpers und durchqueren die Sphären feindseliger Dämonen, um mit Gott wiedervereinigt zu werden.

Da sie glaubten, daß die Erlösung allein auf dem Wissen über ihre »geistliche« Natur beruhe, führten manche Gnostiker einen gänzlich amoralischen Lebenswandel. Sie behaupteten, »Perlen« zu sein, die kein äußerer Schmutz beflecken könne. Karpokrates z.B. drängte seine Anhänger zu sündigen, und sein Sohn Epiphanes lehrte Promiskuität als Gesetz Gottes. Die Kainiten verehrten Kain und andere Bösewichte des Alten Testaments, und die Orphiten verehrten die Schlange, weil sie Adam und Eva »Erkenntnis« gebracht habe.

Die meisten Gnostiker hatten jedoch eine schroff negative Einstellung gegenüber Sexualität und Ehe. Die Erschaffung der Frau war die Quelle allen Übels; die Zeugung von Kindern vermehrte nur die Zahl der von den Mächten der Finsternis gebundenen Seelen.

Obwohl es keine entsprechenden Dokumente gibt, haben manche Gelehrte vorchristliche Wurzeln des Gnostizismus vermutet. Sie meinen, direkte und indirekte Anspielungen auf den Gnostizismus schon im Neuen Testament, insbesondere in den johanneischen und paulinischen Schriften, zu entdecken. Aber viele von diesen Abschnitten können nichtgnostisch erklärt werden. Der sicherste Schluß ist, daß es am Ende des 1. Jh. eine Frühform des Gnostizismus gab. Insgesamt ist es leichtfertig den vollentwickelten Gnostizismus des 2. Jh. aus älteren Texten herauszulesen.

DAS RÖMISCHE WELTREICH

Der Plebs, Cicero, Pompejus, Cäsar, Augustus, Marc Aurel, Konstantin: Die Geschichte der römischen Republik und des späteren Weltreiches ist voll klangvoller Namen. Beinahe 1000 Jahre, vom Anfang der Republik 509 v. Chr. bis zur Eroberung Roms durch die Westgoten 410 n. Chr., beherrschte die Kultur der Römer Europa und den Nahen Osten. Die lateinische Sprache, von der Französisch, Spanisch und Italienisch abstammen, blieb bis in das 18. Jh. die Sprache der Diplomatie und wird noch heute bei der wissenschaftlichen Klassifizierung verwandt.

Aber die römische Kultur errang ihren Sieg nicht ohne Bitterkeit und Blutvergießen. Die Geschichte Roms war nicht immer so glänzend wie seine Bauten und philosophischen Systeme.

Die Entstehung
des Weltreiches

Die Gründung Roms

Nach der Legende, die der römische Historiker Livius überliefert, wurde Rom von den Zwillingen Romulus und Remus gegründet. Die Römer zählten die Jahre »seit Gründung der Stadt«, auf Lateinisch *AUC* für *ab urbe condita,* was 753 v.Chr. entspricht. Archäologen haben Belege gefunden, die das traditionelle Datum der Gründung Roms bestätigen. Sie gruben auf dem Palatin rohe Hütten und in der Gegend des Forums Gräber und Brandspuren aus dieser Zeit aus.

Virgils epische Dichtung »Die Aeneas« verfolgt die Vorfahren von Romulus und Remus bis zu Aeneas, dem trojanischen Helden zurück. Spätestens seit dem 5. Jh. vor Chr. war diese Sage in Italien geläufig. Jedoch werden die frühen Kontakte Roms mit Kleinasien, in Wirklichkeit anders als in der Sage, in der Herkunft der geheimnisvollen Etrusker liegen. Sie hatten eine blühende Kultur nördlich von Rom und stellten im 6. Jh. v. Chr. die letzten römischen Könige.

Vor der Gründung der Republik wurde Rom von Etruskerkönigen regiert. Diese Figur aus dem 4. Jh. v. Chr. zeigt einen etruskischen Bauern und seine Frau hinter einem Ochsenpflug.

Die Etrusker waren geschickte Metall-
bearbeiter. Diese Goldspange wurde
von einem etruskischen Handwerker
um 650 v. Chr. hergestellt.

Die römische Republik

509 v. Chr. wurde der letzte etruskische König aus Rom vertrieben. Eine Republik wurde errichtet, die bis 27 v. Chr. bestand. In Blöcken wählten verschiedene Bürgerversammlungen
die Magistraten. Doch Rom war keine Demokratie, in der einzelne Bürger in ihren Versammlungen Gesetzesvorlagen vor-
schlagen und beraten konnten. Die wirkliche Macht lag in den
Händen weniger, die von den *Consuln,* den beiden obersten
Magistraten, angeführt wurden.

In den ersten Jahrhunderten der Republik kämpften die ari-
stokratische Patrizierklasse und die Masse der Plebejer gegeneinander. Mit der Drohung, abzufallen und einen Staat im
Staate zu bilden, versuchten die Plebejer, Zugeständnisse zu erreichen. 494 v. Chr. wurden ihnen eigene Beamte, die sogenannten *Tribunen,* gegeben. Sie waren vor Verhaftung geschützt (waren »Sakrosankt«) und hatten das Recht zum *Veto*
(lat. »Ich verbiete«) gegen Vorhaben des Senats. Ihre Zahl
wurde nach und nach von zwei auf zehn erhöht, doch arbeiteten sie nicht sonderlich effektiv, da sie Einstimmigkeit erzielen
mußten, um ein Veto einlegen zu können.

449 v. Chr. wurde das Zwölf-Tafel-Gesetz, das jeder römische
Knabe auswendig lernte, abgefaßt und veröffentlicht. Obwohl
es nur allgemeine Regeln aufstellte, markierte es den Beginn
der großen römischen Rechtstradition, die später durch kasuel-
les Recht wie durch Gesetze erweitert wurde. 445 wurde ein

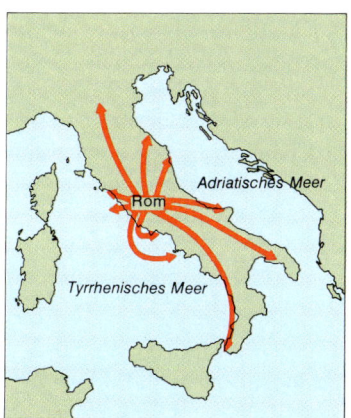

Ausdehnung des römischen Reiches
201 v. Chr.
44 v. Chr.
14 n. Chr.
138 n. Chr

Das römische Weltreich

Gesetz verabschiedet, das Ehen zwischen Angehörigen der patrizischen und der plebejischen Klasse erlaubte; es führte zum praktischen Verschwinden der Unterschiede zwischen den Klassen.

Erste Ausdehnung Roms

Während des 4. und 3. Jh. v. Chr. weiteten die Römer ihr Herrschaftsgebiet allmählich auf ganz Italien aus. Zunächst wandten sie sich gegen die wohlhabenden Etrusker im Norden und eroberten 396 v. Chr. nach zehnjähriger Belagerung das nahegelegene Veji. Nach der Plünderung Roms durch die Kelten 390 v. Chr. erlitten die Römer zeitweilig einen Rückschlag, doch unterwarfen sie schon bald ihre einstmaligen lateinischen Verbündeten im Süden. In einer Reihe erbitterter Kriege im 3. Jh. v. Chr. schlugen sie die starken Samniten in Süditalien und unterwarfen dann die Umbrier im Norden.

Vielen ihrer geschlagenen Gegner gaben die Römer lateinische Rechte, die ihnen das persönliche Privileg des Bürgerrechts einschließlich der Ehe- und Handelsrechte einräumten. An den verschiedenen Grenzen der italienischen Gebiete wurden Verteidigungskolonien mit römischen Bürgern gegründet.

Eroberungen der Römer

Durch die römische Expansion bedroht, bat die griechische Stadt Tarent in Süditalien Pyrrhus, einen Vetter Alexanders des Großen, um militärische Unterstützung gegen die Römer.

Mit seiner Armee von 20 000 Soldaten und zwölf Elefanten kam er ihrer Bitte nach. Obwohl er zwischen 280 und 275 v. Chr. Siege errang, erlitt er so große Verluste, daß er sagte: »Noch solch ein Sieg, und ich bin verloren.« (Daher haben wir den Begriff »Pyrrhussieg«.)

Mit jedem Gefecht mit einem neuen Feind verbesserten die gewandten Römer ihre Kriegstaktik. Bis zum 3. Jh. v. Chr. waren sie in der Lage, Angriffskriege zu führen, auch wenn sie behaupteten, sie führten sie zur Verteidigung.

Das Fehlen einer Flotte machten die Römer im ersten punischen Krieg gegen die phönizische Kolonie Karthago in Nord-

Im 5. Jh. v. Chr. war Karthago, ursprünglich ein phönizischer Hafen, Hauptstadt eines großen Reiches. Als die Römer sie 146 v. Chr. eroberten, schleiften sie die Stadt. Diese Ruinen stammen aus römischer Zeit.

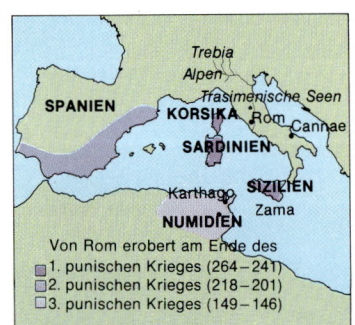

Die punischen Kriege

afrika dadurch wett, daß sie schleunigst ein erbeutetes punisches Schiff nachbauten. Sie erfanden den Enterhaken, der dazu eingesetzt werden konnte, feindliche Schiffe bewegungsunfähig zu machen, bevor sie geentert wurden. Ihre Siege verschafften den Römern ihre ersten Überseegebiete, die Inseln Sizilien, Korsika und Sardinien.

Die schmachvolle Niederlage und die von den Römern auferlegten schweren Kriegszahlungen konnte Karthago nicht ertragen, und so begann Hannibal den zweiten punischen Krieg, indem er von Spanien her angriff und mit seinen Truppen und Elefanten über die Alpen nach Norditalien zog. Er schlug die Römer am Fluß Trebia, am Trasimenischen See und bei Cannae. Seine Überlegenheit verdankte er seiner geschickten Taktik und seiner numidischen Reiterei. Obwohl er Rom nicht einnehmen oder Roms Verbündete vertreiben konnte, zog er 12 Jahre lang nahezu ungestört die italienische Halbinsel hinauf und hinunter. Doch schließlich lenkte der römische General Scipio Africanus ihn ab, indem er Karthago selbst bedrohte; er schlug Hannibal 202 v. Chr. bei Zama.

Der Magistrat *(censor)* Cato, der jede Rede im Senat mit dem Ruf beendete, »Karthago muß zerstört werden«, verlangte den dritten punischen Krieg. Bald zerstörte Scipio Aemilianus die Stadt, und säte Salz auf die Äcker, um die Ernte zu vernichten.

Nachdem die Römer Hannibal besiegt hatten, wandten sie sich König Philip V. von Mazedonien zu, der sich mit Karthago verbündet hatte. In den mazedonischen Kriegen erwiesen sich die kleinen, 1000–2000 Mann starken Einheiten der römischen Legionen als zu beweglich für die starken, aber unbeweglichen mazedonischen Kampfeinheiten, die Phalanxen. Ein weiterer griechischer Aufstand durch den achaischen Bund führte 146 v. Chr. zur Zerstörung Korinths, das sich 100 Jahre lang nicht aus der Asche erhob.

Die mazedonischen Feldzüge brachten Rom große Schätze und ein Heer von Sklaven. Dagegen brachte der Krieg gegen die widerspenstige Stadt Numantia in Spanien nichts als Mühsal. Zurückkehrende Soldaten mußten entdecken, daß ihre Familien während ihrer langen Abwesenheit ihre Höfe verkauft hatten, um überleben zu können.

Diese Notsituation trieb zwischen 133 und 123 v. Chr. die Gracchen dazu, Reformen anzustreben. Sie wollten den Landbesitz neu aufgeteilt sehen. Aber die wohlhabenden Aristokraten *(Optimaten)* waren nicht bereit, der Volkspartei *(Popularen)* irgendwelche Zugeständnisse zu machen. Sie reagierten, indem sie 133 zunächst Tiberius und 123 v.Chr. dann seinen Bruder Gaius Gracchus töteten.

Die tiefe Feindschaft zwischen diesen beiden Parteien brach in einen erbitterten Bürgerkrieg zwischen den Anhängern der *Popularen* unter Marius und denen der *Optimaten* unter der Führung Sullas aus. Der Kriegsheld Marius hatte den Numiderfürsten Jugurtha geschlagen und Rom 192 und 101 v. Chr. vor einfallenden Germanenhorden gerettet. Obgleich er ein »Neu-

200–196, 171–167 v.Chr.

143–133 v.Chr.

Jugurtha: 112–106 v.Chr.

Links: Ein punischer Brunnen und ein Grab in Utica in Tunesien – eine der vielen Städte, die am Ende des dritten punischen Krieges an die Römer fielen

Rechts: Ein Teil der Via Appia, der römischen Straße, die Schauplatz der Massenhinrichtung nach dem erfolglosen Spartakusaufstand war

er« war, das erste Mitglied einer unbekannten Familie, das ein Staatsamt erreicht hatte, war er mehrmals zum Konsul gewählt worden. Dieses höchste Amt ging eigentlich nur an adlige Familien, die unter ihren Vorfahren Konsuln hatten.

88 v. Chr. wurde Sulla zum General ernannt, um sich mit Mithradates, einem ehrgeizigen König in Pontus in Kleinasien auseinanderzusetzen. Dieser hatte ein Kesseltreiben gegen die geizigen römischen Geschäftsleute und Steuereintreiber begonnen, die in Kleinasien eingefallen waren, nachdem der letzte König von Pergamon 133 sein Reich den Römern vermacht hatte. Mithradates ließ 80 000 Römer an einem einzigen Tag niedermetzeln. Obwohl er gezwungen war, die Bedingungen Sullas anzunehmen, sollte er sich als zäher Gegner erweisen.

Innere Unruhen

Das letzte Jahrhundert der Republik war von gewaltsamen inneren Auseinandersetzungen gekennzeichnet. Nach dem Vorbild Sullas, der als erster mit seiner Armee auf Rom marschierte, benutzten römische Generale ihre Gefolgsleute, um ihre Politik durchzusetzen.

90–88 v.Chr.   Unruhe unter den Italienern führte zum Sozialkrieg. Er endete damit, daß praktisch allen italienischen Verbündeten Roms das Bürgerrecht gewährt wurde. Unruhe unter den Gladiatoren und Sklaven führte zum berühmten Aufstand unter

73–71 v.Chr.   dem Gladiatoren Spartakus, dessen zusammengewürfelter Haufen mehrere römische Armeen besiegte. Nachdem Crassus und Pompejus den Aufstand schließlich niedergeworfen hatten, kreuzigten sie 6 000 Rebellen entlang der Via Appia.

Da die Römer die Flotte von Rhodos zerstört hatten, wurden Piratenüberfälle so häufig, daß sie den römischen Handel und die lebenswichtigen Getreidelieferungen bedrohten. Um sie zu unterwerfen, wurden Pompejus für drei Jahre unbegrenzte Befugnisse übertragen. In der Tat erledigte er seine Aufgabe in drei Monaten, unterwarf weiterhin große Teile Kleinasiens und machte Palästina zur römischen Provinz.

67–63 v.Chr.

Obwohl ein »Neuer Mann« erreichte Cicero 63 v. Chr. aufgrund seiner Brillanz als Redner und Schriftsteller die Wahl zum Konsul. Seine größte Stunde erlebte er bei der Aufdeckung der catilinischen Verschwörung, doch er trübte sein Ansehen, da er seine Leser dauernd an sein Verdienst erinnerte.

Enttäuscht von der Konservativität im Senat trafen drei ehrgeizige Politiker 60 v. Chr. ein geheimes Abkommen, das sogenannte »erste Triumvirat«. Es waren Pompejus, Cäsar und Crassus. Crassus, der reichste Mann seiner Zeit und auf militärischen Ruhm aus, führte einen unglücklichen Feldzug gegen die Parther. 53 v. Chr. wurde sein Heer bei Carrhae von den Parthern eingekreist. Die Römer erlitten eine ihrer schwersten Niederlagen und verloren 20 000 Soldaten.

Links: Gaius Julius Cäsar, der General, der Diktator von Rom wurde

Rechts: Marc Anton, einer der Regenten des Reiches nach Cäsars Ermordung

Gaius Julius Cäsar Nach seinem Jahr als Konsul verließ Cäsar Rom und wurde Statthalter (Prokonsul) in Gallien. Zwischen 58 und 51 v.Chr. schlug er dort unzählige keltische und belgische Armeen, wobei er Hunderttausende tötete. Zweimal fiel er in Britannien ein, das jedoch erst nach dem Einmarsch Kaiser Claudius' 43 n. Chr. römische Provinz wurde.

Als Pompejus den Senat überredete, Cäsar am Ende seiner Zeit als Prokonsul zum Niederlegen der Waffen aufzufordern, provozierte Cäsar sie durch Überschreiten des Rubikon 49 v. Chr. Das war eine offene Kriegserklärung. Im nun folgenden Bürgerkrieg waren die Anhänger des Pompejus denen Cäsars zahlenmäßig überlegen. Aber 48 v. Chr. schlug Cäsar Pompejus auf den Feldern von Pharsalus in Nordgriechenland entscheidend. In der Hoffnung auf Zuflucht in Ägypten floh Pompejus nach Alexandrien, wo er jedoch bei der Ankunft ermordet wurde.

Auf den Spuren seines Feindes zog Cäsar ebenfalls nach Ägypten und wurde dort von Königin Kleopatra betört. Nachdem er sich mit Hilfe der Juden aus einer schwierigen militärischen Situation in Alexandrien befreit hatte, rottete er in kürzester Zeit alle Widerstandsnester aus. Er hatte große Pläne und Reformen vor: Er revidierte den Kalender (mit geringen Änderungen durch Papst Gregor benutzen wir seinen »julianischen« Kalender noch heute) und plante eine Kolonie in Korinth. Doch weil er sich arrogant die Macht eines Diktators aneignete, verschworen sich einige seiner engsten Freunde und ermordeten ihn am 15. März 44 v. Chr.

Mit einer flammenden Rede brachte Antonius das Volk in Aufruhr gegen die Mörder, die es für klüger hielten, das Land zu verlassen. Sehr zu seinem Ärger stellte er fest, daß Cäsars Testament nicht ihn als Erben nannte, sondern Cäsars Großneffen Octavian zum Nachfolger bestimmte. Nach bitteren Fehden bildeten Antonius und Octavian mit Lepidus 43 v. Chr. zur Verfolgung der Mörder Cäsars das zweite Triumvirat. Eine ihrer ersten Taten war es, Cicero zum Tode zu verurteilen, der Antonius in einer Reihe von Reden erbittert angegriffen hatte.

Die entscheidende Schlacht wurde 42 v. Chr. bei Philippi in Mazedonien geschlagen. Brutus und Cassius, die Anführer der Verschwörer, wurden, zum Teil aufgrund mangelnder Kommunikation, entmutigt und begingen Selbstmord.

Die Sieger teilten das Reich: Antonius sollte den Osten und Octavian den Westen regieren. Antonius forderte Kleopatra auf, in Tarsus vor ihm zu erscheinen. Obwohl er mit der Schwester Octavians, der edlen Octavia, verheiratet war, wurde er von Kleopatra bezaubert. Angestachelt von der ehrgeizigen Königin ließ er sich schließlich von Octavia scheiden und erklärte Cäsarion, den Sohn Kleopatras, zu Cäsars rechtmäßigem Erben.

Doch 31. v. Chr. wurde die Flotte des Antonius vor der Bucht von Actium im Nordwesten Griechenlands von Octavians Admiral Agrippa ausmanövriert. Anstatt zu versuchen, seine entmutigten Truppen wieder zu sammeln, schloß er sich Kleopatra schamlos auf der Flucht an. Nach einem halbherzigen Versuch, Ägypten zu verteidigen, beging er Selbstmord. Kleopatra drückte sich eine Giftschlange an die Brust und wurde an der Seite von Antonius in Alexandrien begraben.

Herrscher des Weltreiches

Augustus:
27 v. Chr. – 14 n. Chr.

27 v. Chr. erhielt Octavian den Titel Augustus und wurde erster »Kaiser«, ein Titel, der vom Eigennamen *Cäsar* abgeleitet ist. In der Theorie war er nicht mehr als der oberste Senator. Doch da er in sich die Macht von Konsul, Tribun und anderen Ämtern vereinigte, hatte er keine Rivalen. Klug behielt er direkte Kontrolle über alle Provinzen, in denen der größte Teil der Truppen stand. Weise vermied er Cäsars Fehler und verhielt sich den Senatoren gegenüber ehrerbietig. Unter seiner Regierung reichte der römische Friede *(Pax Romana)* bis zur Donau und zum Schwarzen Meer.

Augustus, der erste römische Kaiser

Augustus war nicht nur der erste, sondern auch der größte Kaiser. Zu Recht verdiente er den Titel »Vater seines Landes«. Er verfügte viele weise und weitsichtige Maßnahmen in bezug auf Rom und die Provinzen. Er war stolz darauf, Rom aus einer Ziegelstadt in eine Marmorstadt verwandelt zu haben.

Seine tiefe Frömmigkeit, die im berühmten Friedensaltar in Rom gepriesen wird, veranlaßte ihn, 80 Tempel wiederherstellen zu lassen. Er bemühte sich auch, die Moral zu heben, und verbannte seine eigene Tochter Julia wegen ihrer Unsittlichkeit. Er versuchte durch familienfreundliche Gesetze die Geburtenrate zu erhöhen. Seine Volkszählungen deuten auf ein Ansteigen der Bevölkerung von 4 233 000 im Jahr 8 v. Chr. auf 4 937 000 im Jahr 14 n. Chr. Während seiner Regierung wurde Jesus in Bethlehem geboren, und nicht in Nazareth, da eine Volkszählung die Registrierung der Erwachsenen in ihrer Heimatstadt erforderte.

Lukas 2,1

Tiberius, der Kaiser zur Zeit der Kreuzigung Jesu

Tiberius: 14–37 n. Chr.

Kaiser Tiberius war der Sohn Kaiserin Livias aus einer früheren Ehe. Obgleich er ein fähiger Soldat war, mochte Augustus ihn wegen seines mürrischen Wesens nicht. Tiberius wiederum war tief gekränkt über die schäbige Art, in der er behandelt wurde. So hatte man ihn z.B. gezwungen, sich von seiner geliebten Vipsania scheiden zu lassen und Augustus' ehebrecherische Tochter Julia zu heiraten.

26 n. Chr., im Alter von 67 Jahren, wurde er von Sejanus, dem hinterhältigen Führer der Prätorianergarde, überredet, sich in seine luxuriöse Villa auf der Insel Capri zurückzuziehen. Nach den Skandalgeschichten, die der Schriftsteller Sueton

überliefert, widmete sich der Kaiser Orgien und sadistischen Schauspielen und begab sich nur selten auf das Festland zurück. 31 n. Chr. wurde das raffinierte Spiel des Sejanus aufgedeckt und dieser kurzerhand hingerichtet. 30 oder 33 n. Chr. wurde Jesus unter dem Statthalter Judäas, Pontius Pilatus, einem Günstling des Sejanus, gekreuzigt.

Lukas 23,24–25

Gaius: 37–41 n. Chr. Kaiser Gaius erhielt von den Truppen seines Vaters, des beliebten Germanicus, den Spitznamen Caligula, »Kinderstiefel«. Zunächst schien er ein guter Kaiser zu sein, doch bald stellte sich heraus, daß ein lasterhaftes Ungeheuer den kaiserlichen Thron innehatte. In äußerster Sittenlosigkeit beging er mit seinen Schwestern Inzest, erniedrigte Senatoren und handelte mit berechnender Grausamkeit. Der Größenwahnsinnige, der sich für göttlich hielt, drohte, im Jerusalemer Tempel sein Standbild aufstellen zu lassen. 41 n. Chr. wurde er ermordet.

Claudius: 41–54 n. Chr. Gaius' Onkel Claudius war ein Gelehrter, der wegen seiner körperlichen Gebrechen vor seiner Thronbesteigung nicht sehr ernst genommen wurde. Infolge einer Kinderlähmung humpelte er, stotterte, und zuweilen lief ihm der Speichel aus dem Mund. Zur Überraschung aller wurde er ein sehr guter Kaiser. Er fügte dem Reich nicht weniger als fünf Provinzen hinzu, darunter Britannien und Mauretanien. Wichtige Verwaltungsämter, z.B. das Schatzamt, übertrug er Freigelassenen wie Pallas. Der Apostel Paulus, der den größten Teil seiner Missionstätigkeit in der Regierungszeit von Claudius durchführte,

Apostelgeschichte 24,26 schmachtete zwei Jahre im Gefängnis, als Felix, ein Bruder des Pallas, Statthalter in Judäa war.

In der Wahl seiner Frauen war Claudius jedoch weniger weise. Messalina, seine erste Frau, war so unverschämt untreu, daß der Kaiser sich überreden ließ, sie hinrichten zu lassen. Wie ein zerstreuter Professor vergaß er manchmal, daß seine Frau hingerichtet worden war, und wunderte sich, warum sie beim Abendessen nicht am Tisch saß. Seine nächste Frau, die ehrgeizige Agrippina, ermordete ihn mit vergifteten Pilzen, damit ihr Sohn Nero Kaiser werden konnte.

Nero: 54–68 n. Chr. Nero war der letzte der julisch-claudischen Kaiserlinie. Nach fünf »goldenen Jahren« unter der Führung von Seneca und Burrus entschied er sich, selbst zu regieren. Zunächst entledigte er sich seiner herrschsüchtigen Mutter, mußte aber dazu mehrere Anläufe unternehmen.

Obwohl alle römischen Historiker einhellig Nero für das große Feuer verantwortlich machen, das Rom 64 n. Chr. verwüstete, ist dies wenig wahrscheinlich. Es gab häufig Feuersbrünste, denn viele römische Häuser brannten wie Zunder. Um jeden Verdacht von sich abzulenken, machte Nero die Christen zu Sündenböcken und ließ sie in seinen Gärten hinrichten. Pau-

Kaiser Claudius, der Britannien zur römischen Provinz machte

Rechts: Nero, der erste Kaiser, der Christen verfolgte

lus und Petrus wurden wahrscheinlich während der anschließenden Verfolgungen in Rom zu Märtyrern.

Nero soll, während Rom brannte, Leier gespielt haben. Er bildete sich ernsthaft ein, ein Musiker zu sein, und suchte wehrlose Zuhörer mit seinem Talent heim. Ein gemietetes Publikum spendete ihm unablässig Beifall. Als Bewunderer griechischer Kultur ging er nach Griechenland, um an den panhellenischen Spielen teilzunehmen. Natürlich gewann er in allen Wettbewerben den ersten Preis – selbst wenn er vom Wagen gefallen war. Stolz stellte er all die goldenen Kronen, die er gewonnen hatte, in seinem prunkvollen goldenen Haus zur Schau, das er nach dem großen Feuer hatte errichten lassen.

Als verschiedene Verschwörungen gegen ihn geplant wurden, geriet er in Panik. Er befahl Männern wie Seneca und Gallio, Selbstmord zu begehen. Als das Ende kam, verließ ihn seine Leibwache, und mit Hilfe eines Sklaven beging auch er Selbstmord. Sein Thron wurde im Jahre 69 in rascher Aufeinanderfolge von Calba, Otho und Vitellius eingenommen.

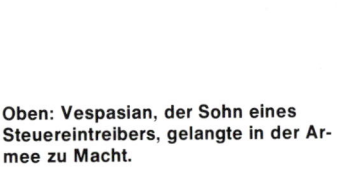
Oben: Vespasian, der Sohn eines Steuereintreibers, gelangte in der Armee zu Macht.

Rechts: Das Forum von Pompeji mit dem Vesuv im Hintergrund

Die Flavier

Vespasian: 69–79 n.Chr.

Titus: 79–81 n.Chr.

Domitian: 81–96 n.Chr.

Nerva: 96–98 n.Chr.

Vespasian war der erste Kaiser aus der Familie der Flavier. Der begabte Feldherr hatte in Britannien und Judäa gedient. Seinen Sohn Titus ließ er in Judäa, um die Maßnahmen gegen die Juden zum Ende zu bringen. Seine Hauptaufgabe war die Konsolidierung der Finanzen, die Nero so verschwenderisch ruiniert hatte. Er hatte Erfolg mit einer rigorosen Finanzpolitik, die bis zur Besteuerung der öffentlichen Toiletten ging.

Titus war wegen seiner Großzügigkeit allenthalben beliebt. Seine kurze Regierungszeit war gekennzeichnet von einem weiteren Brand Roms, einer Seuche und dem unerwarteten Ausbruch des Vesuv im Jahre 79. Der Vulkan begrub die Stadt Herculaneum unter dem Schlamm einer Flutwelle und Pompeji unter einem Asche- und Lavaregen.

Domitian, der jüngere Bruder des Titus, war verbittert über die Art, in der Vater und Bruder ihn im Hintergrund gehalten hatten. Als er Kaiser wurde, regierte er als Despot. Er verlangte, als »Herr und Gott« angeredet zu werden und verfolgte Juden wie Christen. Domitians Schreckensherrschaft kam durch seine Ermordung zu einem abrupten Ende.

Nerva, der nächste Kaiser, diente vor allem als Interimskaiser, um ein Chaos wie im Jahre 69 zu verhindern. Für seine Nachfolge wählte er Trajan, einen tüchtigen Spanier.

Nichtrömische Kaiser

Trajan: 98–117 n.Chr.

Trajan war der erste Provinzherrscher, der Kaiser wurde. In einer Reihe von militärischen Unternehmungen (101–106) eroberte er Dacien nördlich der Donau (das heutige Rumänien). Zum Gedenken an diese Tat ließ er ein Spiralrelief auf einer Säule in Rom anfertigen, die heute von einer Statue des Apostels Petrus gekrönt wird. Er annektierte auch das Königreich der Nabatäer und die Provinz Arabien und entriß den Parthern zeitweise Armenien und Mesopotamien.

Die Christen im Urteil der Römer

Plinius' Brief an Trajan:
Ich pflege, o Kaiser, mein Herr, mich in allen Fragen, in denen ich mich in Zweifel befinde, an Dich zu wenden. Wer könnte mich besser leiten, wenn ich nicht weiter weiß, oder erleuchten, wenn ich unwissend bin? Ich habe nie an Untersuchungen gegen Christen teilgenommen; daher weiß ich nicht, welche Verbrechen bestraft werden oder wieviel Nachsicht geübt wird. Ich bin also in nicht geringer Unsicherheit darüber, ob in bezug auf das Alter unterschieden wird, oder ob die unbedeutendsten Vergehen genauso behandelt werden, wie die schwerwiegenderen; ob denen Gnade gewährt wird, die widerrufen; ob die Strafe dem Namen gilt unabhängig von den geheimen Verbrechen, oder den geheimen Verbrechen, die mit diesem Namen verbunden sind.

Bislang bin ich mit solchen, die vor mir als Christen angeklagt waren, folgendermaßen verfahren: Ich fragte sie, ob sie Christen seien, und wenn sie gestanden, fragte ich unter Androhung von Strafe ein zweites und drittes Mal. Wenn sie dabei blieben, befahl ich ihre Hinrichtung; was sie auch gestanden haben mögen, Hartnäckigkeit und Verdorbenheit verdienen Strafe. Es gab andere von gleichem Wahnsinn; aber da sie römische Bürger waren, ließ ich sie aufschreiben zur Übersendung nach Rom.

Wie das oft der Fall ist, gab es die Anklage, einfach, weil sie Aufmerksamkeit erregte, öfter, und mehrere eindeutige Fälle kamen ans Licht. Eine anonyme Schrift, die viele Namen nannte, wurde überbracht. Ich hielt es für richtig, die, die angaben, nie Christen gewesen zu sein, laufen zu lassen, zumal sie auf meine Anweisung hin ein Gebet zu den Göttern sprachen, mit Weihrauch und Wein Deine Statue anbeteten, die ich zu diesem Zweck mit Statuen der Götter in das Gericht hatte bringen lassen, und schließlich Christus verfluchten – Dinge, zu denen wirkliche Christen angeblich nicht gezwungen werden können. Andere, die von dem Informanten genannt worden waren, sagten, sie seien Christen, leugneten es dann aber und erklärten, sie seien es einmal gewesen, hätten aber aufgehört, es zu sein. Auch diese alle beteten Deine und die Götterstatuen an und verfluchten Christus.

Sie behaupteten aber, daß ihr einziger Fehler ihr Brauch sei, sich an einem bestimmten Tag vor Tagesanbruch zu versammeln und abwechselnd bestimmte Worte zu Christus als ihrem Gott zu sprechen; und daß sie sich selbst mit einem Eid verpflichteten, nicht etwa zu einem Verbrechen, sondern dazu, nicht zu stehlen oder ehezubrechen, ihr Wort nicht zu brechen und Zahlungen nicht zu verweigern.

Trajans Antwort an Plinius:
Du hast die richtige Richtung eingeschlagen, mein lieber Secundus, in der Behandlung der Fälle, in denen solche als Christen angeklagt wurden, denn allerdings kann keine allgemeine Regel bezüglich einer bestimmten Vorgehensweise festgelegt werden. Sie sollen nicht gesucht werden; wenn sie aber angeklagt und überführt werden, müssen sie bestraft werden – mit der Einschränkung, daß dem, der leugnet und das durch seine Tat beweist, aufgrund seiner Reue Verzeihung gewährt werden soll. Anonyme Schriften aber sollten in keinem Verfahren zugelassen werden, denn sie sind unserer Zeit nicht würdig.

Dieser Briefwechsel zwischen Trajan und Plinius, dem Statthalter von Bithynien, zeigt, wie weit sich das Christentum im 2. Jh. n. Chr. verbreitet hatte und wie man es behandelte.

Links: Ausschnitt aus der Säule, die Trajan im Jahre 113 in Erinnerung an seinen Sieg über die Dakier auf dem Forum in Rom aufstellen ließ. In einer rundumlaufenden Spirale waren Kriegsszenen in die Säule gemeißelt.

Rechts: Kaiser Hadrian (117–138 n. Chr.) reduzierte die Größe des Weltreiches und festigte seine Grenzen.

Hadrian: 117–138 n.Chr.

Antoninus: 138–160 n.Chr.

Marc Aurel: 161–180 n.Chr.

Commodus: 180–182 n.Chr.

Die Severianer

Septimius Severus: 193–211 n.Chr.

Hadrian, ein weiterer Spanier und Verwandter Trajans, war als Bewunderer griechischer Kultur, rastloser Reisender und großer Baumeister bekannt. Er gab wohlweislich die gerade eroberten Gebiete von Armenien und Mesopotamien auf und zog die Ostgrenze des Reiches am Euphrat. Im Westen baute er den bekannten, nach ihm benannten Wall zwischen England und Schottland. Er baute das Pantheon Agrippas wieder auf und errichtete eine aufwendige Villa bei Tibur (Tivoli). In dem großen runden Mausoleum, das heute Engelsburg heißt, wurde er begraben. Während seiner Herrschaft brach der zweite große jüdische Krieg unter Bar Kochba aus (131–135).

Antoninus, sein Nachfolger, war der erste Kaiser aus Gallien. An ihm fielen seine Redlichkeit, Gewissenhaftigkeit und Milde so auf, daß er Pius genannt wurde. Sein Nachfolger Marc Aurel ist wegen seiner stoischen Philosophie und seinen *Meditationen* sehr bekannt. Seine Herrschaft war von Seuchen und von Invasionen entlang der Donau bestimmt. Er starb auf einem Feldzug bei Wien.

Sein unwürdiger Sohn Commodus war so vulgär, wie sein Vater vornehm war. Da er mehr an Gladiatorenkämpfen und Pferderennen interessiert war als am Regieren, war er ein totaler Versager. Er erlag einem Anschlag der Palastwache (der *Praetorianer*), die den Thron sofort an den Meistbietenden weiterversteigerte.

Nach der kurzen Herrschaft von Pertinax und Didius Julianus kam im Jahre 193 eine neue Linie von sechs Herrschern aus der Familie der Severianer an die Macht. Der erste von ihnen war Septimius Severus, der in Leptis Magna in Libyen zur Welt gekommen war. Die Severianer hatten diese Stadt verschwenderisch verschönert; ihre Ruinen gehören heute zu den ausgedehntesten und großartigsten in der Welt.

Caracalla: 211–217 n.Chr.

Caracalla befolgte den Rat seines Vaters: »Bereichere die Soldaten und verachte alle anderen.« 212 gewährte er allen Freien im Reich das Bürgerrecht, um die Steuereinnahmen und die Rekruten für die Armee zu vermehren. Damit wurde das römische Bürgerrecht eher eine Belastung als ein Privileg.

Elagabalus: 218–222 n.Chr.

Elagabalus führte den Sonnengott seiner Heimatstadt Emesa in Syrien als obersten Gott des Reiches ein. Er war verhaßt wegen seiner Dekadenz und Sittenlosigkeit und wurde von der Prätorianergarde getötet. Sein Nachfolger Severus Alexander (222–235) stammte aus Akko in Palästina. Er betete gleichermaßen zu Abraham, Jesus und Apollonius von Tyana. Zu dieser Zeit war das Reich von den Sassaniden aus Persien im Osten und den Barbaren in Germanien bedroht.

Septimius Severus verbrachte einen großen Teil seiner Regierungszeit auf Feldzügen, zunächst gegen die Parther und dann in Britannien, wo er starb.

Die Kaiser und das Christentum

Decius: 249–251 n.Chr.
Diokletian: 285–305 n.Chr.

In den nächsten fünfzig Jahren (235–185) herrschten nicht weniger als 26 Kaiser mit Kasernenvergangenheit in rascher Aufeinanderfolge. Einer von ihnen war Decius, der im gesamten Reichsgebiet eine Christenverfolgung auslöste.

Auch Diokletian aus Illyrien (Jugoslawien) begann, die Christen erbittert zu verfolgen. Er versuchte, die sich verschlechternde Wirtschaftslage durch Preisbindung zu verbessern. Diese Maßnahme verfehlte ihre Wirkung, da die Händler ihre Waren nicht zum Verkauf brachten oder zum Tauschhandel Zuflucht nahmen. Die Inflation galoppierte. Unter Diokletian stieg der Preis für einen Viertelscheffel Weizen von 100 auf 10 000 Denare.

Oben: Kaiser Konstantin

Unten: Portchester Castie in Hampshire in England wurde um 300 n. Chr. von den Römern zur Abwehr angelsächsischer Angriffe auf die Küste gebaut.

Diokletian versuchte, das Reich mit einem System von vier Herrschern, einer Tetrarchie, zu regieren: Er setzte je einen Augustus und einen Cäsar im Westen und im Osten ein. Im Westen war Konstantius Chlorus, der Vater Konstantins, der Cäsar. Nachdem Diokletian im Jahre 305 abgedankt hatte, brach um seine Nachfolge offener Krieg aus.

Konstantin behauptete, eine Vision gehabt zu haben, nach der er im Zeichen des *Chi-Rho* – der ersten beiden griechischen Buchstaben im Namen Christus – siegen werde. Im Jahre 312 schlug er Kaiser Maxentius in der Schlacht bei der Milvischen Brücke nördlich von Rom. Zusammen mit Licinius, dem Augustus im Westen, erließ Konstantin im Jahre 313 das Edikt von Mailand, in dem allen Religionen, einschließlich des Christentums, Toleranz gewährt wurde.

Von 324 bis 337 war Konstantin alleiniger Kaiser. Obwohl er selbst bis kurz vor seinem Tod noch nicht getauft war, begünstigte er offen das Christentum. Im Jahre 325 berief er das Konzil von Nicäa ein, eine wichtige Zusammenkunft der Christen zur Erörterung von Glaubensfragen. Im Jahre 330 gründete er die neue Hauptstadt Konstantinopel bei Byzanz. Seine Mutter Helena ließ in Bethlehem die Geburtskirche über der Geburtsgrotte und in Jerusalem die Grabeskirche errichten.

Die Verwaltung des Reiches

Die römische
Provinzverwaltung In der Zeit der Republik konnte Rom viele Überseeprovinzen dazugewinnen, in denen gewöhnlich ehemalige Konsuln (Prokonsuln) als Statthalter eingesetzt wurden. Anfangs gab es zwei Typen: »senatorische« Provinzen, relativ befriedete Gebiete, wurden von Prokonsuln verwaltet; die unruhigen Grenzprovinzen von kaiserlichen Gesandten. Vom 2. Jh. n. Chr. an regierte der Kaiser beide Arten von Provinzen. Ein besonderer Fall war die reiche Provinz Ägypten, die kein Senator ohne des Kaisers Erlaubnis aufsuchen konnte.

Wenige Statthalter waren so gerecht wie Cicero, der 51 v. Chr. Statthalter von Cilicien war; aber die Bevölkerung konnte wenig tun, um sich gegen korrupte Statthalter zu wehren, denn erst nach deren Amtszeit konnten Untersuchungen angestellt werden. Josephus schrieb über Albinus, den Statthalter Judäas von 62–64 n. Chr.: »Nicht nur, daß er kraft seines Amtes Privateigentum ausbeutete und das ganze Volk mit außerordentlichen Steuern belastete, sondern er nahm auch für die, die von lokalen Ratsversammlungen wegen Raubes eingesperrt wurden, von ihren Verwandten Lösegelder entgegen.« (Der Verfasser Apostelgeschichte 24,26 der Apostelgeschichte deutet an, daß auch der Statthalter Felix von seinem Gefangenen, dem Apostel Paulus, Bestechungsgeld erhoffte.)

Ein besonders unangenehmer Ausdruck der Macht des Statthalters war sein Recht, Truppen einzuquartieren und Transport und andere Dienste zu beanspruchen. Darauf bezieht sich Jesus Matthäus 5,41 wohl, als er sagt: »Wenn dich jemand nötigt *eine* Meile, so gehe mit ihm zwei.« Mit diesem Recht zwangen die römischen Matthäus 27,32 Soldaten auch einen Passanten, Simon von Kyrene, das Kreuz Jesu zu tragen.

Der Statthalter residierte gewöhnlich in der Hauptstadt und machte regelmäßige Rundreisen durch seine Provinz; die laufenden Geschäfte wurden den örtlichen Beamten überlassen, Mitgliedern der Aristokratie, die Zeit hatten für Kommunalpolitik und genug Vermögen für die Dienste, die von ihnen erwartet wurden. Römer 16,23 Erastus von Korinth, der vom Apostel Paulus zum Christentum bekehrt wurde, war der Stadtkämmerer. Eine lateinische Inschrift aus dem alten Korinth erwähnt einen Beauftragten für öffentliche Arbeit (Ädil) namens Erastus; gemeint ist wohl dieselbe Person.

Andere kommunale Beamte, die Lukas in der Apostelge- Apostelgeschichte 17,6 schichte nennt, sind die Politarchen von Thessalonich und die Apostelgeschichte 19,31 Asiarchen von Ephesus, die Paulus vom Gang ins Theater ab-

Apostelgeschichte 19,35

halten wollten, weil dort ein Aufruhr drohte. Die Asiarchen gehörten zu den reichsten Männern der Provinz. Der Stadtschreiber *(Grammateus)* von Ephesus war der höchste Verwaltungsbeamte der demokratischen Stadt.

Das römische Steuerwesen

Römer und Provinzbewohner hatten alle möglichen Arten von Steuern zu bezahlen: direkte Steuern auf Land und Besitz *(Tributum)* und eine Vielzahl indirekter Steuern *(Vectigalia).* Zur Zeit Cäsars waren in Judäa 12 % der Ernte abgabepflichtig. Jeder Erwachsene, einschließlich Frauen und Sklaven, mußten eine Personensteuer von einem Denar bezahlen – also einen Tageslohn. Es gab eine Umsatzsteuer von 1 % und eine Erbschaftssteuer von 5 %. Wenn Sklaven gekauft wurden, mußte 4 % ihres Preises abgeführt werden, bei ihrer Freilassung 5 %.

Matthäus 9,9
Lukas 19,2

Eine wichtige Einnahmequelle waren die Zölle für Export und Import in Häfen und Grenzorten. Es ist anzunehmen, daß sogenannte Zöllner wie Matthäus in Kapernaum und Zachäus, der »Oberzöllner« in Jericho an der Grenze zwischen Judäa und Peräa, solche Zölle eintrieben. Der Zoll auf Handelswaren betrug gewöhnlich 2–2,5 %, für kostbare Öle aus Arabien um 25 %.

Lukas 19,8

Gegen Ende der Römischen Republik wurden die Abgaben von Steuerpächtern aus dem Ritterstand eingezogen. Dazu wurde die Genehmigung zum Eintreiben der Steuer in einer Provinz beantragt und eine gewisse Summe im voraus bezahlt. Der Zöllner versuchte dann, so viel wie möglich als Profit wieder einzukassieren. Dieses System führte zu Habgier und Mißbrauch; es wurde nach Trajans Regierungszeit durch Beamte ersetzt, die einen festen Prozentsatz der Steuern als Einkommen erhielten. Die Zöllner in Judäa galten als unredlich; das zeigen sowohl rabbinische Schriften als auch das Neue Testament. (So sagt Zachäus zum Beispiel zu Jesus: »Wenn ich jemanden betrogen habe, will ich es vierfach ersetzen.«)

In den letzten Jahren des Kaiserreichs bluteten die Kaiser das Volk durch Besteuerung aus, um sich weiterhin ihr luxuriöses Leben und die Armee leisten zu können.

Die römische Armee

In der römischen Armee gab es drei Kategorien von Soldaten: die Prätorianergarde, die Legionäre und die Hilfstruppen.

Die Prätorianergarde

Die Prätorianergarde war seit Augustus die Leibwache des Kaisers. Sie bestand aus 12 bis 16 in Rom stationierten Kohorten, jede etwa 500 Mann stark. Die Prätorianer erfreuten sich der besten Bezahlung, hatten die kürzeste Dienstzeit – 16 Jahre – und die leichtesten Pflichten. Während seiner Gefangenschaft in Rom war Paulus an einen Prätorianer gekettet (Apg. 28,16.20). Im Gefolge seiner Verkündigung verbreitete sich die christliche Botschaft im Prätorianerlager. Als Kaiser Claudius den Prätorianern bei seiner Thronbesteigung eine Zulage gewährte, schuf er einen Präzendenzfall: Seitdem spielte

Nächste Seite: Das Barberini-Mosaik von Palestrina (in der Nähe von Rom) zeigt das Leben während der römischen Belagerung im ägyptischen Nildelta. Das Mosaik stammt aus dem 1. Jh. n.Chr.

Unten: Soldat der Prätorianergarde mit seiner Bewaffnung: Schwert, Schild und Speer.

Unten rechts: Zenturion mit einem Rebstock als Rangabzeichen

die Prätorianergarde eine Schlüsselrolle bei der Einsetzung des neuen Kaisers, wenn der vorige ermordet worden war.

Die Legionäre

Der wichtigste Truppenteil war die Infanterie, die Legionäre, die aus römischen Bürgern rekrutiert wurde. Zur Zeit Trajans stellte Italien selbst nur noch jeden fünften Legionär. Obwohl manche schon im Alter von 14 Jahren den Dienst begannen, erfolgte die Anwerbung in der Regel mit 19 Jahren. Als Mindestgröße wurden 1,48 m verlangt, was 367 n. Chr. auf 1,64 m erhöht wurde.

Während der Regierung des Augustus gab es 25 Legionen. Diese Zahl wurde unter Septimius Severus auf 33 erhöht. Im Idealfall hatte jede Legion zehn Kohorten mit je 540 Mann, insgesamt also 5400 Mann. Aufgrund von Verlusten lagen die Legionen meistens unter ihrer Nennstärke. Jede Kohorte war weiter unterteilt in sechs Zenturien mit je 90 Mann, die von einem Zenturion befehligt wurde. Jeder Legion sollte ein Flügel mit 120 Kavalleristen zugeordnet sein.

Das Neue Testament erzählt von einem Mann, der sich »Legion« genannt habe, weil er von so vielen Dämonen besessen sei. Jesus erklärte bei seiner Verhaftung, wenn er wolle, könne er 12 Legionen Engel rufen.

Befehlshaber einer Legion

Oberster Befehlshaber einer Legion war ein Legat im Rang eines Senators. Ihm zur Seite stand ein Stab von sechs Militärtribunen im Rang von Senatoren oder Rittern. In der Zeit der Republik wurde von jedem angehenden Politiker erwartet, daß er etwa zehn Jahre in der Armee gedient hatte, bevor er sich erstmals zu einer Wahl stellte.

Da die Offiziere nach ihrem sozialen Stand und nicht nach ihrer

militärischen Erfahrung ausgewählt wurden, waren viele schlechte Militärs. Im Jahre 9 ließ sich ein Kommandeur namens Varus in den Teutoburger Wald locken, wo er eingekreist wurde und alle seine Soldaten verlor.

Die Zenturionen

Das Rückgrat der Armee waren die Zenturionen, erfahrene Soldaten. Wenn ein Zenturion befördert wurde, wurde er gewöhnlich zu einer anderen Legion versetzt, um sich mit seinen Männern nicht zu eng anfreunden zu können. Sie wurden etwa 15 Mal bes-

ser bezahlt als gewöhnliche Soldaten. Zur Zeit Trajans bekamen sie etwa 5000 Denare im Jahr. Die fünf dienstältesten Zenturionen bekamen 10 000, und der Oberzenturion der Legion bekam 20 000 Denare.

Ein Hilfstruppensoldat im Panzerschutz mit gezücktem Schwert

Bezahlung und Ausrüstung

Der gewöhnliche Legionär bekam zwischen 225 und 300 Denare Sold im Jahr, von denen er Essen und Kleidung bezahlen mußte. Seine Nahrung bestand aus Brot, Getreidebrei und einer sauren Weinsorte.

Jeder Legionär trug Gepäck mit einem Gewicht von etwa 36 kg. Es bestand aus einer Zweiwochenration an Nahrung und Werkzeugen wie Spaten und Äxten. Über einer ledernen Kopfbedeckung trug er einen eisenverstärkten Bronzehelm. Er hatte einen Schuppenpanzer aus Metallstücken und Leder sowie einen Gürtel. An den Füßen trug er dickbesohlte Sandalen mit Hufnägeln. Zum Schutz trug er einen Holzschild, der mit Eisen eingefaßt und mit Leder überzogen war. Seine Angriffswaffen waren zwei Speere von 2 Meter Länge, doch verließ er sich hauptsächlich auf sein 50 cm langes Schwert. Trotz seiner zwei Schneiden wurde es gewöhnlich eher zum Stechen als zum Schlagen verwendet.

Das Bild eines solchen Soldaten benutzte Paulus im Epheserbrief: »So stehet nun, an euren Lenden umgürtet mit Wahrheit und angezogen mit dem Panzer der Gerechtigkeit. Und an den Beinen gestiefelt, als fertig, zu treiben das Evangelium des Friedens. Vor allen Dingen aber ergreifet den Schild des Glaubens, mit welchem ihr auslöschen könnt alle Pfeile des Bösen, und nehmet den Helm des Heils und das Schwert des Geistes, welches ist das Wort Gottes.«

Rechte und Privilegien

Nach zwanzig Dienstjahren wurden die Legionäre entlassen und erhielten ein Stück Land in einer Grenzkolonie wie Karthago, Korinth oder Philippi.

Bis zum Erlaß des Kaisers Septimius Severus im Jahre 197 war es allen Soldaten bis hinauf zum Zenturion verboten zu heiraten.

Verheiratete Männer, die den Dienst antraten, mußten ihre Ehe lösen. Aber Inschriften in Militärlagern enthüllen, daß viele Frauen die Soldaten begleiteten. Manche von ihnen wurden »Ehefrauen« genannt, obgleich sie rechtlich Konkubinen waren. Bei seiner Entlassung bekam der Soldat ein kleines in Bronze eingeschlagenes Zeugnis, das ihm das Recht einräumte, eine Ehe einzugehen, und das seinen Nachkommen das Bürgerrecht verlieh.

Wegen des Mangels an Rekruten wurde den Söhnen von Veteranen nach 140 n. Chr. jedoch nur noch dann das Bürgerrecht gewährt, wenn sie sich in der Armee verpflichteten. Gegen Ende des 2. Jh. n. Chr. waren die meisten neuen Rekruten die Nachkommen von Soldaten und ihren Konkubinen.

Die Hilfstruppen

Außer den Legionen gab es eine ebenso große Zahl von Hilfstruppen, die aus Nichtbürgern eingezogen wurden. Nach 25 Dienstjahren bekamen diese Männer das Bürgerrecht. In diesen Hilfstruppen gab es viele Spezialisten mit besonderen Waffen, wie die Bogenschützen aus Syrien oder die Schleuderer von den Balearen. Sie wurden in erster Linie in den Grenzprovinzen eingezogen und dienten in der Frühzeit des Reiches in der Nähe ihrer Heimat.

Die Soldaten in Judäa waren hauptsächlich Hilfstruppen aus der heidnischen Bevölkerung Sebastes (Samarias) und Cäsareas und hatten wenig für die Juden übrig. In der Geschichte von Kornelius in Apg. 10 wird eine Kohorte von italienischen Freiwilligen erwähnt, die den Hilfstruppen in Judäa zugeordnet war. Kornelius, ein Zenturion dieser Truppe, könnte trotz seines italienischen Namens ein einheimischer Freiwilliger gewesen sein, da seine Familie erwähnt wird.

Die Bevölkerung Roms

Die Senatoren

Auf der höchsten Stufe der römischen Gesellschaft stand der Senat, die Ratsversammlung, die die Finanz- und Außenpolitik sowie die militärischen Operationen kontrollierte. Bei jedem der 600 Mitglieder konnte ein Vermögen von mindestens 1 Million Sesterzen vorausgesetzt werden, welches in großen Landbesitztümern angelegt wurde, da Senatoren vom Handel gesetzlich ausgeschlossen waren. Die Senatoren trugen Tuniken mit Purpurstreifen.

Mit dem Wachstum des Kaiserreichs nahm der Einfluß des Senats ab. Viele Senatoren wurden umgebracht, wenn sie der Auflehnung gegen den Kaiser verdächtigt wurden. In der Zeit zwischen der Regierung Neros und Nervas (88–96 n. Chr.) wurde die Hälfte der alten Senatorengeschlechter beseitigt. Die persönlichen Berater, 20 bis 30 »Freunde des Kaisers«, wurden mit der Zeit wichtiger als der Senat.

Die Ritter

Der Redner Cicero warnt den Senat vor einer Verschwörung zur Machtergreifung.

Die römischen »Ritter« *(Equites)* waren ursprünglich die 1 800 Kavalleristen der republikanischen Armee, deren Pferde vom Staat gestellt wurden. Um 400 v. Chr. wurden auch reiche Männer Ritter, die sich ihre Pferde selbst leisten konnten. Als

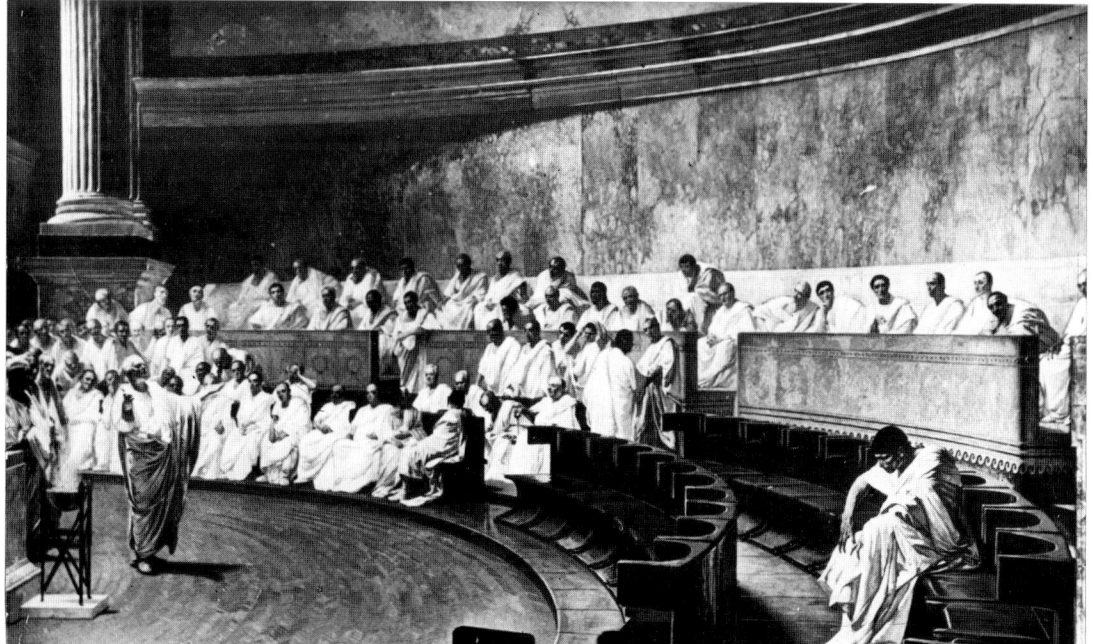

die Armee sich zunehmend auf Hilfstruppen für ihre Kavallerie stützen mußte, wurden die Ritter mehr zu einer politischen als einer militärischen Größe.

Im Gegensatz zum Senat war die Mitgliederzahl der Ritter nicht begrenzt. Um 225 v. Chr. qualifizierten sich 21 000 Männer für die Mitgliedschaft. Im Theater waren die »Orchestersessel« für den Senat reserviert, die nächsten 14 Reihen für die Ritter. Gegen Ende der Republik fungierten die Ritter als Geschäftsleute oder Zöllner. 123 v. Chr. erlangten sie das Recht, an Gerichtsverhandlungen teilzunehmen, die Erpressungen von seiten der Provinzstatthalter untersuchten. Sie bekamen eine wichtige politische Machtstellung.

Im 1. Jh. v. Chr. konnten Bürger Ritter werden, wenn sie ein Vermögen von mindestens 400 000 Sesterzen vorweisen konnten. Sie erhielten das Privileg, die Toga mit dem schmalen Purpurstreifen und einen goldenen Ring zu tragen. Manche nehmen an, daß mit dem reichen Mann mit dem Goldring am Finger, der im Jakobusbrief erwähnt wird, ein Ritter gemeint ist.

Jakobus 2,2

Mit Hilfe der Ritter wehrte sich der Kaiser gegen mögliche Bedrohungen durch Senatoren. Nur ein Ritter konnte Statthalter von Ägypten oder Hauptmann der Prätorianergarde werden; Ritter dienten auch als Offiziere der Armee oder als Statthalter in unbedeutenderen Provinzen wie Judäa. Zur Zeit Kaiser Diokletians wurden die meisten der militärischen und administrativen Posten von Rittern bekleidet.

Die unteren sozialen Schichten

Während des punischen Krieges (143–133 v. Chr.) waren die römischen Soldaten lange im Ausland eingesetzt. Viele von ihnen, zumeist Kleinbauern, wurden während dieser Zeit ihres Landes beraubt und zogen nach Rom, wo sie die Elendsviertel der Stadt bevölkerten. Tiberius Gracchus wurde von ihrem Elend bewegt: »Die wilden Tiere, die Italien durchstreifen, haben ihre Höhlen und Lager zum Schutz, aber die Männer, die für Italien kämpfen und sterben, haben nur Licht und Luft. Heimatlos streifen sie mit ihren Frauen und Kindern herum . . . Sie werden Herren der Welt genannt, besitzen aber keinen Erdklumpen.«

Tiberius Gracchus wurde 133 v. Chr. wegen seiner Anträge zur Landreform von Senatoren umgebracht – wie 12 Jahre später auch sein Bruder Gaius Gracchus. Noch 123 v. Chr. setzte Gaius Gracchus die »Lex Frumentaria« durch, mit der Subventionen bereitgestellt wurden, um Getreide zu niedrigen Preisen an die freien Stadtbürger zu verkaufen. Das führte später zur kostenlosen Verteilung von Korn, einer Art »Arbeitslosenunterstützung«.

Die römischen Eroberungen brachten einen starken Zustrom von Kriegsgefangenen, billigen Arbeitskräften. Kleinbauern, die nicht mehr konkurrieren konnten, verkauften ihr Land und vermehrten die Einwohnerzahl Roms. Die Zahl der Familien, die für die staatliche Unterstützung in Frage kamen, stieg von 150 000 im 2. Jh. v. Chr. auf 300 000. Julius Cäsar reduzierte die Zahl auf die Hälfte, Augustus hielt sie bei 200 000. Mindestens 600 000 Personen, die Hälfte der Bevölkerung Roms, waren also auf die Unterstützung angewiesen. Nur eine Minderheit der freien Bürger war in der Lage, für den Lebensunterhalt aufzukommen; der Rest lebte von der staatlichen Unterstützung.

Die freien Bürger, die weder zum Senat noch zu den Rittern gehörten, bildeten den »dritten Stand«. Die meisten waren als Unterschicht und nicht als Mittelstand einzustufen. Eine tiefe Kluft bestand zwischen Kaiser, Senat und wohlhabenden Freigelassenen mit einem Vermögen von 20–30 Millionen Sesterzen und denen, die mit einem Jahreseinkommen von 20 000 Sesterzen sehr bescheiden lebten.

Die meisten ärmeren Leute lebten in überfüllten Mietshäusern ohne Installation oder ausreichende Heizung. Dies ist die Nachbildung eines solchen Hauses in Ostia.

Die Armen lebten in Dachkammern, von Brot, Gemüse und saurem Wein; ein Schafs- oder Schweinekopf war Luxus. Das schlimmste war das soziale Stigma der Armut. Juvenal klagt: »Wenn man arm ist, ist man ein Witz bei jeder Gelegenheit. Welch ein Gelächter, wenn der Mantel schmutzig oder zerrissen ist, die Toga etwas fleckig scheint, der Schuh einen Riß im Leder hat. Oder wenn mehrere Flicken häufiges Ausbessern verraten! Der größte Fluch der Armut, viel schlimmer als die Armut an sich, ist, daß sie zum Objekt der Erheiterung, des Spottes und der Erniedrigung macht.« Tatsächlich lebten die Sklaven von Reichen in wesentlich besseren Umständen als die meisten freien, aber armen Einwohner Roms: »Kinder von Freigeborenen machen Platz für eines reichen Mannes Sklaven.«

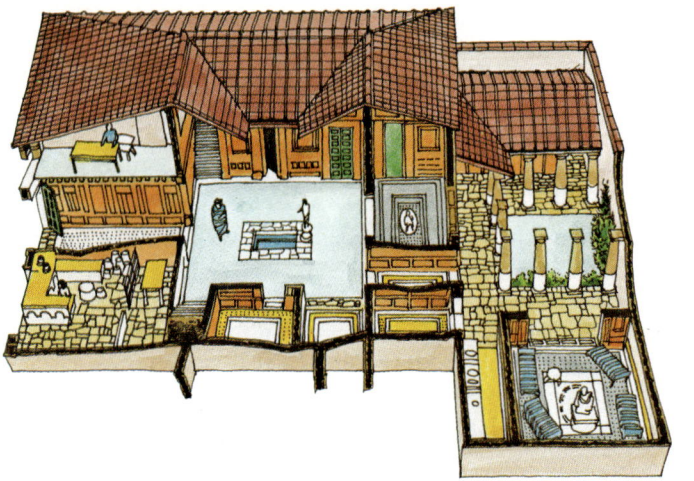

Wohlhabende römische Bürger wohnten in luxuriösen Villen. Die Wände waren meist mit Malereien verziert und die Böden mit Mosaiken ausgelegt. Vieles über das Aussehen dieser Villen wissen wir von den Bauwerken in Herculaneum und Pompeji, die fast unbeschädigt unter einer tiefen Schicht aus Lavaasche und Schlamm ausgegraben werden konnten, unter der sie bei einem Vulkanausbruch 79 n.Chr. begraben worden waren.

Die linke Zeichnung zeigt eine typische Villa im Querschnitt. Der Haupteingang befindet sich auf der linken Seite. Der Raum daneben wurde manchmal als Laden benutzt. Der zentrale Raum der Villa ist das Atrium. Es hat ein Becken, in dem das Regenwasser gesammelt wird, das durch eine quadratische Öffnung im Dach fällt.
Vom Atrium führt eine Treppe hoch zu den Schlafräumen. Das Eßzimmer und die Küche öffnen sich zum »Peristyl«, einem überdachten Säulengang, der den gartenähnlichen Innenhof umgibt.

Im Bild rechts ist das »Peristyl« einer römischen Villa aus Pompeji abgebildet. Jeder Haushalt hatte eigene Sklaven. Sie waren jeweils für verschiedene Aufgaben zuständig. Einige arbeiteten im Haushalt, andere bedienten die Herrin des Hauses.
Das untere Steinrelief zeigt Sklavinnen, die ihre Herrin bedienen: Eine ordnet ihre Haare, während eine andere den Spiegel hält.

Sklaven Man konnte Sklave werden durch Verschuldung, Entführung und Verkauf oder weil die Eltern Sklaven waren; das größte Reservoir an Sklaven bildeten aber die Kriegsgefangenen.

Es gab nur wenige Sklaven in Rom, bis im 3. Jh. v. Chr. die Expansion im Mittelmeerraum einsetzte. Im 2. Jh. v. Chr. wurden 250000 Sklaven geschätzt. Während Trajans Regierung im 1. Jh. n. Chr. war von 1,2 Millionen Bürgern Roms ein Drittel, rund 400000, Sklaven. Danach nahm die Zahl ab.

Die Sklaven waren vornehmlich Epiroten (Albaner), Griechen, Skythen, Phryger und Syrer. Die wichtigsten Sklavenmärkte waren in Alexandria, Delos, Ephesus und Byzanz. Der durchschnittlich begüterte Mann hatte ein oder zwei Sklaven; Plinius der Jüngere besaß 500 und ein Reicher namens Isidorus sogar über 4000.

Die Sklaverei war so weit verbreitet, daß sich außer einigen Philosophen kaum jemand Gedanken darüber machte. Platon beschrieb den Sklaven als eine »lästige Ware«. Aristoteles meinte, manche Menschen seien von Natur aus minderwertig und zu Sklaven bestimmt, forderte aber humane Behandlung für sie, wenn auch nur aus Eigeninteresse. Die Stoiker betonten mit Erfolg, daß auch Sklaven menschliche Wesen seien, aber nicht einmal sie versuchten, die Sklaverei abzuschaffen.

Nach römischem Gesetz war der Sklave eine Ware, konnte also mehreren Besitzern gehören. Anderseits wurde er in bestimmten religiösen und sozialen Angelegenheiten als Person angesehen: Der Eid eines Sklaven war bindend, sein Fluch wirksam und sein Grab eine religiöse Stätte. Er konnte einer Arbeitervereinigung *(collegium)* beitreten, in deren Rahmen Gemeinschaftsmahlzeiten gehalten und für die Bestattung der Mitglieder gesorgt wurde. Während Hadrians Regierung verbot ein Gesetz, Sklaven zu töten oder zu quälen.

Aufgeklärte Herren erlaubten ihren Sklaven eigenes Vermögen, mit dem sie sich freikaufen konnten, manchmal nach 7 Jahren. Haussklaven wurden gut und mit Zuneigung behandelt. Als Ciceros Bruder Quintus einen Lieblingssklaven freiließ, schrieb Cicero: »Ich habe eben von Tiro gehört. Er hätte niemals ein Sklave sein sollen, und jetzt hast du beschlossen, daß
Lukas 7,2 er stattdessen unser Freund sein soll.« Lukas berichtet, daß einmal ein Zenturion Jesus bat, seinen Sklaven zu heilen, »der ihm sehr lieb war«. Oftmals, so ist bezeugt, wurden Sklaven zu Lebensrettern ihrer Herren.

In wohlhabenden Familien gab es für jede Aufgabe einen besonderen Sklaven: Sklaven als Amme, Hebamme, Kindermädchen, Sekretär, Schreiber, Vorleser, Bedienter und Kammerdiener. Im Textilhandel gab es Spinner, Wollsticker, Weber, Abwieger usw. Diese Spezialisierung bedeutete, daß vieles an der römischen Sklaverei »weder ewig noch, solange sie bestand, unerträglich« war.

Manchen Sklaven wurde beträchtliche Verantwortung übertragen bis dahin, daß sie selbst Sklaven halten durften. Der Politiker Crassus hatte eine Sklavenmannschaft von 500 Baumei-

Mosaik aus dem 3. Jh. n. Chr., das einen Sklaven abbildet

Philemon 10–12

Philipper 4,22

stern und Maurern. Andere Sklaven arbeiteten in Töpfereien und Glasfabriken. Am schlimmsten war das Los der Sklaven, die aneinandergekettet und in engen Stollen in Bergwerken arbeiten mußten.

Manche Herren behandelten ihre Sklaven auf brutale Weise. Seneca, der selbst für eine menschliche Behandlung eintrat, beschrieb das Los unterdrückter Sklaven: »Die armen Sklaven dürfen ihre Lippen nicht bewegen, nicht einmal zum Sprechen. Das leichteste Murmeln wird von der Rute unterdrückt; sogar einem zufälligen Laut, einem Husten, Niesen oder Schluckauf, wird mit der Peitsche begegnet. Es steht die schrecklichste Strafe auf Störung der Ruhe. Sie müssen die ganze Nacht aufrecht stehen, hungrig und stumm.«

Solche Behandlung führte zu mehreren spektakulären Sklavenaufständen. Der bekannteste war der unter dem Gladiatoren Spartacus, der mit 70000 Aufständischen gegen die römische Armee kämpfte (73–71 v. Chr.). Nachdem Octavian 36 v. Chr. den Piraten Sextus Pompejus besiegt hatte, brachte er 30000 flüchtige Sklaven ihren Herren zur Bestrafung wieder zurück oder richtete sie selbst hin. Während Neros Herrschaft wurde ein hartes Gesetz verabschiedet: Wird ein Beamter von einem seiner Sklaven ermordet, werden sämtliche Sklaven dieses Haushalts mit dem Tode bestraft.

Trotz Strafandrohung flohen viele Sklaven, z.B. Ciceros Sklave, der ihm einige Bücher gestohlen hatte, oder Onesimus, den Paulus liebgewann und zu Philemon zurückschickte. Wer einem entlaufenen Sklaven Unterschlupf gewährte, wurde bestraft; ein eingefangener Flüchtling konnte gekreuzigt oder mit einem F für »Fugitivus« gebrandmarkt werden.

Zum kaiserlichen Haushalt gehörte eine enorme Anzahl Sklaven – manchmal mehr als 20000. Dem Brief des Paulus an die Philipper nach waren einige von ihnen und andere Sklaven unter den ersten Christen. Namen wie Ampliatus, Urbanus, Stachys, Tryphaena, Tryphosa und Hermes, die in Römer 16 erwähnt werden, waren gängige Namen für Sklaven. Obwohl die Christen des 1. Jahrhunderts nicht für die Abschaffung der Sklaverei eintraten, begrüßten sie Sklaven als Brüder im Glauben, und manche von ihnen wurden sogar Kirchenführer. Erst im 18. Jh. wurde von einem Christen, William Wilberforce, bahnbrechende Arbeit für die Aufhebung der Sklaverei in Europa geleistet.

Freigelassene

Apostelgeschichte 6,9

Eine wichtige Klasse der römischen Gesellschaft waren die *libertini,* Freigelassene oder ehemalige Sklaven. Die Mitglieder der Synagoge für Freigelassene in Jerusalem diskutierten mit dem christlichen Prediger Stephanus, kurz bevor der als Märtyrer starb.

Es gab verschiedene Gründe für die Freilassung von Sklaven; manche waren menschenfreundlicher Natur, andere nicht.

Römisches Relief, auf dem ein Tuch-
geschäft aus dem 2. Jh. n. Chr. abgebildet ist. In Begleitung ihrer Sklaven
sehen zwei reiche Kunden zu, wie zwei
Verkäufer eine Kiste mit einem Kissen
darin öffnen.

Viele Herren ließen ihre Sklaven frei aus Dank für besondere
Dienste, aus religiösen Gründen oder weil sie wollten, daß man
sie nach ihrem Tod wegen ihres Großmutes rühmte. Manchmal
war es einfach billiger, denn Freigelassene wurden als ehemalige Sklaven von den staatlichen Getreidealmosen ernährt.
Aber selbst nach ihrer Freilassung schuldeten die Freigelassenen ihren Herren als ihren Gönnern Ergebenheit, und an ihrem Namen konnte man ihren früheren Besitzer erkennen.

Ein außergewöhnlicher Zug des römischen politischen Systems war, daß freigesetzte Sklaven römische Bürger wurden –
wenn auch mit einigen Einschränkungen. Sie konnten niemals
Senatoren werden; und sie brachten es selten zum Ritterstand,
wenn sie nicht freigelassene Sklaven des Kaisers waren. Die
meisten Freigelassenen bildeten eine Art untere Mittelklasse.
Anders als die freien, aber armen römischen Bürger scheuten
sie sich nicht, sich die Hände zum Geldverdienen zu beschmut-
zen. Sie waren bereit, sich auf sogenannte »schmutzige« Geschäfte einzulassen wie »Fischhändler, Schlachter, Köche, Par-
fümeure, Tänzer und der ganze Berufszweig der Spieler« (Cicero).

Manche Freigelassene wurden außerordentlich reich; dennoch blieben sie verachtet. In Petronius' Buch *Satyricon* fällt
der freigelassene Trimalchio wegen seines Reichtums und seines ungehobelten Verhaltens auf. Andere erlangten in ihren literarischen Werken bleibenden Ruhm. Livius war ein früher lateinischer Dichter, Terenz wurde ein ausgezeichneter Komö-
dienschreiber, und Epiktet war ein stoischer Philosoph. Christliche Herren ließen ihre Sklaven oft frei. Einige der ersten Bi-
schöfe Roms waren Freigelassene.

ROM: LEBEN UND RELIGION

Das antike Rom hatte alle Verlockungen des modernen Stadtlebens. Die Menschen waren in hohen Mietskasernen und luxuriösen Vorstadtvillen untergebracht, die an hochentwickelte Wasserzufuhr- und Abwassersysteme angeschlossen waren. Es gab eindrucksvolle – und zweckmäßige – öffentliche Gebäude: Ämter, Büchereien, Theater, Arenen, Tempel und Bäder. Und ein dichtes Straßennetz beschleunigte Handel und Kommunikation.

Wie auch in anderen Geschichtsepochen, stillte der materielle Wohlstand nicht die religiösen Bedürfnisse; er mag sie eher gestärkt haben. Astrologie, Kaiserkult und eine Menge Mysterienreligionen waren nicht einfach Privatvergnügen, sondern gehörten zum öffentlichen Leben Roms.

Die Ordnung
des sozialen Lebens

Ehe und Scheidung   Zur Zeit des Kaisers Augustus lag das Mindestalter für die
Eheschließung bei 12 Jahren für Mädchen und 14 für Jungen
(später auch vom Kirchenrecht übernommen). Plutarch
schreibt, daß Mädchen im Jugendalter verheiratet wurden, um
ihre Unberührtheit zu garantieren. Weil unverheiratete Mädchen schon mit 19 als »alte Jungfern« galten, stockten besorgte
Eltern die Mitgift auf und machten dies bekannt, um Freier an-
zuziehen. Für Frauen, die mit 20, und für Männer, die mit 25
Jahren noch nicht verheiratet waren, erschwerte Augustus Erb-
schaftsangelegenheiten und politischen Aufstieg.

In den frühen Jahren der Republik übten die Väter absolute
Autorität aus über ihre Kinder, die sie verkaufen, ja sogar tö-
ten konnten. Frauen standen unter der Vormundschaft der
Männer; sie hatten nicht einmal eigene Namen – Claudia und
Julia z.B. waren Sippennamen mit femininer Endung. Später
wurde die Frau nach und nach emanzipiert.

Der Hochzeit ging die Verlobung voraus, oft schon bei Kindern von 7 Jahren. Der Mann steckte seiner Braut einen eiser-
nen Ring an den Ringfinger und küßte sie.

Die beste Zeit zum Heiraten sollte der April oder die 2. Junihälfte sein, weil dann die Vorzeichen gut standen. Ein Drittel
des Jahres stand unter einem unheilvollen Omen, besonders
die Tage, an denen die Geister der Toten auf freiem Fuß waren, an den Festen der Parentalia und Lemuria.

Vor der Hochzeit gab die Braut ihr Spielzeug und Kinder-
kleid den Hausgöttern. Dann zog sie eine weiße Tunika an mit
einem orangenen Schleier, der ihr Gesicht freiließ. Die Feier
war beendet, wenn die Braut in ihr neues Heim zog. Der Bräu-
tigam ging voraus und verteilte Nüsse an die Kinder. Dann trug
er die Braut über die Türschwelle, damit sie nicht stolpert –
das würde Unglück bringen.

Gewöhnlich durften Vettern und Cousinen zweiten Grades
nicht heiraten. Aber im 2. Jh. v. Chr. wurden Hochzeiten sogar
bei Verwandtschaft ersten Grades geduldet. Die Heirat des
Kaisers Claudius mit seiner Nichte Agrippina 49 n. Chr. schuf
einen schockierenden Präzedenzfall.

Weil Sklaven kein Personenrecht besaßen, konnten sie auch
keine Ehe nach römischem Recht schließen. Die Verbindung
eines Sklaven konnte von dem Herrn anerkannt oder zurückgewiesen werden. Wurde ein Sklave frei, kaufte er als erstes
die Freiheit seiner »Frau«. Gemäß einem von Augustus verab-
schiedeten Gesetz war es »für Freigeborene verboten, eine Pro-

stituierte, Kupplerin, eine von einem Zuhälter oder einer Kupplerin Freigelassene, Ehebrecherin, eine öffentlich Verurteilte oder ehemalige Schauspielerin zu heiraten«.

In der Zeit der Republik waren Kinder erwünscht, und ihr Fehlen wurde beklagt. Ein Epitaph aus Turia aus dem 1. Jh. v. Chr. berichtet, daß eine Frau ihren Mann zur Scheidung drängte, weil sie unfruchtbar war, damit er sich eine andere Frau nehmen könnte.

Im frühen Kaiserreich ging die Zahl der Kinder, die geboren und aufgezogen wurde, stark zurück. Manche Frauen vermieden die Schwangerschaft aus Angst um ihre Schönheit. Andere setzten ihr Baby aus oder ließen es abtreiben. Es wurden mehr Mädchen als Jungen dem Tod überlassen. Eine Liste der staatlichen Wohlfahrt über außereheliche Kinder zur Zeit Trajans zählt 145 Jungen und nur 34 Mädchen.

In der frühen Geschichte Roms waren Scheidungen selten; in der späten Republik und im frühen Kaiserreich wurden sie in den oberen Klassen alltäglich, oft aus politischen und auch aus völlig trivialen Gründen. Pompejus war fünfmal, Cäsar viermal verheiratet. Der Schriftsteller Seneca berichtet: »Keine Frau braucht sich zu schämen, ihre Ehe aufzulösen, seitdem die vornehmsten Damen die Gewohnheit angenommen haben, das Jahr nicht mehr nach dem Namen des Konsuls sondern des Ehemanns zu zählen. Sie lassen sich scheiden, um wieder zu heiraten. Sie heiraten, um sich scheiden zu lassen.«

In den frühen Jahren der Republik konnte ein Mann sich von seiner Frau trennen wegen ernster Vergehen wie Ehe-

Das Atrium war der Hauptwohnraum in Luxusvillen wie dieser in Herculaneum. Eine quadratische Öffnung im Dach ließ Licht ein und Regenwasser, das in einem flachen Becken aufgefangen wurde.

Elfenbeinerne Kämme wohlhabender römischer Damen

bruch, Vergiften der Kinder oder Fälschen seiner Schlüssel, aber eine Frau konnte nicht die Scheidung beantragen. In der späteren Republik, als die »freien Ehen« überhand nahmen, konnte eine Frau den Scheidungsprozeß einleiten. Ein Mann, der seine Frau beim Ehebruch ertappte, durfte sie und ihren Geliebten töten oder verstümmeln. Augustus erklärte Ehebruch zu einem Verbrechen; unter seinem Gesetz durfte der Ehemann immer noch einen Mann aus einer niederen Klasse töten, wenn er ihn beim Ehebruch erwischte.

Mehr als die Hälfte der Ehefrauen starben vor dem 40. Lebensjahr aufgrund von Komplikationen bei Schwangerschaft und Geburt. Da anderseits Ehemänner oft über zehn Jahre älter waren als ihre Frauen und zudem den Gefahren des Krieges ausgesetzt waren, überlebten die Ehefrauen sie oft.

Zahlreiche Grabinschriften bieten ein Bild ehelichen Glükkes. Eine geläufige Wendung ist, daß das Paar viele Jahre zusammenlebte »ohne einen einzigen Streit«. Ehefrauen wurden gerühmt, weil sie »zufrieden zu Hause blieben«, »bescheiden«, »gehorsam«, »achtsam mit dem Geld« und »religiös, aber nicht abergläubisch« waren.

Römische Erziehung

Die Römer kopierten die Griechen, indem sie für ihre Kinder Pädagogen einstellten – oft griechische Sklaven. Doch die praktischen Römer führten einige grundlegende Unterschiede zur griechischen Erziehung ein. Mathematik, Geometrie und Musik wurden nur gelehrt, wo sie praktische Bedeutung hatten. Rhetorik, nicht Philosophie galt als vornehmstes Studienfach, und die Römer lehnten die Nacktheit im griechischen Sport ab.

Die Mädchen besuchten die Grundschule zusammen mit den Jungen; in Griechenland gingen nur die Jungen zur Schule. Manche Frauen hatten solche Kenntnis der Literatur, daß Juvenal sich beklagte: »Wie ich sie hasse, Frauen, die bis zu Palaemons Grammatik zurückgehen, alle Regeln einhalten und Verse zitieren, die ich noch nie gehört habe.«

Der Unterricht wurde in allen möglichen Räumen abgehalten, manchmal auch auf offenen Marktplätzen. Für ihre Arithmetikstunden gebrauchten die Schüler Rechenbrettchen mit Kieselsteinen.

Vom 7. bis zum 10. oder 11. Lebensjahr gingen die Kinder zur Grundschule. (Das Wort »Schule« kommt aus dem Griechischen und bedeutet »Freizeit«.) Die Eltern verlangten viel vom Lehrer, bezahlten aber schlecht – oft erst nach gerichtlicher Aufforderung. Die Fabeln des Äsop waren beliebt für das Lesenlernen.

Ein wichtiges pädagogisches Mittel war die Körperstrafe. Ein Gemälde aus Pompeji zeigt einen Jungen, der von zwei anderen gehalten wird, während ihn der Lehrer prügelt. Der lateinische Ausdruck »die Hand von der Rute zurückziehen« bedeutet »die Schule verlassen«. Der Schriftsteller Quintilian protestierte gegen die allgemeine Praxis des Prügelns und behauptete, daß

Lob, Wetteifer und sogar Spiel anspornender seien als Furcht.

Im Alter von 12 bis 15 oder 17 Jahren besuchte der junge Römer die höhere Schule. Die Hauptfächer waren hier Grammatik und Literatur, hauptsächlich Homer und andere griechische Schriften. Lateinische Werke – von Vergil, Cicero, Terenz und Horaz – wurden erst nach 25 v. Chr. eingeführt.

Nach der höheren Schule und dem Erreichen der Volljährigkeit erhielten die jungen Männer bis zum Alter von 18 oder 20 Jahren eine rhetorische Schulung. Weil die römische Republik in ein Kaiserreich umgestaltet wurde, nahmen die politischen Möglichkeiten ab, und die rhetorische Ausbildung rückte immer mehr vom wirklichen Leben ab. Die Studenten mußten Reden halten über Themen wie »Soll der sagenhafte König Agamemnon seine Tochter opfern?« oder an den Haaren herbeigezogene juristische Fälle.

Römische Schule in Gallien. Zwei Schüler entrollen ihre Papyrusrollen, ein dritter kommt zu spät.

Die Rhetoriker lehrten verschiedene sog. »rhetorische Figuren«, von denen der Apostel Paulus in seinen Schriften über 30 gebraucht; vielleicht hat er in Tarsus eine Grundausbildung in Rhetorik erhalten. Doch gab er bewußt den Gebrauch der kunstvollen und pompösen rhetorischen Sprache auf, die allgemein verwendet wurde, um als gebildeter Mensch Anerkennung zu erlangen.

Kriminalität

Die römischen »*Vigiles*«, die Feuerwehr, hatte auch die Aufgaben der Polizei. Sie konnte aber wenig tun, um Verbrechen in einer Stadt mit einer Bevölkerung von über 1 Million zu verhindern. Es gab Kleiderdiebe in den Bädern, Einbrecher und Banditen, die Reisenden auflauerten. Reiche, die nachts reisten, nahmen Diener mit, um Verbrecher in Schach zu halten. Wie Juvenal berichtet, wurde der Einzelreisende von Räubern angegriffen:

»So fängt der Kampf an, wenn man es für Kämpfen halten soll, wenn er mit der Faust schlägt und ich sie nur abfangen kann. Er läßt ab. Er sagt, ich soll aufhören. Ich höre auf. Ich muß ihm gehorchen. Was soll man tun, wenn er verrückt ist und größer und stärker? . . .

Wenn man versucht, grob zu antworten oder sich wortlos wegzuschleichen, passiert stets das Gleiche: man wird angefallen und für ein Lösegeld festgehalten für den begangenen Überfall. Das ist die Freiheit des Armen. Geschlagen, durch Fäuste niedergemacht, bittet und fleht er seinen Angreifer an, mit ein paar Zähnen im Mund heimgehen zu dürfen.«

Handel Mit der Sicherung des Friedens im Kaiserreich *(pax Romana)* unter Kaiser Augustus blühte der Handel auf zwischen Rom und anderen Teilen der Welt bis zum Nahen und Fernen Osten.

Das alte Saba (heute Yemen) in Südwest-Arabien und das alte Punt (Somalia) in Ostafrika sind die einzigen Länder, wo die kleinen Bäume wachsen, die Myrrhe und Weihrauch liefern. Ihr Harz wurde gebraucht als Parfum, der Weihrauch für religiöse und medizinische Zwecke. Myrrhe wurde als Kosmetikum verwendet, als schmerzstillendes Mittel und um Leichname einzubalsamieren.

Diese kostbaren Stoffe wurden von den Arabern und Naba-

Gefärbtes Tuch war eins der vielen römischen Importgüter. Dieses moderne Bild zeigt Tuchhändler auf dem Markt von Beerseba in Israel.

täern nach Gaza und Alexandria verschifft und dort weiterverarbeitet. Der römische Schriftsteller Plinius der Ältere berichtet, daß Arbeiter in den Fabriken Alexandriens ausgezogen und sorgfältig nach Gestohlenem durchsucht wurden, bevor sie das Firmengelände verlassen durften.

Es wird geschätzt, daß 50 Millionen Sesterzen pro Jahr nach Arabien gingen für den Kauf von Räucherwerk und Luxusgegenständen wie Korallen und Perlen. Plinius hielt die Einwohner Südarabiens für das reichste Volk der Welt.

Roms Hauptrivale im Osten war das gewaltige Partherreich, von dem Crassus 53 v. Chr. und Antonius 36 v. Chr. besiegt wurde. 20 v. Chr. konnte Augustus durch Verhandlungen die

Nächste Seite:
Wichtige römische Importe

Handel mit Indien

Horaz, der römische Dichter zur Zeit des Augustus. behauptete in dichterischer Übertreibung, daß »die Skythen und stolzen Inder sich jetzt von Rom beherrschen lassen wollten« und die Chinesen die Gebote des Kaisers nicht zu übertreten wagten. Die ersten indischen Gesandten kamen tatsächlich zur Zeit des Augustus mit Schlangen, Perlen und Edelsteinen.

Unter Älius Gallus wurde 25 v. Chr. das Rote Meer erforscht. Der Handel mit Indien, der eine Höhe von 50 Millionen Sesterzen pro Jahr erreichte, nahm seinen Anfang mit der Entdeckung (vielleicht in der Regierungszeit des Tiberius), daß der Monsun von April bis Oktober von Südwesten kommt und so die Reise nach Indien begünstigt, von November bis März aber von Nordosten die Rückfahrt von Indien zum Roten Meer erleichtert. Als die Römer das

begriffen, konnten sie die arabischen Zwischenhändler ausschalten.

Aus Indien kamen Dinge wie Schildpatt, Papageien, Perlmutt und kostbare Juwelen. Besonders wertvolle Importgüter waren Pflanzenprodukte und Gewürze wie Ebenholz, Narde, Kassie, Zimt und Pfeffer. Reis wurde in Indien und Syrien wohl angebaut, wurde aber kaum ins römische Reich eingeführt. Horaz nannte ihn einmal einen medizinischen Brei. Baumwolle wurde in Indien, Persien und Judäa angebaut.

Durch archäologische Ausgrabungen konnte die Anwesenheit der Römer in Indien bestätigt werden. Archäologen entdeckten beträchtliche Rückstände von Arretinischen Töpferwaren und römischem Glas in Arikamedu bei Pondicherri und römische Münzen aus der Zeit des Augustus an verschiedenen Fundstätten.

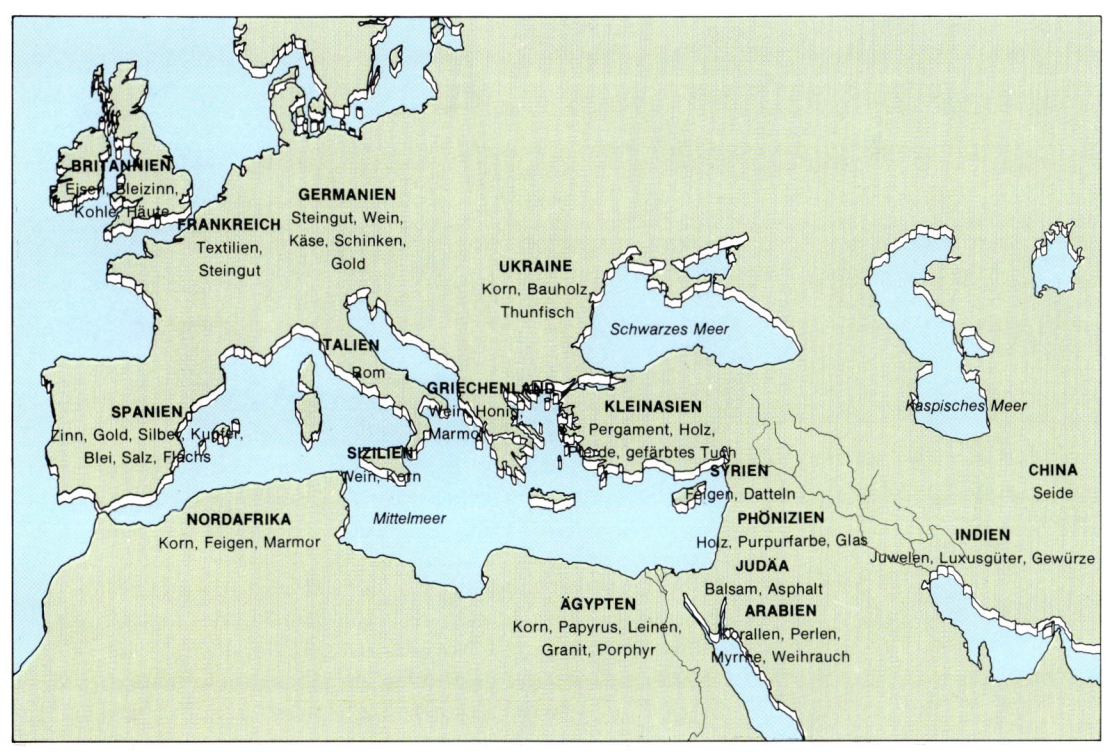

römischen Standarten zurückgewinnen, die die Parther erobert hatten. Der Friede mit den Parthern eröffnete den Handelsweg durch das weite Partherreich.

Kaiser Augustus beauftragte Isidor von Charax mit der Erforschung beider Seiten des Persischen Golfs. In seinem Werk »Die parthischen Stützpunkte« beschreibt Isidor den Landweg durch Mesopotamien und Persien, der später die berühmte Seidenstraße nach China werden sollte. Diese Straße führt 4 000 Meilen weit von Syrien durch Mesopotamien und Persien nach Baktrien (Nord-Afghanistan) und dann durch Turkestan nach China. Der erste direkte Kontakt zwischen Rom und China ergab sich, als eine Delegation 160 n. Chr. an den chinesischen Kaiserhof geschickt wurde.

Seide wurde seit dem 3. Jahrtausend v. Chr. in China hergestellt und wurde von den Achämenidenkönigen in Persien im 5. und 4. Jahrhundert v. Chr. benutzt. Sie wurde auch zu Webereizentren in Syrien, Phönizien und Galiläa versandt, wo sie mit Leinen und Wolle verwoben und dann gefärbt wurden. Reine Seide wurde erstmals verwandt, als Kaiser Elagabalus ein Gewand aus dem Stoff anfertigen ließ.

Die Volkswirtschaft des römischen Reichs war unausgeglichen; der Reichtum lag in den Händen weniger. Das Geld wurde für importierte Luxusgüter ausgegeben; die Masse der Armen hatte nichts davon, da das Kapital ins Ausland zurückfloß.

Römisches Handelsschiff für den Korntransport

Seefahrt Die Seefahrt war abhängig von den Jahreszeiten. Die beste Reisezeit war der Sommer, zwischen dem 26. Mai und 14. September. Im Winter (10. November bis 5. März) wurde die Schiffahrt wegen der großen Gefahren eingestellt (außer im Krieg). In den Zwischenzeiten (14. September bis 10. November und 5. März bis 26. Mai) war es sehr gewagt zu segeln. Der

Schiffbruch des Paulus (Apostelgesch. 27,39–44) ereignete sich wahrscheinlich im Oktober.

Paulus segelte in einem alexandrinischen Kornschiff mit 276 Passagieren als Gefangener nach Rom. Solche Schiffe maßen 55 Meter und hatten eine Wasserverdrängung von 1200 Tonnen. Der jüdische Historiker Josephus, der auf seinem Weg nach Rom ebenfalls Schiffbruch erlitt, reiste auf einem Schiff mit 600 Passagieren.

Reichskuriere konnten in 50 Tagen von Rom nach Palästina reisen, Kaufleute brauchten für die gleiche Strecke 100 Tage. Die Post arbeitete oft unzuverlässig. Als der syrische Gesandte Petronius einen Befehl Caligulas mißachtete, ordnete der Kaiser in einem Brief im Dezember 40 n. Chr. seine Exekution an. Am 24. Januar 41 wurde der Kaiser ermordet. Glücklicherweise erreichte diese Nachricht Petronius im Februar, 27 Tage vor dem Eintreffen des ersten Briefes. Das alles fand im Winter statt, wo die Seefahrt äußerst gefährlich war.

Bücher und Bibliotheken

In der alten Welt schrieb man zuerst auf Papyrus aus Ägypten (daher unser Wort »Papier«). Da die Griechen ihren Papyrus über den phönizischen Hafen Byblos einführten, nannten sie ein Buch »Biblos« (daher stammt das Wort »Bibel«).

Als der Stadt Pergamon in Kleinasien das Papyrus ausging, erfand man dort das Pergament – präparierte Schaf- und Ziegenhäute. Anderes Schreibmaterial war Leder, Topfscherben (ostraca) und Wachstafeln in der Schule. Der Apostel Paulus

2. Timotheus 4,13

bat Timotheus um die »Pergamente« – vielleicht Schriftrollen des Alten Testaments.

Alte hebräische und aramäische Handschriften waren ohne Vokale geschrieben; bestimmte Konsonanten bezeichneten lange Vokale. Griechische Texte wurden ohne Zeichensetzung und oft ohne Abstände zwischen den Wörtern geschrieben. Alte Schriften wie die Bibel befanden sich oft auf Papyrus- oder Lederrollen von fast 9 Metern Länge. Bei solchen Rollen war es schwierig, bestimmte Abschnitte zu finden. (Die Kapitel- und Verseinteilung der Bibel wurde erst im 15. und 16. Jahrhundert n. Chr. eingeführt.)

Die ersten Christen übernahmen die Buchform (codex) für ihre Schriften zum besseren Nachschlagen. Es gibt Fragmente von 12 Papyruskodizes aus Ägypten schon aus dem 2. Jh. n. Chr., 7 aus dem Alten und 3 aus dem Neuen Testament; eins ist das sogenannte »Egerton«-Evangelium, das andere ein Teil aus einer Schrift genannt »Hirt des Hermas«. Heidnische Schreiber übernahmen den Kodex nicht vor dem 3. und 4. Jh. n. Chr.

Die frühesten bekannten Bibliotheken wurden von Peisistratos, einem athenischen Herrscher, und Polykrates von Samos im 6. Jh. v. Chr. gesammelt. Die Philosophen Platon und Aristoteles sammelten Bücher für ihre Schulen. Die ersten öffentlichen Büchereien wurden durch die Griechen errichtet. Die

Bibliothek von Alexandria war die größte in der alten Welt; sie hatte zwischen 500 000 und 700 000 Schriftrollen mit Erkennungsschildchen und auf Regalen eingeordnet. Kübelähnliche Behälter umschlossen mehrere Rollen sehr langer Werke, und der Bücherkatalog umfaßte 120 Rollen. Eine weitere wichtige Bibliothek befand sich in Pergamon (in der heutigen Türkei).

Den Römern fielen in ihren Kriegen in Mazedonien und Achäa Bibliotheken zu. General Aemilius Paullus brachte die Bibliothek König Perseus' mit, Sulla die Bücher des Aristoteles. Cicero sammelte seine eigene Bibliothek und beschäftigte seine

Die Sprache der Römer

Die älteste überlieferte Urkunde in Latein befindet sich auf einer Goldspange aus Praeneste (7. Jh. v. Chr.) und ist von rechts nach links geschrieben. Die wichtigste frühe Inschrift ist der Lapis Niger vom Forum in Rom (6. Jh. v. Chr.), der zeilenweise abwechselnd von links nach rechts und von rechts nach links geschrieben ist. Die lateinische Literatur entwickelte sich erst im 2. Jh. v. Chr., beeinflußt durch griechische Schriften. Aus der Zeit vor dem 1. Jh. v. Chr. sind kaum Inschriften erhalten.

Die große Zeit der lateinischen Literatur kam mit der Förderung durch Kaiser Augustus. Aus seiner Regierungszeit stammen die Schriften der Dichter Vergil und Horaz, des Historikers Livius und des Geographen Strabo. Ein Schriftsteller, Ovid, zog sich wegen seiner amourösen Dichtungen den Zorn des Kaisers zu. Er wurde an die Schwarzmeerküste Bulgariens, das »römische Sibirien«, verbannt.

Als Nero regierte, schrieben der Stoiker Seneca und sein Neffe Lukan, dessen »Pharsalia« die Schlacht zwischen Julius Cäsar und Pompejus schildert. Petronius beschrieb in dem obszönen »Satyrikon« die Dekadenz unter Neros Herrschaft.

Während der flavischen Regierung wurden die »Naturgeschichte« von Plinius dem Älteren geschrieben, die pädagogischen »Institutes« des Quintilian, die technischen Abhandlungen des Frontinus, die Gedichte Statius' und die Satiren Martials. Aus der Regierungszeit Trajans und Hadrians stammen die Briefe Plinius' des Jüngeren, die Satieren Juvenals, Suetons Kaiserbiographien und die historischen Werke des Tacitus.

Es war für Italer üblicher, griechisch zu lernen, als für Provinzbewohner lateinisch. Für eine juristische oder politische Karriere war Latein allerdings unentbehrlich. In den Provinzen wurde Latein nur in amtlichen oder militärischen Dokumenten gebraucht. Die Inschrift auf dem Kreuz Jesu war in Latein, Griechisch und Hebräisch oder Aramäisch. Außer den lateinischen Eigennamen gibt es im griechischen Neuen Testament nur 25 lateinische Ausdrücke, die meisten im Markusevangelium, das, wie vermutet wird, in Rom geschrieben wurde.

Eine interessante lateinische Inschrift wurde 1961 bei den Ausgrabungen am Theater von Cäsarea entdeckt. Sie erwähnt erstmals Pontius Pilatus und bezieht sich auf einen Tempel, der der Verehrung des Kaisers Tiberius geweiht war.

Der erste große christliche Theologe, der in Latein schrieb, war Tertullian von Karthago (197–222 n. Chr.); die Bibel zitierte er allerdings auf Griechisch. Cyprian, der Bischof von Karthago (200–258 n. Chr.), zitierte die Bibel aus einer lateinischen Übersetzung, der *Itala*. Vor allem Hieronymus (347–420 n. Chr.) machte Latein zur westlichen Kirchensprache. 25 Jahre lang arbeitete er an einer lateinischen Übersetzung der Bibel, der *Vulgata*.

Mosaik: Vergil in Begleitung zweier Musen, den Schutzgöttinnen der Künste, schreibt die Änäis.

Sklaven mit dem Abschreiben von Handschriften. Kaiser Trajan richtete die prachtvolle *Bibliothek ca. Ulpia* ein mit griechischen und römischen Werken und Leseräumen. Hadrian errichtete eine Bibliothek in Athen, von der heute noch eine Mauer steht. Im 4. Jh. n. Chr. gab es schon 29 öffentliche Büchereien in Rom.

Bibliotheken wurden auch errichtet von dem christlichen Gelehrten Origenes (185–254) in Cäsarea und von Bischof Alexander in Jerusalem vor 212 n. Chr.

Die Medizin in der Antike

Hippokrates von Cos (460–380 v. Chr.) war der legendäre »Vater der Medizin«. Dabei stammt keine der medizinischen Schriften von 450 bis 350 v. Chr., die mit seinem Namen verbunden werden, mit Sicherheit von ihm. Ärzte schwören bis heute den sogenannten »Hippokratischen Eid«, in dem sie sich verpflichten, ihre Heilkunst ausschließlich zur Heilung des Patienten einzusetzen.

Empedokles von Agrigent (490–435 v. Chr.) gründete eine Ärzteschule, die lehrte, jede Krankheit beruhe auf dem Ungleichgewicht der vier Körpersäfte, Blut, Phlegma, gelber und schwarzer Galle.

Herophilus von Chalcedon (frühes 3. Jh. v. Chr.) führte Forschungen in Alexandria durch. Er sezierte nicht nur Leichen, er führte auch Vivisektionen an Kriminellen durch. Er erkannte, daß das Gehirn das Zentrum der Intelligenz war (die Ägypter

Das Äsculapium war ein Gesundheitszentrum, das in Pergamon von einem Mann aus der Stadt gestiftet wurde; er wurde in Epidaurus (Griechenland) am Schrein Äskulaps, des Gottes der Heilkunst, geheilt. Das Zentrum enthielt einen Tempel, eine Bibliothek, ein Theater und Schlafunterkünfte.
Unten: Der Gewölbegang zum Behandlungsraum. Manchmal wurde kaltes Wasser auf die Menschen gegossen, wenn sie gerade hindurchgingen, eine Schocktherapie.
Rechts: Blick auf das Äsculapium

hatten es als bloße Füllung des Kopfes abetan). Herophilus unterschied schon zwischen Sinnes- und Bewegungsnerven und zwischen Vene und Arterie. Im Gegensatz zur hippokratischen Schule, die lehrte, daß Arterien Luft enthielten, behauptete er, daß sie Blut transportierten.

Ein anderer medizinischer Gelehrter aus dem Alexandria des 3. Jahrhunderts war **Erasistratos von Chios.** Er hielt Überernährung für die Ursache von Krankheit und verordnete Diät als Heilmittel. Er demonstrierte, daß Tiere an Gewicht verloren, wenn sie arbeiteten.

Im römischen Reich war die hervorragende medizinische Autorität **Galen von Pergamon** (130–201 n. Chr.), der in Smyrna, Alexandria und Korinth studierte. Er gehörte zur Schule der »Dogmatiker«, die sich für die alleinigen Vertreter der Wahrheit hielten. Galen war Arzt der Kaiser von Marc Aurel bis Septimius Severus. Er kam zu Fehlschlüssen, weil er ausschließlich Tiere sezierte.

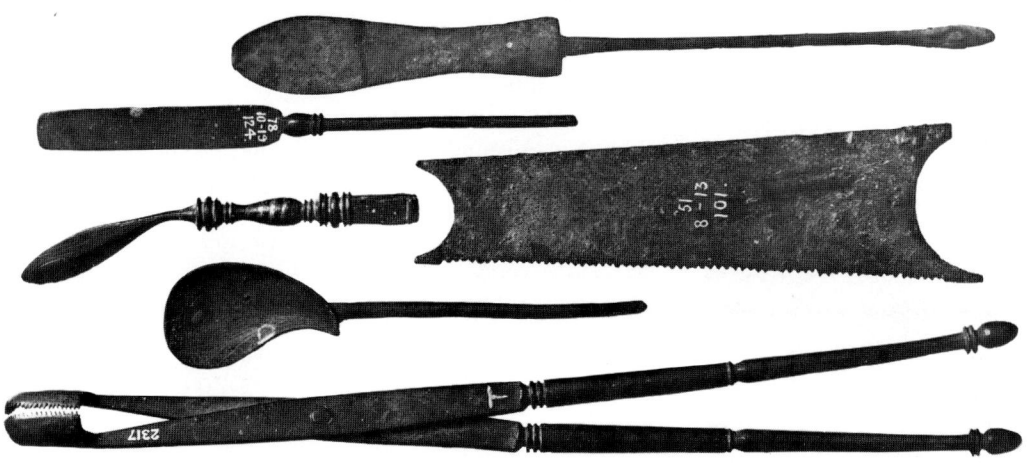

Sammlung chirurgischer Instrumente römischer Ärzte

Soranus von Ephesus (2. Jh. n. Chr.) war leitendes Mitglied der »Methodistenschule« der Medizin. Die »Methodisten« erkannten nur 3 Krankheiten an: übermäßige Trockenheit, Feuchtigkeit und Unausgeglichenheit des Gemüts. Soranus schrieb die Abhandlung »Wie man erkennt, wann ein neugeborenes Kind wert ist, aufgezogen zu werden«. Sein wichtigstes Werk behandelt die Gynäkologie.

Von den Rezepten des **Heiligtums des Äskulap** berichtet der Rhetoriklehrer Aelius Aristides (117–187 n. Chr.). Er hatte verschiedene Leiden wie Asthma und Wassersucht. Bei hohem Fieber sollte er im eiskalten Fluß baden und dann eine Meile rennen. Ein anderes Mal wurde er in Decken gehüllt, in warme Bäder getaucht und zur Ader gelassen. (Der Aderlaß bedeutete in der Antike vielleicht ebenso oft das Ende des Patienten wie das der Krankheit.)

Römische Städte

Die Bauten der Römer

Nächste Seite: Ein Modell Roms, wie es wahrscheinlich im 4. Jh. v.Chr. ausgesehen hat. Auf der linken Seite ist der Circus Maximus zu sehen, in dem 250 000 Zuschauer Platz fanden. Dahinter befinden sich einige kaiserliche Bauwerke, die auf dem Palatinshügel errichtet wurden, um das Kolosseum. Durch die gesamte Stadt winden sich die Bögen des Aquädukts von Kaiser Claudius. Im Vordergrund sieht man das Ostufer des Tiber und einige Warenhäuser, die das Ufer säumten.

Ein römisches Lokal in Pompeji. Speisen und Getränke wurden im Tresen aufbewahrt und den Gästen auf der Straße serviert.

Die Römer erfanden den Zement, indem sie zwei Teile vulkanische Asche, *Pozzolana* (nach der Stadt Puteoli), mit einem Teil Kalk mischten. Mit diesem leichten Mörtel schufen sie prächtige Bögen, Wölbungen und Kuppeln. Agrippas Pantheon in Rom, eine der eindrucksvollsten Kuppeln, die je gebaut wurden, hat einen Durchmesser von 45 m. Der Palast Domitians hatte Tonnengewölbe von 30 m Durchmesser.

Trotz ihrer architektonischen Fertigkeit konnten sich nur wenige Römer ein Einzelhaus leisten. In Rom gab es 26 Häuserblocks auf jedes Privathaus. Die in Pompeji und Herculaneum erhaltenen Luxusvillen sind das krasse Gegenteil der Wohnungen im römischen Hafen Ostia.

Profitgierige Grundbesitzer wie der Politiker Crassus bauten immer höhere Häuserblöcke, bis Kaiser Augustus ihre Höhe auf 21 m oder 6 Stockwerke begrenzte. Die teuersten Wohnungen lagen im Erdgeschoß, sofern dieses nicht durch Geschäfte *(tabernae)* eingenommen wurde. Je höher die Wohnung lag, desto billiger, unsauberer und überfüllter wurde sie. Die Mieten reichten von 30 000 Denar im Jahr für das Erdgeschoß bis zu 2 000 Denar für Wohnungen im Obergeschoß.

Eins der größten Probleme für die Bewohner der obersten Etagen bestand darin, Wasser hinaufzutragen. Wegen des billigen Baumaterials waren viele Wohnungen Feuerfallen. Juvenal schreibt:

»Auf Tivolis Höhen oder in einer Kleinstadt wie Gabii, sag: Wer fürchtet den Einsturz seines Hauses? Doch Rom wird getragen von Pfeifenstielen, Zündhölzern; es ist für den Hausbesitzer billiger, seine Ruinen abzustützen, seine alten, rissigen Mauern zusammenzuflicken und seinen Mietern kundzutun, sie könnten ruhig schlafen, obwohl die Balken über ihnen im Verfall sind.

Nein, der Ort zum Leben ist, wo keiner »Feuer!« ruft, nachts der Alarm klingt, und ein Nachbar nach Wasser schreit, während er sein Hab und Gut fortschafft, und der ganze 3. Stock in Rauch gehüllt ist.«

Für die Feuerbekämpfung wurden 3 000 »Vigiles«, Polizisten und Feuerwehrleute in einem eingesetzt. Das Feuer, das 64 n. Chr. Rom zerstörte, war nur eines von vielen.

Aquädukte

Herausragende Beispiele für die Geschicklichkeit römischer Techniker sind die Aquädukte, die in Rom und anderswo gebaut wurden. Das erste Aquädukt für Rom wurde 312 v. Chr. gebaut. Größere noch wurden von Agrippa unter Augustus sowie unter Kaiser Claudius gebaut. Man schätzt,

daß diese der Stadt Rom täglich 900–1400 Millionen Liter Wasser lieferten. Mit berechtigtem Stolz erklärte Frontinus, der Aufseher der Wasserversorgung: »Kann man die unnützen Pyramiden oder die anderen zwar berühmten, aber zwecklosen Werke der Griechen vergleichen mit den Aquädukten, diesen unentbehrlichen Bauwerken?«

In Cäsarea (Palästina) haben Archäologen die Überreste eines zweigeschossigen Aquädukts freigelegt. Dieses brachte über ein Bögensystem Wasser von 5 Meilen her durch ein Sumpfgebiet. Der dreistöckige Pont du Gard in Nimes führte Wasser über ein Flußtal. Das zweigeschossige Aquädukt in Segovia, Teil eines 96 km langen Systems des Augustus, ist noch heute in Gebrauch.

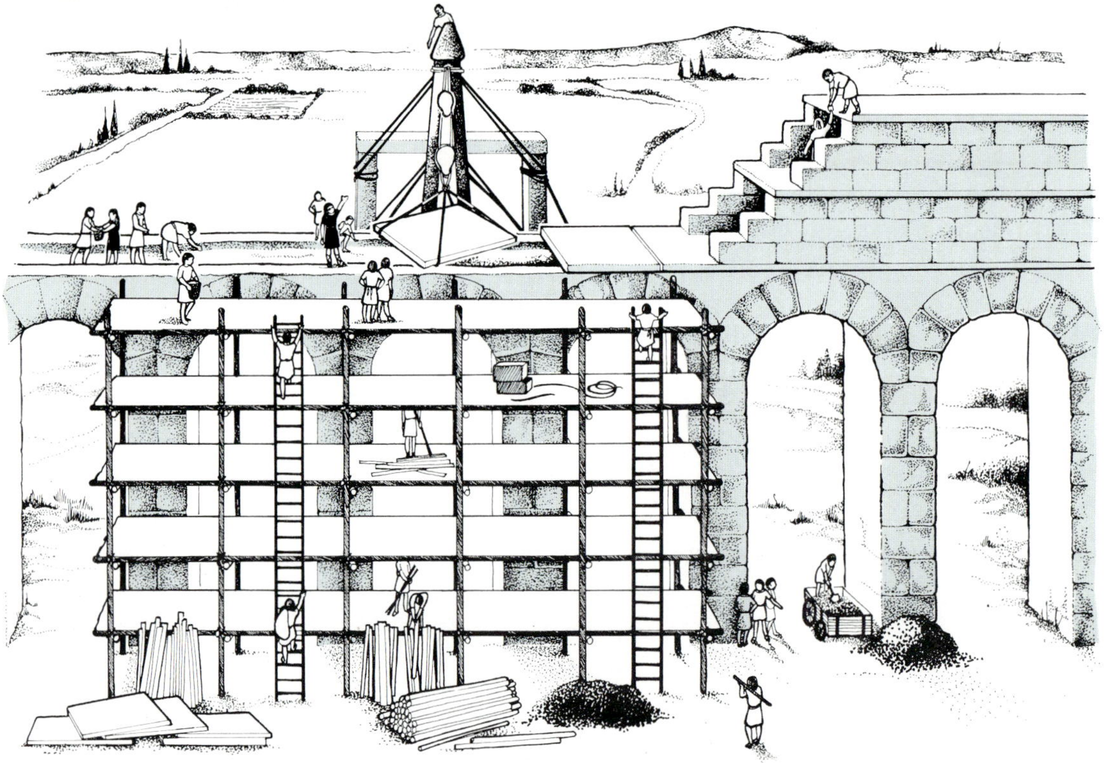

Römische Aquädukte bestanden aus zementierten rechteckigen Rohrleitungen, von Bögen getragen. Das Photo zeigt den Aquädukt Pont du Gard in Frankreich.

Abfallbeseitigung

Als Paulus seine Leistungen mit der Herrlichkeit der Christuserkenntnis verglich, erschienen ihm

diese Leistungen wie »Unrat«. Er benutzt hier ein Wort, das sonst den Abfall bezeichnet, der oft aus dem Fenster geworfen wurde für die Hunde. Weil auch die Bewohner der oberen Stockwerke so ihre Abfallprobleme lösten, warnte Juvenal:

»Achte auf die Gefahren der Nacht.

Wie hoch es ist zum Gesims, das abbricht, und ein dickes Stück schlägt meinen Schädel ein; oder ein Flegel wirft eine zerbrochene oder gesprungene Kanne aus dem Fenster.

Es gibt so viele Tote in der Nacht wie geöffnete Fenster, an denen man vorbeikommt; wenn du klug bist, betest du ganz jämmerlich, daß die Leute sich doch

Die Überreste der Bedürfnisanstalt in Ostia, Italien

damit zufrieden gäben, nur ihre Spülschüsseln zu leeren!«

Bewohner der oberen Stockwerke sollten ihr Nachtgeschirr in die Abwasserkanäle leeren. Aber sie schütteten den Inhalt oft einfach aus dem Fenster, sehr zur Freude unvorsichtiger Passanten! Öffentliche Bedürfnisanstalten wurden vor Wäschereien eingerichtet, da man Urin zum Wäschereinigen gebrauchte. Die Latrinen wurden mit Wasser aus dem Aquädukt in Abwässerkanäle ausgespült, wovon die größte, die *Cloaca Maxima*, im Tiber mündete.

Die römischen Bäder

Die wichtigste Annehmlichkeit, die die Römer, arm und reich, genießen konnten, waren die öffentlichen Bäder. Zuerst kostete der Eintritt eine kleine Gebühr, später war er gratis. In der Zeit des Augustus gab es 170 Bäder in Rom; dann wurden sie so beliebt, daß es vor dem Ende des 1. Jahrhunderts n. Chr. fast 1000 waren, meist kleine Einrichtungen.

Die Kaiser errichteten ausgesprochen verschwenderische Bäder; Neros hatte 1600 marmorne Badeplätze. Die größten waren die Bäder des Caracalla mit 33 Morgen und die Bäder des Diocletian mit 32 Morgen, beide aus dem 3. Jh. n. Chr.

Die Bäder bestanden aus verschiedenen Räumen: dem Ankleideraum *(apodyterium)*, Salbraum *(unctorium)*. Dampfraum *(laconocum)*, dem heißen Bad *(caldarium)*, warmen Bad *(tepidarium)* und kalten Bad *(frigidarium)*. Die kaiserlichen Thermen waren mehr als Bäder; sie waren kleine Städte. Es gab Räume für Ringkämpfe und Leibesübungen, Bibliotheken, Museen, Gärten, Geschäfte, Restaurants, Spielräume und Bordelle. Die Bäder öffneten mittags und schlossen bei Sonnenuntergang. Männer und Frauen badeten zu-

Die Bäder des Caracalla, einst ein Erholungszentrum für die Bevölkerung Roms

sammen; erst nach der Regierungszeit Hadrians kamen Frauen während der frühen Stunden und Männer später. Die Bäder wimmelten von Menschen und waren extrem laut. Der Schriftsteller Seneca, der eine Weile über einem öffentlichen Bad wohnte, beschrieb die Szene so:

»Wenn dein vielbeschäftigter Herr sich z.B. trainiert durch Bleigewichte-Schwingen, wenn er hart arbeitet oder es vortäuscht. kann ich ihn grunzen hören, und wenn er seinen verhaltenen Atem freiläßt, höre ich ihn schnaufen in den höchsten Tönen . . . Dazu kommt die Festnahme eines Krakeelers oder Taschendiebs, Lärm des Mannes, der immer seine eigene Stimme im Bad hören will, oder des Enthusiasten, der mit ungeheuerem Krach und Spritzen ins Schwimmbecken springt.«

Bäder wurden für solch ein unerläßliches Kennzeichen eines zivilisierten Lebens gehalten, daß König Herodes der Große Thermen bauen ließ in Herodium, Machaerus und Masada in Palästina – obwohl dort Wasser sehr knapp war.

Die Römerstraßen

Eine römische Straße wird gebaut. Erst wurde ein Fundament aus Sand oder Kalkmörtel gelegt, eine Schicht aus Bruchsteinen und Kies kam darüber, und als harte Oberfläche wurden Steinblöcke einzementiert. Für das Regenwasser gab es Abflußrinnen. Schrittsteine verlangsamten den Verkehr in den Städten und ermöglichten den Fußgängern, trockenen Fußes die Straße zu überqueren.

Die Straßen Roms waren meistens eng, zwischen 4 und 5 Metern breit. An den Kreuzungen waren oft Schrittsteine ins Pflaster eingelassen, heute noch zu sehen in Pompeji.

Wegen der wachsenden Verkehrsprobleme Roms verbot Cäsar zwischen Sonnenaufgang und 4 Uhr nachmittags alle Fahrzeuge außer Wagen zum Aufbauen oder Abreißen, Triumphwagen, Beer-

angehalten werden, genug, um den schläfrigsten Sohn einer Seekuh zu frustrieren.«

Eine der eindrucksvollsten Leistungen der Römer war das Straßennetz, das sie ausbauten, um ihr ausgedehntes Weltreich zusammenzuhalten. Die wichtigsten Straßen wurden schon im 3. Jh. v. Chr. begonnen, aber sie wurden vor allem in den frühen Jahren des Kaiserreichs ausgebaut.

Das ›Große Bad‹ war ein Teil des ganzen Komplexes von Bädern, die damals von den Römern in Aquae Sulis (der heutigen Stadt Bath in England) erbaut wurden. Noch immer wird es von einem Wasserstrom aus einer heißen Quelle versorgt, die einst der Göttin Minerva geweiht war. In römischen Zeiten war das Bad zunächst mit einem hölzernen Dach bedeckt, später jedoch von einem gewaltigen säulengestützten Steingewölbe; diese Säulen umgeben das Bad noch heute.

digungszügen und den Kutschen der Vestalinnen und Priester. So rumpelten die meisten Güterwagen abends oder nachts durch die Stadt, so daß die Stadtbewohner ständig geweckt wurden. Juvenal klagte:

»Wer außer den Reichen kann sich Schlaf und eine Gartenwohnung leisten?

Das ist die Quelle der Seuche. Die Räder quietschen auf den engen Straßen des Bezirks, die Fahrer zanken und lärmen, wenn sie

Alles in allem bauten die Römer 250 000 Meilen gepflasterte Straße, viele davon ganz neu und pfeilgerade.

Beim Bau der Straße wurde zunächst ein Graben von etwa 1 Meter Tiefe ausgehoben. Es folgten Schichten aus Sand, Steinen, Kies und Zement, und den Abschluß bildeten dann die Kopfsteine, mit Mörtel verfugt. In Städten bestand das Pflaster aus flachen Platten; anderswo waren es unregelmäßige Steine.

Ein Stück der Via Egnatia, einer römischen Straße, die durch den Norden Griechenlands verläuft und die adriatische Küste mit dem Bosporus verbindet. Das Bild wurde bei Philippi aufgenommen.

Die Römer bauten großartige Flußbrücken, wovon einige noch stehen, z.B. der Ponto Grosso auf der Via Flaminia von Rom nach Rimini. Die guterhaltene Brücke über den Tagus in Lusitania (Portugal) ist 188 m lang, und ihre Bögen messen 27 m im Durchmesser. Sie wurde von 11 führenden Bürgern bezahlt.

Die Straßen wurden vom goldenen Meilenstein im Forum Roms aus gemessen. Die römische Meile maß 1000 (= *mille*) Schritt, etwa 1480 Meter. 1,8 bis 2,4 m hohe Steinpfähle wurden zur Markierung jeder Meile errichtet. Zuerst bezeichneten sie nur die Distanz; in der Kaiserzeit wiesen sie auch den Namen des Kaisers auf. Ein Meilenstein in Jugoslawien berichtet, daß Trajan »diese

Straße baute, indem er Berge durchschnitt und Kurven entfernte«. In Ägypten informiert ein Meilenstein, daß Hadrian die Straße versah »mit ergiebigen Zisternen, Raststationen und Garnisonen in Abständen der Straße lang«.

Fünf Hauptstraßen gingen von Rom aus, darunter die berühmte *Via Appia* des Appius Claudius von 321 v. Chr. von Rom nach Capua. In Capua bei Neapel teilte sich die Straße: Ein Zweig führte nach Messina im Zeh Italiens, der andere nach Brundisium in der Ferse Italiens. Die *Via Appia* war ungewöhnlich breit, zwischen 4 und 6 Metern, so daß zwei Wagen aneinander vorbei fahren konnten.

Die *Via Egnatia* verlief von Dyrrhachium an der Westküste Mazedoniens nach Thessalonich, Amphipolis, Philippi und nach Konstantinopel, eine Distanz von über 800 Kilometern. Diese Strecke nahmen auch Paulus, Silas und Timotheus auf ihren Missionsreisen.

Einige der Straßen in Palästina sind schon in der Zeit des Kaisers Augustus gebaut, doch die meisten der 50 000 gepflasterten Straßen in Palästina und Syrien wurden unter Trajan und Hadrian gebaut. Die berühmte »Straße, die man die Gerade nennt« *(Via Recta)* in Damaskus, wo Paulus war (Apostelgesch. 9,11), wird heute die Bab Sharqi Straße genannt. Man sieht noch einen römischen Bogen, den die Syrer 4 m unter der heutigen Straßenoberfläche fanden, und einen dreifachen Bogen am Ostende der Straße.

Das römische Straßennetz wurde hauptsächlich für die schnelle Fortbewegung der Truppen und für die kaiserliche Postzustellung geschaffen. Nach dem Vorbild des persischen »Ponyexpresses« gab es alle 16 km eine Pferdewechselstation und alle 40 km ein Rasthaus. Kuriere schafften durchschnittlich 192 km am Tag.

Es gab auch Herbergen für die Allgemeinheit. Römische Christen trafen Paulus nach seiner Ankunft in Italien an einem Ort genannt »Drei Tavernen«, 69 km von Rom (Apostelgesch. 28,15). Oft hatten diese Einrichtungen einen schlechten Ruf wegen unredlicher Gastwirte, auflauernder Straßenräuber oder von Ungeziefer verseuchter Zimmer. Die Wohlhabenden, die mit großem Gefolge reisten, zogen es vor, ihre eigenen Zelte aufzuschlagen, wo das Klima es erlaubte. Ein Netz von Freunden, die eine Unterkunft anbieten konnten, machte das Reisen viel angenehmer.

Das durchschnittliche Reisetempo für Fußgänger betrug 4,8 km pro Stunde. Soldaten mußten 6,4 km in der Stunde marschieren und bei beschleunigtem Tempo 8 km pro Stunde. Die durchschnittliche Tagesstrecke zu Fuß lag bei 24–32 km; 32 km für Eselkarawanen und 40–80 km für Wagen. Julius Cäsar schaffte einmal die 1240 km von der Rhone nach Rom in 8 Tagen. Tiberius hielt den Rekord mit 25 Stunden für 320 km.

Das ausgezeichnete römische Straßennetz kam christlichen Missionaren wie Paulus bei der Verbreitung der christlichen frohen Botschaft zustatten. Irenäus aus Frankreich schrieb 180 n. Chr.: »Die Römer haben der Welt den Frieden gegeben, und wir können ohne Furcht die Straßen entlang und über das Meer reisen, wohin immer wir wollen.«

Die Christen praktizierten Gastfreundschaft und bildeten eine weltweite Gemeinschaft, die Reisenden half. Die *Didache,* eine frühchristliche Schrift, warnte vor dem Mißbrauch christlicher Gastfreundschaft: »Empfange jeden Apostel, wenn er zu dir kommt, wie den Herrn; aber er soll nicht länger als einen Tag bleiben oder, wenn nötig, zwei. Bleibt er aber 3 Tage, ist er ein falscher Prophet.«

Römische Straßen

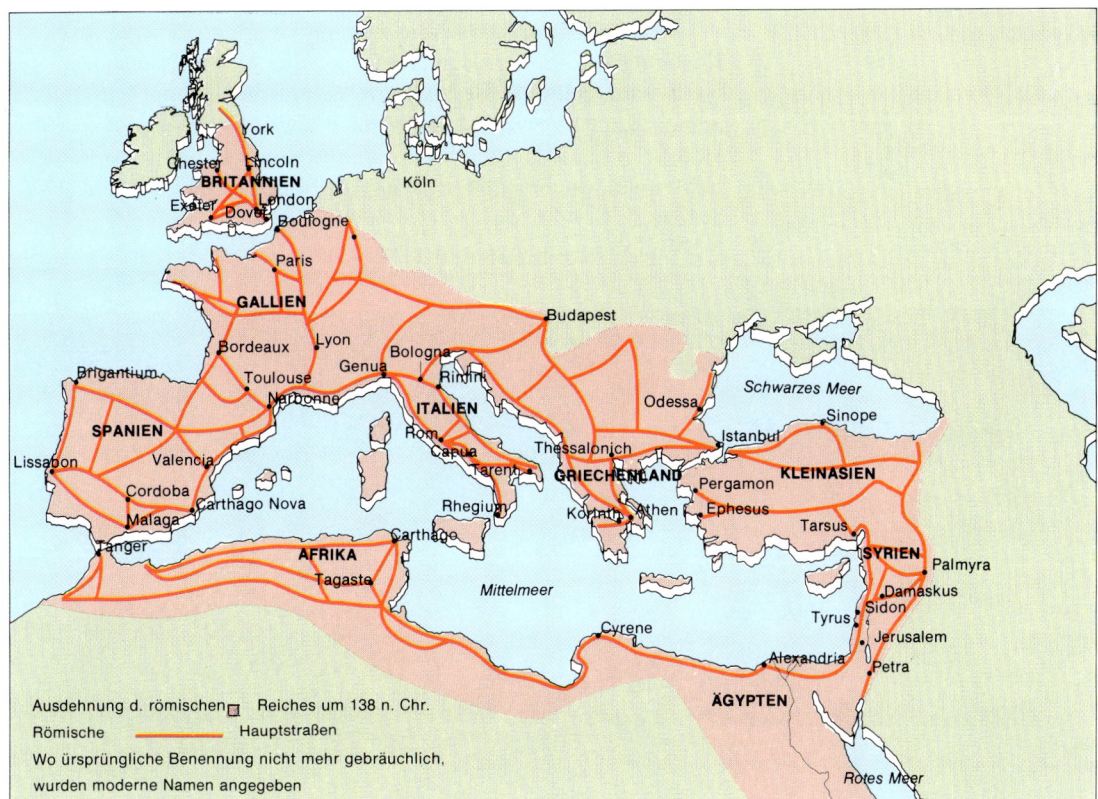

Ausdehnung d. römischen Reiches um 138 n. Chr.
Römische Hauptstraßen
Wo ürsprüngliche Benennung nicht mehr gebräuchlich, wurden moderne Namen angegeben

Sport und Zeitvertreib

Römisches Schauspiel

Das römische Drama entwickelte sich relativ spät während der Republik und in bewußter Anlehnung an das griechische. Römische Tragödien waren nie populär, und die des Seneca waren eher für den Vortrag als für die Aufführung gedacht. Plautus (254–194 v. Chr.) und Terenz (195–159 v. Chr.) waren die erfolgreichsten Komödiendichter. Sie arbeiteten frei nach Menander, dem griechischen Dichter der Neuen Komödie, denn die Römer lachten gern über die Schwächen der Griechen.

Holztheater wurden schon 179 v. Chr. gebaut. Das erste Steintheater mit 28 000 Sitzplätzen wurde für Pompejus 55 v. Chr. gebaut, das Theater des Balbus, 13 v. Chr. in Rom, hatte 8000 Plätze. Das Theater des Marcellus, 11 n. Chr. mit 15 000 Plätzen, wurde in Wohnungen umgebaut und steht noch heute. Ein Historiker erklärt, daß »das Theater tatsächlich zu groß für das Schauspiel war«. Die Handlung wurde für die riesigen ungebildeten Zuschauermengen stark vereinfacht.

Schauspieler und Schauspielerinnen konnten leicht an ihren Kostümen erkannt werden: weiße für alte Männer, purpurne für Reiche, gelbe für Prostituierte. Schauspielerinnen hatten einen so schlechten Ruf, daß sie mit Prostituierten auf einer Stufe standen. Ballett und Pantomime waren beliebt. Die Römeris liebten »Stücke aus dem Leben«, worin Schauspielerinnen sich auszogen, Geschlechtsverkehr vorgeführt und Kriminelle gefoltert und manchmal gekreuzigt wurden.

Das Theater von Ephesus hatte Sitzplätze für 25 000 Zuschauer.

Wagenrennen   Wagenrennen waren der spannendste Sport in Rom und wurden im Circus Maximus unterhalb des Palatin veranstaltet. Das große Hippodrom, das noch heute steht, ist 200 m breit und 600 m lang. Zur Zeit der Flavier fanden 255 000 Zuschauer Platz.

Die Wagen, gewöhnlich von vier Pferden gezogen, umkreisten siebenmal die Insel in der Mitte – eine Strecke von mehr als 3 km. Das Geschick der Wagenlenker lag darin, die Linkskurven so eng wie möglich zu nehmen. Die Spannung lag, wie bei modernen Autorennen, im Element der Gefahr. Die Menge erwartete sensationelle Zusammenstöße oder daß ein Fahrer zu Tode geschleift wurde.

Die Rennen gehörten zu den beliebtesten Gesprächsthemen. Der Historiker Tacitus rief aus: »Es gibt nur wenige Leute, die zu Hause von anderen Dingen reden; und wenn wir auch einen Klassenraum betreten, worüber anders geht die Unterhaltung der Jugend?« Lehrer beklagten sich, daß ihre Schüler sich im

Wagenrennen waren ein beliebter, aber gefährlicher Sport.

Unterricht an Tagen, wenn Rennen stattfanden, nicht konzentrieren konnten, weil das Geschrei der Menge in der ganzen Stadt zu hören war. Kleine Jungen spielten mit von Ziegen und Hunden gezogenen Spielzeugwagen.

Die Wagen und ihre Fahrer wurden von 4 Gruppen finanziell gefördert, den Weißen, Grünen, Blauen und Roten. Die aus den unteren Gesellschaftsschichten stammenden Fahrer wurden reich und berühmt, wenn sie gewannen. Der Schreiber Juvenal erklärte: »Hundert Juristen verdienen kaum so viel wie der rote Rennfahrer ›Die Eidechse‹.« Diocles, ein Fahrer für die Roten um 150 n. Chr., gewann über 2 000 Rennen und kassierte über 35 Millionen Sesterzen.

Am Rande der Rennen wurde fanatisch gewettet. Als Poppäa die Sucht ihres Mannes Nero nach Rennen kritisierte, trat er seiner schwangeren Frau in den Bauch und verursachte ihren Tod. Wie die Fans bei Fußballspielen gingen die Anhänger rivalisierender Mannschaften oft gewaltsam aufeinander los. Der schlimmste Zwischenfall ereignete sich 532 n. Chr. in der Rennbahn von Konstantinopel: der berüchtigte Tumult von Nika. Die Anhänger der Grünen und Blauen kämpften gegeneinander; über 30000 Menschen wurden getötet. 549 n.Chr. wurden Wagenrennen dann verboten.

Die Gladiatorenkämpfe

Zu den schlimmsten Erscheinungen der römischen Kultur gehörten die Gladiatorenkämpfe, die im Laufe der Jahrhunderte immer beliebter wurden.

Die Spiele gehen auf die frühen Einwohner Roms, die Etrusker, zurück, die ihre Kriegsgefangenen den Geistern ihrer eigenen gefallenen Krieger opferten. Während der römischen Republik war es üblich, daß die »Bürgermeister« diese Spiele aus der eigenen Kasse förderten, um sich beim Volk beliebt zu machen. Julius Cäsar erzielte große Wirkung, als er 65 v.Chr. Kämpfe zwischen 320 Gladiatorenpaaren abhalten ließ.

Augustus finanzierte 27 Aufführungen, in denen insgesamt 10000 Kämpfer auftraten, und 26 Wettkämpfe mit afrikanischen Tieren, wobei 3500 Tiere getötet wurden. Als Kaiser Titus das flavische Amphitheater 80 n.Chr. einweihte, hielt er 100 Tage lang Spiele ab, in denen er 2500 Gefangene aus Judäa einsetzte. Trajan feierte seinen Sieg über Dakien mit 4 Monate dauernden Spielen und 5000 Paaren von Gladiatoren.

Es gab relativ wenig Protest gegen die Brutalität der Spiele.

Querschnitt durch das Kolosseum, ursprünglich als das Flavische Amphitheater bekannt. Es faßte über 50000 Zuschauer, die durch ein Schutzdach vor der Sonne geschützt wurden. Die Hauptarena maß 80 m mal 50 m. Das Amphitheater war mit unterirdischen Gehegen für Tiere ausgestattet und mechanischen Aufzügen, um sie ins Erdgeschoß zu transportieren. Für Seeschlachten konnte es geflutet werden.

Zur Zeit Cäsars gab es 132 Feiertage im Jahr. Unter der Regierung des Claudius stieg die Zahl auf 159 an, und 93 davon waren den Gladiatorenspielen gewidmet. Im 3. Jh. n. Chr. gab es 200 Feiertage, 175 davon für die Spiele, insgesamt mehr Feiertage als Arbeitstage im Jahr.

Zu den Spielen gehörten die Jagd auf wilde Tiere bzw. der Kampf gegen sie. Bei der Beschaffung der Tiere für diese Schauspiele wurden ganze Arten wie die Flußpferde aus Nubien, Elefanten aus Nordafrika und Löwen aus Mesopotamien ausgerottet. Die Römer wollten möglichst bizarre Schauspiele. Deshalb führte Cäsar die Giraffe ein, Tiger kamen aus dem Partherreich, Nashörner und Krokodile wurden ebenfalls eingeführt. Der Redner Cicero war entsetzt: »Welches Vergnügen kann ein kultivierter Mensch dabei empfinden, wenn er ein riesiges Tier einen Mann in Stücke reißen sieht oder ein außergewöhnliches Tier von einem Speer durchbohrt?«

Gladiatorenchampions, dargestellt auf einem römischen Mosaik des 4. Jahrhunderts n. Chr.

Die Menschen, die zum Kämpfen gezwungen wurden, waren gewöhnlich Kriminielle oder Kriegsgefangene. Es gab aber auch berufsmäßige Gladiatoren, die in Schulen in Rom, Capua und Pompeji trainiert wurden. Juvenal erklärte seinen Abscheu vor der »Frauenbefreiungsbewegung« seiner Zeit, die so weit ging, weibliche Gladiatoren zu fordern.

Die »Samniten« genannten Gladiatoren kämpften in schwerer Bewaffnung, der »Retarius« mit Netz, Dolch und Dreizack. Die Kämpfer riefen vor der Kaisertribüne: »Heil, Kaiser, die Todgeweihten grüßen dich.« Fiel ein Mann, konnte die Menge um sein Leben oder seinen Tod bitten. Wollten sie ihn schonen, hoben sie den Daumen hoch, sollte er sterben, zeigten sie mit dem Daumen zu Boden, und das Opfer wurde getötet. Die Leiche wurde entfernt, der Sand wurde übergeharkt, und neue Kämpfer konnten antreten.

Gladiatoren kämpften buchstäblich um ihr Leben. Das Bild zeigt einen Retarius mit Netz und Dreizack gegen einen Samniten, der mit Schwert und Schild bewaffnet ist.

Cicero bemerkte nur: »Diese Art von Schauspiel erscheint manchen Augen leicht brutal und grausam, und ich neige auch dazu, das zu denken, so wie es jetzt geführt wird.« Seneca wandte sich gegen das sinnlose Töten, das sogar während der Pausen weiterging: »Der Ausgang jedes Kampfes ist der Tod; es gibt keine Gnade. Und das geht weiter, selbst wenn die Tribünen leer sind. ›Aber der Bursche war ein Straßenräuber; er hat jemanden umgebracht!‹ Na und? Weil der einen Menschen getötet hat, verdient er dieses Los, aber was hast du getan, armer Mann, daß du verdient hast, dir dies ansehen zu müssen?« Nur wenige Kaiser wie Tiberus und Marc Aurel mißbilligten die Spiele. Marc Aurels unwürdiger Sohn Commodus nahm gern selbst an diesen Spielen teil.

Jüdische Rabbiner wandten sich gegen die Spiele wegen der damit verbundenen Abgötterei. Rabbi Meir sagte: »Es ist wegen Götzendienst verboten, zu den Amphitheatern der Heiden zu gehen.« Eine jüdische Schrift über Götzenverehrung erklärt: »Es ist erlaubt, ins heidnische Amphitheater zu gehen, wenn man im Geschäftsleben steht. Wenn man ein führendes Mitglied der jüdischen Gemeinde ist, ist es verboten. Eine Person, die im Stadion sitzt, ist schuldig des Blutvergießens. Rabbi Nathan erlaubt es, weil man als Zuschauer um Gnade rufen und so Leben retten kann; und er könnte bezeugen (daß einer Frau

Für die Spiele wurden wilde Tiere ge-
jagt und nach Rom gebracht. Dieses
Mosaik aus dem 3. oder 4. Jh. n. Chr.
aus Sizilien zeigt, wie eine Tigerin gefangen wird.

Ehemann getötet worden ist,) und so einer Frau die Wiederhei-
rat ermöglichen.«

Seit der Zeit des großen Brands von Rom zur Zeit Neros (64
n.Chr.) stellten Christen viele der Opfer für die Spiele. Tacitus
beschrieb die Grausamkeit Neros: »Zu ihrem Tod kam noch
Spott jeder Art. Sie wurden in Tierhäute gehüllt und von Hunden zerrissen, gekreuzigt oder zum Flammentod verurteilt, um
als nächtliche Beleuchtung zu dienen, wenn kein Tageslicht
mehr war.« Später wurden Christen zum Sündenbock für Unheil wie Pest oder Hungersnot. Nach dem christlichen Schreiber Tertullian erschallte stets der Ruf: »Die Christen vor die
Löwen!«

Durch Honorius wurden 404 n.Chr. Gladiatorenspiele verboten; aber Spiele, bei denen Tiere getötet wurden, gab es noch
bis 681 n.Chr.

Die Religion der Römer

Die römischen Götter

Die römische Religion ging von der Verehrung einer geheimnisvollen, unpersönlichen Macht *(numen)* aus, die die ganze Natur erfüllte. Die Römer legten starkes Gewicht auf ordnungsgemäße Riten. Das Wort »Religion« kommt von dem lateinischen Wort für »binden«; Religion war ein Vertrag, etwa so zusammengefaßt: »Ich gebe, damit du gibst.«

Die Römer waren bemüht, den »Frieden der Götter« zu wahren durch Sündopfer und Gastmähler, in denen Bilder der Götter aufgestellt wurden. Jeder Römer opferte zu den Mahlzeiten den Geistern des Hofes und der Speisekammer. In der Zeit der Republik übernahmen die Römer viele griechische Mythen und identifizierten griechische Götter mit ihren eigenen Gottheiten.

Jupiter (griech. Zeus) war der »Beste und Größte«. Sein Tempel auf dem Kapitol Roms, nach etruskischem Vorbild, war der bedeutendste. Man glaubte, daß er seinen Willen durch Blitz und Donner bekannt mache. Zum Jupitertempel machten siegreiche Generäle und Kaiser ihren Triumphzug, eine feierliche Prozession, in der Gefangene und Beute zur Schau gestellt wurden.

Juno (griech. Hera) herrschte über Frauen und Ehe. Ihr Monat, die 2. Junihälfte, war günstig für Hochzeiten. Ihr Tempel auf dem Kapitol, der »Mahner« *(moneta),* war Münzstätte.

Mars (griech. Ares), der Kriegsgott, war nach Jupiter der wichtigste. Seine Priester tanzten in voller Rüstung auf dem Campus Martius in dem nach ihm benannten Monat, März.

Vesta (griech. Hestia), die Göttin des staatlichen Herdes, wurde von 6 vestalischen Jungfrauen bedient, die sich für 30 Jahre verpflichten mußten. Jede Vestalin, der Unkeuschheit nachgewiesen wurde, wurde lebendig begraben. Die Jungfrauen mußten ein ewiges Feuer auf ihrem Altar hüten; es

Das beliebteste römische Fest waren die Saturnalien, Mitte Dezember zu Ehren des Saturn abgehalten, dem Gott des Ackerbaus. Alle, auch Sklaven, nahmen teil. Diese moderne Skulptur hat die enthemmte Stimmung des Festes eingefangen.

Ganz oben: Merkur, der Beschützer der Herden, Diebe und Kaufleute

Oben: Mars, Gott des Krieges

Unten: Jupiter, der oberste Gott der Römer

wurde erst 382 n.Chr. gelöscht.

Neptun (griech. Poseidon) war der Gott des Meeres und der Flüsse. Seine Priester waren die *pontifices,* wörtlich »Brücken-bauer«. Ihr Oberster war der *pontifex maximus,* ein gewählter Beamter, der den religiösen Kalender und die Opfer überwachte. Dieser Titel überlebte und wird heute für den Papst der römisch-katholischen Kirche gebraucht.

Merkur (griech. Hermes) war der Gott der Kaufleute und Diebe – eine interessante Kombination. Sein Tempel stand auf dem Hügel Aventin in Rom.

Venus (griech. Aphrodite) war die Göttin der Liebe und Schönheit. Ein wichtiger Kult wurde 217 v.Chr. während des 2. Punischen Krieges eingeführt aus der phönizischen Kolonie Eryx im Westen Siziliens, wo Sakralprostitution geübt wurde. In Korinth gab es für diesen Kult tausend Sakralprostituierte, aber die Römer förderten diesen Brauch nicht.

Viele unserer Monatsnamen stammen aus der römischen Religion. Der Januar wurde nach dem doppelgesichtigen Gott Janus genannt; sein Tor wurde in Kriegszeiten offengehalten und in Zeiten des Friedens geschlossen. Gewöhnlich war es offen! Der Februar wurde nach den *februa* benannt, den Riten der Fruchtbarkeitsfeiern des Lupercus. Riemen aus den Häuten geweihter Ziegen und Hunde sollten unfruchtbare Frauen heilen. Der April ist der Monat, in dem die Erde sich wieder öffnet (*aperire* auf Latein). Mai kommt von *maius,* »größer«, einem Beinamen Jupiters. Der Juli wurde nach Julius Cäsar benannt und der August nach Augustus. September, Oktober, November und Dezember waren der 7., 8., 9. und 10. Monat (so die Bedeutung der lat. Namen), weil das römische Jahr ursprünglich im März begann.

Wahrsagerei

Die Voraussage zukünftiger und die Deutung vergangener Ereignisse (Wahrsagung) spielte eine große Rolle im religiösen, politischen und militärischen Leben der Römer.

Außergewöhnliche Ereignisse wurden als Zeichen betrachtet, daß der Frieden der Götter gebrochen worden sei. Dazu gehörten Mißgeburten, z.B. Fohlen mit 5 Beinen, heiße Steine, die vom Himmel fielen, oder Schilde, die Blut schwitzten.

Die Römer bemühten sich vor allem, den Willen der Götter aus dem Verhalten der Vögel zu erkennen (*auspices*). Im Tempelbereich wurden Flug, Anzahl und Laute der Vögel beobachtet. Auf ihren Feldzügen achteten sie auf die Fütterung der Hühner. Als einige der geweihten Hühner nicht fressen wollten, warf ein ungeduldiger Flottenkommandeur sie ins Meer mit den Worten: »Laß sie trinken, wenn sie nicht fressen wollen!« – eine Lästerung, die ihm den Sieg der Schlacht gekostet haben soll.

Kein Feldzug und kein Staatsakt wurde angeordnet, ohne

vorher den Willen der Götter zu erfragen. Die Zeichen oder die Sterne zu mißachten bedeutete Unglück. Julius Cäsar wurde durch Träume und andere Vorzeichen vor seiner Ermordung gewarnt, aber er mißachtete sie.

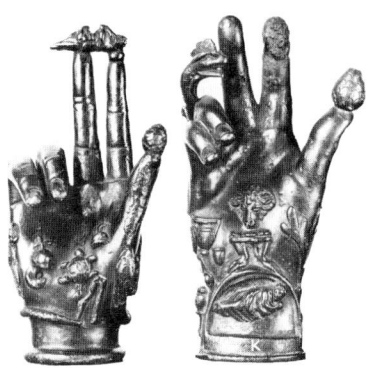

Modellhände mit magischen Zeichen, um Böses abzuwehren

Die Römer lernten von ihren etruskischen Vorfahren die Deutung von Blitz und Donner, ebenso die Weissagung durch die Eingeweideschau geweihter Tiere. Wahrsager wurden auch den verschiedenen Militäreinheiten zugeteilt.

Die Ausübung der Wahrsagerei dauerte noch bis zum Ende des Kaiserreichs an. Als Christen das Kreuzzeichen machten, um die Opfer heidnischer Wahrsager zu bekämpfen, erzürnte das den Kaiser Diocletian und seinen Cäsar Galienus 298 n.Chr.; es endete mit einer grausamen Christenverfolgung. Sogar Kaiser Konstantin, der zwischen 318 und 320 n.Chr. Gesetze verabschiedete, die schwarze Magie verboten und Wahrsager am Betreten von Privathäusern hinderten, ließ Wahrsagerei zu, um herauszufinden, warum ein Blitz in ein öffentliches Gebäude einschlug.

Der Kaiserkult

Die Pharaonen im alten Ägypten wurden lange für göttlich gehalten. Alexander der Große verlangte, daß man sich vor ihm niederwarf, und sein Nachfolger in Ägypten, Ptolemäus, führte den Kult des göttlichen Königs fort. In griechischen Städten wurden schon im 2. Jh. v.Chr. den römischen Feldherren göttliche Ehren erwiesen. Julius Cäsar wurde 42 v.Chr., 2 Jahre nach seiner Ermordung, vom Senat für göttlich erklärt, und dieser Akt war die Grundlage für den Kaiserkult.

Kaiser Augustus ließ sich zwar vom Osten als Gott verehren, sträubte sich aber im Westen gegen diese Huldigung. Bei jedem öffentlichen und privaten Gastmahl wurde ein Trankopfer ausgegossen für seinen Schutzgeist. König Herodes der Große baute dem Augustus Tempel in Cäsarea und Sebaste. Die Dichter Vergil und Horaz priesen Augustus mit überschwenglichen Huldigungen. Aber als Agrippa 25 v.Chr. das Pantheon in Rom baute, weigerte Augustus sich, den Tempel sich selbst weihen zu lassen. Erst nach seinem Tod wurde er vom Senat in den Stand eines Gottes erhoben.

Kaiser Tiberius untersagte die Vergötterung seiner Mutter Livia. Als einem schlechten Kaiser wurde ihm selbst diese Ehre vom Senat versagt. Gaius Caligula, der geisteskranke Kaiser, verlangte nicht nur für sich selbst göttliche Ehren, sondern er vergötterte auch seine Schwester Drusilla nach ihrem Tod. Der Senat rächte sich nach seinem Tod, indem er sein Andenken schwärzte.

Claudius verweigerte die göttlichen Ehrungen, akzeptierte aber, daß ihm als Zeichen der Loyalität in der gerade eroberten Provinz Britannien ein Tempel geweiht wurde. Der eitle Kaiser Nero errichtete eine Kolossalstatue seiner selbst mit dem Gesicht des Sonnengottes Apollon Helios. Er lehnte es aber ab, einen Tempel des Gottes Nero in Rom zu errichten, und erklärte, daß »der Prinzeps nicht eher die Ehren eines Gottes erhält, bis er nicht mehr unter Menschen ist«. Nach seinem Tod verweigerte der Senat ihm diese Ehre.

Vespasian, ein guter Kaiser, scherzte, als er starb: »Du liebe Zeit! Ich muß ein Gott werden!« Sein Sohn Titus, dessen Herrschaft aufgrund einer Krankheit nur sehr kurz war, wurde nach seinem Tod von seinem Bruder Domitian mit einem Kult bedacht. Domitian selbst, der als »Herr und Gott« angeredet werden wollte, verfolgte Juden und Christen, die ihm die göttliche Verehrung verweigerten. Allgemein gefürchtet und unbeliebt, wurde Domitian nach seinem Tod von jedem verurteilt.

Kaiser wurden als besonders von den Göttern begünstigt betrachtet, schon bevor einige sich für göttlich erklärten. Diese Kamee zeigt Kaiser Augustus, wie er, neben der Göttin Roma sitzend, von Kybele gekrönt wird, die von Neptun und Fortuna begleitet wird. Es wurde hergestellt, um an den Sieg Tiberius (der vorn auf dem Wagen steht) über die Pannonier zu erinnern.

1. Timotheus 2,1–3

Römer 13,1

Die Christen waren gewillt, für ihren Kaiser zu beten und der römischen Autorität zu gehorchen. In einem Brief an Timotheus ermahnte Paulus: »Tue Bitte, Gebet, Fürbitte und Danksagung für alle Menschen, für die Könige und für alle Obrigkeit.« Ebenso schrieb er den Christen in Rom: »Jedermann sei untertan der Obrigkeit, die Gewalt über ihn hat. Denn es ist keine Obrigkeit ohne von Gott.« Aber die Christen waren nicht bereit, im Rahmen des Kaiserkultes zu opfern. Auch die Juden teilten diese Haltung, wurden aber als nationale »anerkannte Religion« toleriert. Die Christen, die sich aus vielen Nationalitäten zusammensetzten, wurden als eine unsittliche Geheimgesellschaft verdächtigt. Wenn sie das Opfer verweigerten, wurden sie sofort wegen Landesverrats verfolgt.

Der Kaiserkult hatte eine eher politische als religiöse Bedeutung. Es gibt keine Hinweise darauf, daß zu den göttlichen

Kaisern gebetet worden wäre. In allen römischen Provinzen wurde der offizielle Kaiserkult von Beamten organisiert, um die Treue zu Rom zu fördern. Die römische Religion war vor allem ein Staatskult. Ein Historiker betonte, daß »die Verehrung römischer Götter eine bürgerliche Pflicht ist, die Anbetung fremder Götter aber ein Ausdruck persönlichen Glaubens«. Später wandten sich die Römer zunehmend den »orientalischen Mysterienreligionen« des Nahen Ostens zu.

Juden und Christen   Dem römischen Historiker Sueton zufolge wies Kaiser Claudius (41–54 n.Chr.) Juden aus Rom aus, die anscheinend Unruhe stifteten »auf Antreiben des Christus«. Christus wird ein anderer Name für Jesus Christus sein, und die Unruhe kann durch jüdisch-christliche Lehrer wie Aquila und Priscilla aufgekommen sein. Sie wurden gezwungen, Rom 49 n.Chr. zu verlassen, und trafen Paulus 2 Jahre später in Korinth. Wie der Schreiber Dio Cassius berichtet, verbot Claudius den Juden nur ihre Versammlungen; es war keine völlige Vertreibung. Es gibt auch keinen Hinweis auf jüdisch-christliche Zusammenstöße in Paulus' Brief an die Römer.

Aus diesem Brief läßt sich aber schließen, daß es in der Stadt vor 60 n.Chr. einen ziemlich großen Kreis von Christen gab – er nennt 5 Hausgemeinden. Laut Überlieferung erlitten Paulus und Petrus in der Stadt das Martyrium, obwohl es dafür keine zwingenden Beweise gibt.

Neros Frau Poppäa war vielleicht zum Judentum bekehrt, stand jedenfalls den Juden wohlwollend gegenüber. Als der Historiker Josephus 64 n.Chr. nach Rom kam, wurde er der Poppäa von einem jüdischen Schauspieler vorgestellt, einem Günstling Neros. In Neros Regierungszeit fiel auch der jüdische Aufstand, der 66 in Palästina ausbrach. Für die Arbeit an einem Kanal, der durch den Isthmus von Korinth führen sollte, setzte Nero jüdische Gefangene als Arbeiter ein, die ihm von General Vespasian geschickt wurden.

Am Ende des jüdischen Kriegs kamen Tausende von jüdischen Gefangenen nach Rom, die im Triumphzug des Titus mitziehen und bei den Gladiatorenspielen mitmachen mußten. Titus wurde begleitet von seiner Mätresse, der herodianischen Prinzessin Berenice. Unter den flavischen Kaisern erhielt Josephus das römische Bürgerrecht, eine Pension und den römischen Namen Flavius.

Kaiser Domitian verfolgte Juden und Christen. Unter denen, die er zum Tode verurteilte, war sein eigener Vetter Flavius Clemens, dem »Atheismus« und »jüdische Bräuche« zur Last gelegt wurden. Clemens' Frau Domitilla, die verbannt wurde, soll nach dem Kirchenhistoriker Eusebius eine Christin gewesen sein. Spätere Überlieferungen behaupten, daß auch Clemens Christ war.

Archäologen fanden hauptsächlich in Katakomben die Spu-

Die Christen Roms wurden vom 1. bis zum 4. Jh. n. Chr. häufig verfolgt. Ihre Kunst spiegelt ihren Glauben wieder. Dieses Gemälde, das Jesus als guten Hirten zeigt, stammt aus einer römischen Katakombe des 2. Jahrhunderts.

ren der Juden Roms. Die Juden, die in Palästina gewöhnlich Grabkammern aus dem Kalkstein herausmeißelten, übertrugen diesen Brauch auf Roms weiches vulkanisches Tuffgestein. Drei große jüdische Katakomben sind erhalten: Die älteste in Monteverde wird schon im 1. Jh. v.Chr. benutzt worden sein; die Katakomben der Via Appia und der Via Nomentana waren vom 1. bis 3. Jh. n. Chr. in Gebrauch.

Es ist bezeichnend, daß 76 % der Katakombeninschriften in griechischer Sprache sind, 23 % in Lateinisch und nur 1 % in Hebräisch oder Aramäisch. Aus dem Inhalt geht hervor, daß viele der römischen Juden arm, nur wenige wohlhabend waren. Die Inschriften zeigen auch, daß 7 der 11 Synagogen Roms außerhalb der Innenstadt lagen, jenseits des Tiber in einem ziemlich verwahrlosten und übervölkerten Viertel.

1961 wurde in Ostia, dem Hafen an der Mündung des Tiber, eine Synagoge entdeckt. Ein Teil des Gebäudes stammt vom Ende des 1. Jahrhunderts n.Chr. Wandkritzeleien in Pompeji beweisen, daß vor der Zerstörung 79 n.Chr. dort Juden lebten. Einer der Juden oder vielleicht ein Christ beschwerte sich über die dekadente Sittenlosigkeit der Stadt mit der Maueraufschrift »Sodom und Gomorrha«.

Juden wurden auffallend oft in der römischen satirischen Literatur Gegenstand des Spotts. Der Dichter Horaz spielte auf ihr Suchen nach Konvertiten und ihren Wunderglauben an. Die Schriftsteller Seneca und Juvenal warfen ihnen ihre Untätigkeit am Sabbat vor. Tacitus gab skurrile antisemitische Erklärungen für ihre genauen Speisevorschriften wieder.